Brenairé (Paul - Burale)

ECOLE

DE

L'HARMONIE MODERNE.

THÉORIE

NOTIONS PRÉLIMINAIRES.

DE LA MUSIQUE EN GÉNÉRAL, DE LA MÉLODIE ET DE L'HARMONIE.

1 *A.* La musique est l'art de combiner les sons[1] de manière à affecter l'âme de sentiments divers.

B. Les combinaisons sont de deux espèces: successives et simultanées.

C. On donne aux combinaisons successives le nom de *mélodie*, et celui d'*harmonie* aux combinaisons simultanées.

2 Un groupe de sons harmonieux, considéré isolément, abstraction faite de ceux qui le suivent ou le précédent, se nomme *accord*. La succession de plusieurs accords constitue l'*harmonie*.[2]

DÉMONSTRATION.

accord

(1) Le son proprement dit, ou son musical, est celui dont l'oreille peut apprécier le degré de gravité ou d'acuité et que la voix peut reproduire à l'unisson ou à une octave quelconque. Tout autre son, à l'exception du son ordinaire, n'est que du bruit.

(2) L'harmonie peut être à deux, à trois, à quatre parties, et même à un plus grand nombre. Mais on n'e

3 *A.* L'harmonie est à la fois une science et un art.

B. Elle est une science, lorsqu'elle a pour objet l'étude des principes et des lois qui régissent les sons dans leurs rapports successifs et simultanés; elle est un art, quand l'artiste guidé par son instinct, son goût ou son génie, applique ces lois à la pratique de son art de manière à réaliser ses inspirations les plus intimes, et à faire passer dans l'âme de l'auditeur les sentiments dont lui-même est affecté.

4. Les sons entendus mélodiquement, et les groupes ou accords dont se compose l'harmonie, sont soumis à des rapports et à des lois de succession qui sont identiquement les mêmes: sans cette identité, l'harmonie, naturellement destinée à accompagner la mélodie, ne pourrait accomplir sa mission, et serait destructive de la mélodie.

5 *A.* Certains sons de la gamme ont entre eux des affinités très prononcées: la note sensible, par exemple, appelle après elle la tonique, et le quatrième degré tend à descendre au troisième.[1]

B. Ces affinités, dans les deux modes, donnent aux successions mélodiques et harmoniques des *tendances nécessaires de résolution*, lesquelles, jointes à leur résultat, constituent la tonalité moderne.[2]

C. La tonalité, dans l'un et l'autre mode, peut se formuler de diverses manières: il suffit d'une petite phrase contenant quelques-uns des sons caractéristiques du ton et du mode.[3]

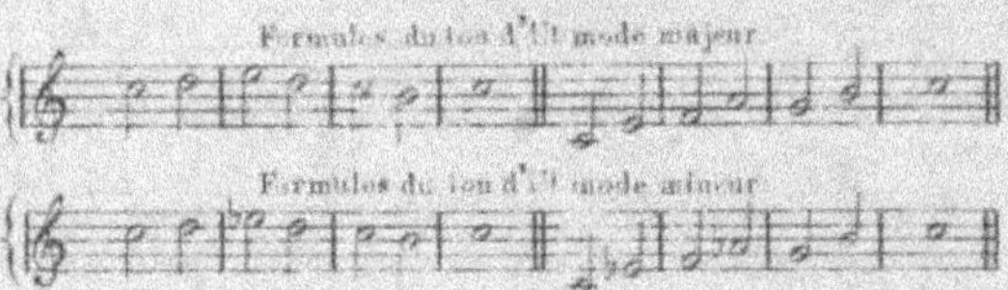

D. La gamme est la principale formule de la tonalité, car elle fait entendre tous les sons propres au ton et au mode. Elle est aussi la mesure de la distance qui sépare les sons.

6 *A.* On donne aux notes de la gamme des dénominations qui s'appliquent à toutes les gammes indistinctement, et qui indiquent le caractère mélodique ou harmonique de tous les degrés.

La première note d'une gamme quelconque se nomme *Tonique*, parce qu'elle donne son nom au ton.

La deuxième, *Second degré*, ou *Sus-tonique*.

La troisième, *Troisième degré*, ou *Médiante*, parce qu'elle tient le milieu dans l'accord de trois sons appelé parfait: Do, *mi*, sol; ré, *fa*, la.

La quatrième, *Quatrième degré*, ou *Sous-dominante*.

crit habituellement qu'à quatre parties parce que ce nombre suffit presque toujours pour rendre les accords complets.

On appelle la partie supérieure *première partie ou chant*, et celles qui sont au dessous, *seconde, troisième partie*, etc. La partie la plus grave se nomme toujours la *basse*.

On désigne souvent les parties par le nom des voix ou des instruments qui doivent les exécuter, ainsi on dit *la partie de Soprano*, ou simplement le *Soprano*, le *second Soprano*, le *Contralto*, le *Ténor*, la *Basse*, la *Flûte*, le *Violon*, etc.

(1) Surtout si ces deux notes sont entendues simultanément.

(2) Très différente, comme nous le savons, de la tonalité ancienne.

(3) On sait que la tonique, la dominante et la sensible déterminent le ton, et que la tierce et la sixte caractérisent le mode.

La cinquième, *Dominante*, parce qu'elle domine dans l'accord parfait.

La sixième, *Sixième degré*, ou *Sus-dominante*.

La septième, *Note sensible*, lorsqu'elle monte à la tonique, et *Septième degré* dans les autres cas.

TABLEAU

des degrés de la gamme dans les modes majeur et mineur

Mode majeur.

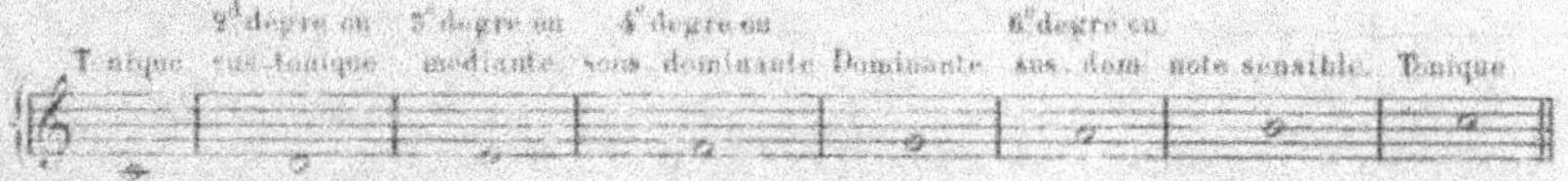

Mode mineur.

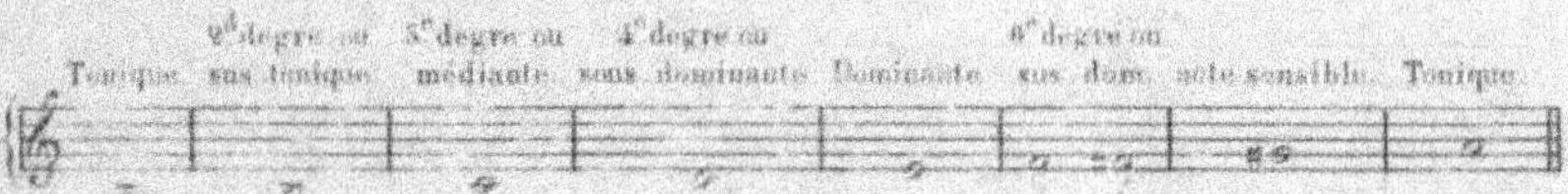

En descendant.

B. La véritable gamme mineure doit avoir la Sixte mineure et la Septième majeure en montant et en descendant. L'introduction de la Sixte majeure en montant détruit évidemment un des caractères du mode: la première moitié de la gamme est mineure, et la seconde est majeure. La suppression de la Septième majeure en descendant change la tonalité: rien n'empêche que le sens ne se termine sur la tonique du mode majeur relatif. Néanmoins, des considérations et des convenances mélodiques et harmoniques nécessitent souvent ces transformations. Il en sera traité en son lieu.

7. L'étude approfondie de l'harmonie consiste à connaître: 1°. Les accords fondamentaux ou primitifs, et les éléments dont ils se composent; 2°. Leur caractère particulier, et en raison de ce caractère, les fonctions qu'ils remplissent dans la tonalité; 3°. Toutes les modifications qu'ils peuvent recevoir, et l'origine et le mécanisme de ces modifications; 4°. enfin, à connaître les lois de succession d'après les affinités des éléments dont se composent les diverses agrégations harmoniques.

8. *A.* Il n'existe dans la science de l'harmonie que *deux accords fondamentaux;* l'un consonnant, appelé *parfait;* l'autre dissonnant, auquel on donne le nom de *Septième de dominante.*

B. Toutes les autres agrégations harmoniques ne sont que des dérivés ou des modifications de ces deux accords primitifs: C'est ce qui sera exposé, démontré, et mis en pratique dans le cours de cet ouvrage.

LIVRE PREMIER.

DES INTERVALLES, DE LEUR NATURE
ET DE LEUR CLASSIFICATION

CHAPITRE PREMIER
DES INTERVALLES

9. On nomme intervalle la distance qui sépare un son d'un autre son plus grave ou plus aigu.

10. Le nombre de degrés nécessaires à la constitution d'un intervalle détermine sa dénomination; ainsi, l'intervalle d'*ut* à *ré*, formé de deux degrés ou deux notes, se nomme *seconde*; celui d'*ut* à *mi*, formé par *ut, re, mi*, ou trois degrés, se nomme *tierce*, etc.

11. La mesure d'un intervalle se prend ordinairement du son grave, qui est le point de départ, au son le plus élevé. Si l'on voulait procéder en sens inverse, il faudrait le spécifier, en ajoutant au nom de l'intervalle l'épithète *inférieure*: une tierce, *une quarte inférieure*.

12. On distingue les intervalles en *mélodiques* et *harmoniques*: l'intervalle mélodique est celui que produit une seule voix lorsqu'elle passe d'un son à un autre, il faut au contraire deux voix pour produire l'intervalle harmonique: c'est la distance qui sépare deux sons entendus ensemble.

DÉMONSTRATION.

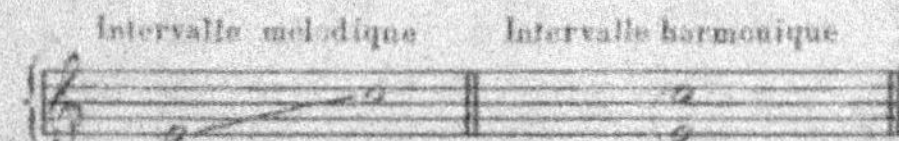

13. *A.* Les intervalles simples, ceux qui ne dépassent pas l'octave, sont: *la seconde, la tierce, la quarte, la quinte, la sixte, la septième et l'octave.*

B. Les intervalles composés, c'est-à-dire qui sortent des limites de l'octave, ne sont que les répétitions des premiers dans une des octaves supérieures, et ne sont comptés que pour des *secondes*, des *tierces*, etc. Cependant, par une raison qu'on expliquera plus tard, on compte la neuvième comme un intervalle harmonique.

14. *A.* Il est encore deux autres intervalles auxquels les livres élémentaires sur la musique ne donnent aucun nom, ce sont: 1° l'intervalle produit par une note naturelle et la même note élevée ou baissée d'un demi-ton par le dièse ou le bémol, et vice versâ; 2° celui qui existe, sans intermédiaire, entre une note bémolisée et la même note diésée.

B. Attendu que tout intervalle quelconque doit avoir une dénomination, nous donnons au premier le nom d'*intervalle chromatique*; et au second, celui d'*intervalle chromatique double*. (Voyez le tableau suivant.)

15. *A.* La plupart des intervalles peuvent se présenter sous quatre modifications différentes; c'est-à-dire que le même intervalle peut être plus grand ou plus petit d'un, ou de plusieurs demi-tons.

B. On se sert, pour désigner les diverses manières d'*être* d'un intervalle, des adjectifs *diminué*, *mineur*, *majeur* et *augmenté*. Le *diminué* désigne l'intervalle pris dans sa plus petite extension; le *mineur*, l'intervalle plus grand d'un demi-ton que le *diminué*; le *majeur*, l'intervalle qui est encore plus grand d'un demi-ton; enfin, l'*augmenté*, désigne la plus grande extension de l'intervalle.

C. La seconde, la septième et l'octave ne se modifient que de trois manières, la neuvième n'a que deux modifications.

16. On nomme intervalles *naturels* ceux dont les notes sont conformes à la constitution du ton et du mode; et *altérés*, ceux qui sont produits par des notes étrangères à la tonalité.

TABLEAU GÉNÉRAL.

DE TOUS LES INTERVALLES, DE LEURS MODIFICATIONS, ET DU NOMBRE DE TONS ET DE DEMI-TONS DONT ILS SONT COMPOSÉS, LE SON GRAVE ÉTANT UT.

(1) Il n'y a point de septième augmentée: cet intervalle se confondrait dans l'octave, sur laquelle il descend se rendre par la raison inverse, il n'y a point de seconde diminuée.

(2) L'octave n'est ni mineure ni majeure. Pour désigner l'octave inaltérée on dit quelquefois *octave juste*.

(3) La neuvième ayant toujours une résolution descendante ne peut être augmentée, car alors sa tendance serait ascendante.

(4) Cette nomenclature diffère, pour les quartes et les quintes, de celle généralement adoptée, mais nous ne connaissons aucune bonne raison qui puisse faire rompre l'identité de nomenclature pour les modifications de chaque intervalle, excepté l'octave.

C'est réellement une erreur d'appeler augmentée la quarte composée de trois tons, car il y en a une plus grande, et c'est à celle-ci qu'appartient la qualification d'*augmentée*. En appelant augmentée la quarte composée de trois tons, on ne sait comment qualifier la dernière, et on est obligé de la désigner par les noms de *sur-augmentée*, *doublement augmentée*. Ces nouvelles dénominations suffisent pour montrer l'erreur: cette quarte est tout simplement *augmentée*, et celle de trois tons est la quarte *majeure*. Ceci s'applique aussi à la quinte ordinairement appelée *diminuée*, et qui n'est que mineure puisqu'il y en a une autre plus petite. D'ailleurs, nous ne faisons en ceci que suivre les expressions adoptées judicieusement par d'anciens théoriciens allemands et italiens.

CHAPITRE II

DU RENVERSEMENT DES INTERVALLES.

17 *A.* Un intervalle quelconque étant donné, si nous transposons sa note grave à l'octave supérieure, nous obtiendrons un nouvel intervalle, dont la limite sera cette note transposée, et le point de départ, la note aiguë du premier intervalle. Or, ces deux intervalles seront inégaux, et l'un sera d'autant plus grand que l'autre sera plus petit :

DÉMONSTRATION.

B. On voit par cette démonstration, ainsi que nous venons de le dire plus haut, que *renverser un intervalle, c'est transporter sa note grave à l'octave supérieure, ou sa note aiguë à l'octave inférieure.*

18 *A.* Tout intervalle majeur a pour renversement un intervalle mineur. Tout intervalle mineur en donne un majeur au renversement.

B. Tout intervalle diminué produit un intervalle augmenté, et *vice versâ*.

19 Si l'on fait la somme des deux nombres représentatifs d'un intervalle et de son renversement, on obtiendra toujours le nombre neuf, bien que l'octave ne soit composée que de huit degrés. La raison en est, que, dans tout intervalle, la note aiguë, étant à la fois le dernier degré de cet intervalle et le premier de son renversement, est comptée deux fois, ainsi : la *seconde* a pour renversement la *septième* (2 et 7 font neuf); la *tierce* donne la *sixte* (3 et 6 font neuf); la *quarte*, la *quinte*, la quinte, la *quarte*; la *sixte*, la *tierce*; la septième, la seconde; et l'octave, la prime ou l'unisson.

TABLEAU GÉNÉRAL

DU RENVERSEMENT DE TOUS LES INTERVALLES.

Octave diminuée (1)	Septième majeure	Septième mineure	Septième diminuée
Intervalle chromatique	Seconde mineure	Seconde majeure	Seconde augmentée

Sixte augmentée	Sixte majeure	Sixte mineure	Sixte diminuée
Tierce diminuée	Tierce mineure	Tierce majeure	Tierce augmentée

Quinte augmentée	Quinte majeure	Quinte mineure	Quinte diminuée
Quarte diminuée	Quarte mineure	Quarte majeure	Quarte augmentée

Quarte augmentée	Quarte majeure	Quarte mineure	Quarte diminuée
Quinte diminuée	Quinte mineure	Quinte majeure	Quinte augmentée

(1) L'intervalle chromatique double ne se renverse pas; il donnerait l'octave deux fois diminuée.

Nota. Le renversement de l'octave diminuée donne l'intervalle chromatique, ainsi qu'on l'a vu ci-dessus au commencement du tableau.

20. L'octave étant la limite du renversement, les intervalles qui en dépassent les bornes ne sont pas renversables, parce que, si l'on transpose à l'octave supérieure la note grave, ou à l'octave inférieure la note aiguë, les deux notes (sauf la différence d'octave) sont encore, à l'égard l'une de l'autre, dans la même position. L'octave augmentée ne peut donc pas être renversée. Il en est de même de la neuvième, nous le démontrerons plus loin.

CHAPITRE III.

INTERVALLES CONSONNANTS ET DISSONNANTS.
CLASSIFICATION DE CES INTERVALLES.

21 Parmi les intervalles dont nous venons de donner le tableau et la nomenclature, il en est qui, entendus harmoniquement (12), nous font éprouver une sensation de plaisir, parce que leur constitution est dans un rapport parfait avec le ton et le mode, telles sont: la *quinte majeure*, l'*octave*, les *tierces* et les *sixtes majeures et mineures*: on leur donne le nom de *consonnances*.

22 A La quinte et l'octave déterminent le ton, c'est-à-dire qu'à l'audition de ces intervalles nous avons de prime-abord la conscience de la tonalité; de plus, elles nous donnent en même temps le sentiment du repos ou du sens fini, et sont, pour cette cause, appelées *consonnances parfaites* ou de *conclusion*.

B. L'octave est la consonnance de conclusion par excellence. C'est par cet intervalle que finissent presque toujours la basse et la première partie de toutes les pièces de musique.

C. L'unisson est aussi considéré comme une consonnance parfaite, bien qu'il ne soit pas un intervalle.

24. Les tierces et les sixtes, par leur qualité majeure ou mineure, caractérisent le mode, mais elles ne donnent pas le sentiment du repos ou du sens fini, et sont, pour cela même, appelées *consonnances imparfaites*.

B. S'il arrive quelquefois qu'une première partie finisse par la tierce, et particulièrement la tierce majeure, le sens final reste alors indéterminé et dans une sorte de vague.

C. Dans une harmonie à deux parties, et même à trois, on peut, néanmoins, terminer en sixte sur la troisième note du ton, nous en verrons la raison plus tard; mais il ne sera jamais possible de finir par une sixte sur la tonique, cette harmonie ne conclut pas.

24. La quarte mineure, bien qu'elle soit le renversement de la quinte majeure, n'est point, comme celle-ci, une consonnance parfaite, car cet intervalle s'oppose à tout acte de repos. Elle n'est pas non plus une consonnance imparfaite, car elle ne change pas de nature sur chaque degré de la gamme, comme les tierces et les sixtes, qui sont ou majeures ou mineures; nous donnons à cet intervalle le nom de *consonnance mixte*.[1]

25. La quinte mineure, et son renversement la quarte majeure, intervalles formés par la note sensible et le quatrième degré, sont nommées *consonnances appellatives*, à cause des tendances résolutives de leurs deux sons, appelant, l'un, la tonique, l'autre, le troisième degré.[2]

(Remarque) *On voit, d'après l'énumération des consonnances 21, 22, 23, 24 et 25, et d'après le tableau des renversements, que tout intervalle consonnant engendre, par le renversement, un intervalle consonnant.*

TABLEAU

DES INTERVALLES CONSONNANTS.

(1) La quarte est mineure sur tous les degrés des deux modes, excepté sur le quatrième où elle est majeure. Sur la sixième note du mode mineur on en trouve encore une majeure.

(2) Ces deux intervalles caractérisent la tonalité moderne.

26 *A* La *seconde*, la *septième* et la *neuvième*, bien que leurs notes constitutives soient conformes au ton et au mode, n'offrent point, comme les consonnances, cette douceur harmonieuse qui plaît a l'oreille, et l'âpreté de leur effet ne permet pas de les faire entendre sans employer certaines précautions, et sans les enchaîner avec les consonnances: on leur donne le nom de *dissonnances*

B Lorsque deux notes sont entendues l'une contre l'autre, comme c'est la note grave qui est la dissonnance,[1] si elles sont renversées, comme la note grave transportée à l'aigu reste toujours la dissonnance. Dans la neuvième, c'est toujours la note supérieure qui dissonne

C La seconde et la septième, dans les deux modes, peuvent être majeures ou mineures, mais dans le mode mineur, la *seconde* peut aussi être *augmentée*, et la *septième, diminuée*

D La neuvième, dans l'un et l'autre mode, n'est que majeure ou mineure

27 *A* Il existe encore d'autres dissonnances, mais d'une espèce toute différente de celles que nous venons de voir; elles sont produites par les altérations des intervalles naturels (16), ce sont: la *seconde augmentée*, la *tierce diminuée*, la *tierce augmentée*; la *quarte diminuée*, la *quarte augmentée*, la *quinte diminuée*, la *quinte augmentée*; la *sixte diminuée*, la *sixte augmentée*; la *septième diminuée*, l'*octave diminuée* et l'*octave augmentée*[2]

B On les nomme *dissonnances attractives variables*. *Attractives:* parce que les sons altérés d'un intervalle ont des attractions ascendantes ou descendantes, suivant la nature de l'altération, *variables:* parce que ces sons altérés sont synonymes d'autres sons, et que, si l'on prend ces synonymes, on produit, par cette transformation, des consonnances, ou des dissonnances d'une autre espèce, lesquelles, par conséquent, ont des tendances tonales différentes[3]

(Remarque) *On voit, d'après l'énumération des dissonnances (26, 27), et d'après le tableau des renversements, que tous les intervalles dissonnants engendrent, par leur renversement, des intervalles dissonants, comme nous avons vu (25 remarque) que tout intervalle consonnant donne, par son renversement, un intervalle consonnant*

[1] Il ne faut pas confondre *dissonnance* et *discordance*; la dissonnance est moins agréable que la consonnance, mais elle est d'un usage très fréquent dans les successions harmoniques. Ce qui discorde est inadmissible.

[2] La *seconde augmentée*, la *septième diminuée*, la *quarte diminuée* et la *quinte augmentée* ne sont pas des altérations dans le mode mineur, quand elles sont formées, les deux premières, par la note sensible et le sixième degré, et les deux dernières, par la troisième note du ton et la sensible. Mais elles sont des altérations quand elles sont produites par d'autres degrés

[3] Ainsi qu'on le verra au chapitre XXXV

TABLEAU

DES INTERVALLES DISSONNANTS.

Dissonances tonales.

Dissonances attractives-variables.

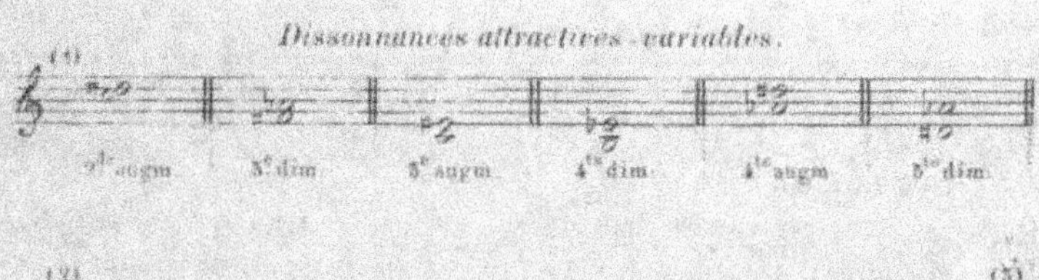

FIN DU PREMIER LIVRE

(1) Nous omettons ici les intervalles chromatiques, parce que, harmoniquement, ils ne s'emploient que sous la forme d'octave.

(2) La seconde augmentée, la septième diminuée, la quarte diminuée et la quinte augmentée, tout en conservant leur caractère attractif, sont des dissonances tonales dans le mode mineur, quand elles sont formées, ainsi que nous l'avons dit dans la note 27 A, par la sensible, le sixième et le troisième degrés.

(3) Cette classification des consonances et des dissonances, et leurs dénominations qui expriment si parfaitement leur nature et leurs fonctions, sont dûes à M. Fétis.

LIVRE SECOND.

DES ACCORDS ET DE LEURS DIVERSES MODIFICATIONS

---

28 Deux accords fondamentaux (8, 4), l'un consonnant, l'autre dissonnant, sont l'origine de tous les autres, ou plutôt ce sont ces deux seuls accords qui se présentent sous des aspects différents, et avec de certaines modifications.

PREMIÈRE SECTION

HARMONIE CONSONNANTE

De l'accord consonnant — Renversement des intervalles de l'accord consonnant — Des mouvements — Des successions prohibées — Des harmonies propres à chaque degré de la gamme — De la succession des harmonies consonnantes à l'état fondamental. — — De la modulation — Cadences, et repos à la dominante — Des progressions — De la réalisation de l'harmonie à deux, à trois et à quatre parties. — De ce qu'on doit considérer pour chiffrer une basse — De la basse sous un chant donné — Notes de passage — De l'imitation

---

CHAPITRE PREMIER.

ACCORD CONSONNANT

29 A. Une note quelconque, sa tierce et sa quinte majeure, forment, entendues ensemble, l'accord consonnant appelé *parfait*. On nomme ainsi cet accord parce qu'il produit l'harmonie la plus pure, la plus agréable, qu'il n'appelle après lui aucune succession nécessaire, et qu'il nous donne le sentiment du repos ou de la conclusion, à cause de sa quinte qui est un intervalle de repos

B. Lorsque la tierce est majeure, l'accord est majeur; si la tierce est mineure, l'accord est mineur

30 A. La tierce et la quinte de la note sensible, dans les deux modes, sont l'une et l'autre mineures. On désigne cette agrégation par le nom d'*accord de quinte mineure*. Ce même accord se trouve aussi sur le second degré du mode mineur.

B. Bien que l'accord de *quinte mineure* soit considéré comme consonnant, il ne donne pas comme l'accord parfait le sentiment du repos; au contraire, il l'exclut, parce que l'un de ses éléments, sa quinte, est un intervalle appellatif (25).

31 A. La partie grave, ou la basse, est le fondement de l'harmonie: on considère donc les accords en partant de la basse, autrement dit, du grave à l'aigu.

EXEMPLES.

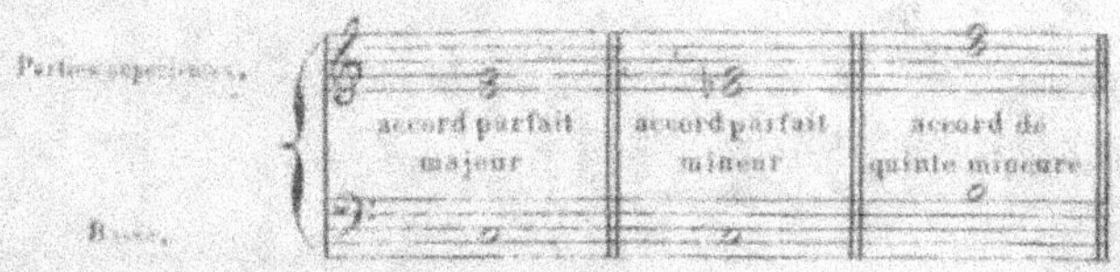

B. A quatre parties, on double presque toujours le son grave à une octave supérieure.

DÉMONSTRATION.

32. *A.* L'ordre dans lequel les sons d'un accord sont disposés au-dessus de la basse ne change pas sa nature: ainsi chaque son de l'accord peut occuper des positions différentes.

B. Les diverses combinaisons que produisent les trois notes supérieures de l'accord parfait (y compris l'octave du premier son) sont au nombre de six.

DÉMONSTRATION.

C. Si l'accord n'était qu'à trois parties, sans la répétition du son fondamental,

sol, mi.

il n'y aurait que deux combinaisons: *mi, sol.*

do, do.

33 *A.* On indique par des chiffres, placés au-dessus de la basse, les accords que chaque note doit porter. L'accord parfait se représente ou se chiffre par 3, 5 ou 8, suivant que la tierce, la quinte ou l'octave est (selon certaines circonstances) l'intervalle le plus nécessaire dans l'accord. Cependant on chiffre habituellement, et indifféremment, l'accord parfait par 3 ou 5, souvent même on ne le chiffre pas: ainsi lorsqu'une note n'a point de chiffre, il est convenu que son harmonie est l'accord parfait.

B. Si l'un des intervalles de l'accord doit, suivant la tonalité, subir l'effet d'un dièse, d'un bémol ou d'un bécarre, on met le signe d'altération avant et à côté du chiffre représentant cet intervalle. Lorsque c'est la tierce qui subit le change-

ment, on supprime souvent le chiffre, et l'on écrit le signe altératif seul au-dessus
de la note.

EXEMPLE.

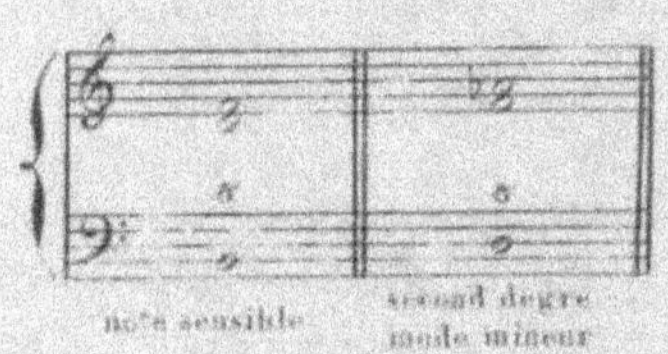

C. L'accord de quinte mineure se chiffre toujours par un 5 traversé d'une légè-
re barre tirée de gauche à droite en montant.

EXEMPLE.

note sensible   second degré
mode mineur

CHAPITRE II.

DU RENVERSEMENT DES INTERVALLES DE L'ACCORD CONSONNANT.

34. A. Renverser un accord, c'est prendre pour basse l'une des notes supérieures de cet accord.

B. L'accord parfait, composé de trois sons, a donc deux renversements.

35. A. Le premier renversement s'obtient en plaçant à la basse la tierce de l'accord, et en reportant dans une partie supérieure le son fondamental. Cette combinaison est composée de tierce et sixte, on lui donne le nom d'*accord de sixte*.

DÉMONSTRATION.

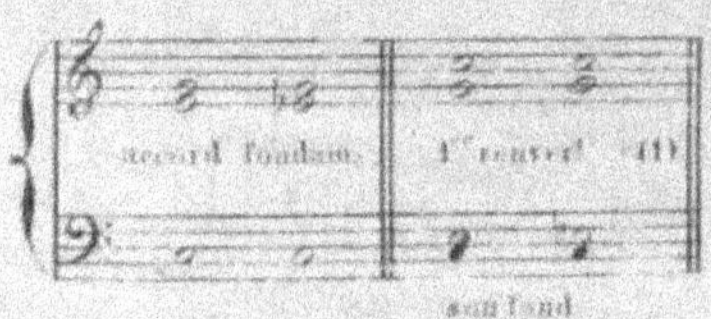

B. On voit, par la démonstration ci-dessus, que la tierce et la sixte sont mineures dans le premier renversement de l'accord parfait majeur; et, au contraire, que ces

(1) Toutes les démonstrations doivent être étudiées et exécutées sur le piano; c'est une recomman-
dation spéciale que nous faisons aux élèves.

deux intervalles sont majeurs dans le premier renversement de l'accord parfait mineur.

C. Le second renversement a lieu lorsque la quinte de l'accord fondamental est à la basse. Les deux autres notes, placées dans les parties supérieures, sont alors, l'une à la quarte, l'autre à la sixte de cette basse. On donne à ce renversement le nom de *quarte-et-sixte*.

DÉMONSTRATION.

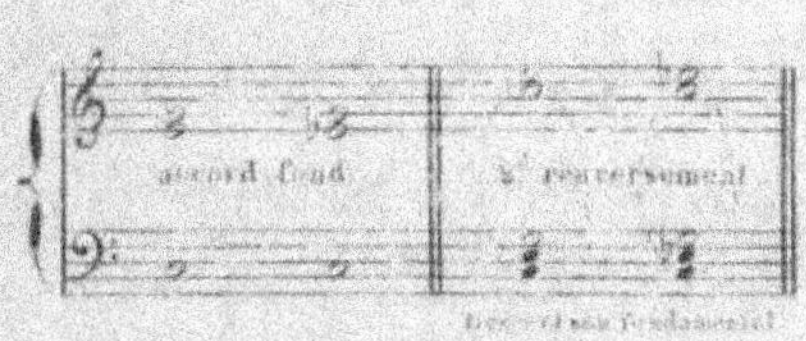

D. La sixte est majeure dans le second renversement de l'accord parfait majeur; elle est mineure si le renversement vient de l'accord mineur. La quarte est toujours mineure, parce qu'elle est le renversement de la quinte majeure, invariable dans les deux modes de l'accord.

56. L'accord de quinte mineure donne pour son premier renversement *tierce mineure et sixte majeure*; le second est composé de *quarte majeure et sixte majeure*.

DÉMONSTRATION.

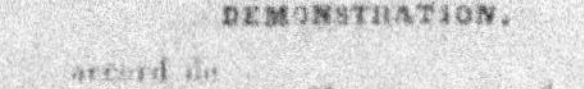

On nomme le premier renversement accord de *sixte du second degré*; le second, accord de *sixte-et-quarte majeures*.

57. *A.* Il est essentiel de remarquer que le caractère de repos inhérent à l'accord parfait se perd dans ses renversements, parce que les intervalles dont ils sont composés sont dépourvus de ce caractère (23,24). Les renversements de l'accord parfait ne sont donc, en général, que des harmonies transitoires.

B. Mais les dérivés de l'accord de quinte mineure conservent le caractère appellatif, parce que le renversement de la quinte mineure donne la quarte majeure (25).

58. *A.* Nous savons que les diverses combinaisons des notes de l'accord parfait ne changent pas sa nature; il en est de même lorsque l'accord est renversé; on peut donc écrire indifféremment:

B. Si la basse était doublée dans une partie supérieure, les combinaisons se_
raient, pour chaque renversement, comme celles de l'accord parfait, au nombre
de six (52 *B*).

59 *A.* Le premier renversement de l'accord parfait se chiffre par un 6, qui
sous-entend toujours la tierce.

B. On chiffre le second renversement par $\frac{6}{4}$ ou $\frac{4}{6}$

C. Si, pour indiquer d'une manière précise la nature des intervalles, on a
besoin d'employer les signes d'altération, on les place devant les chiffres, ain_
si qu'il a été dit (33 *B*).

D. Les renversements de la quinte mineure se chiffrent comme ceux de l'ac_
cord parfait, avec cette différence, cependant, que, pour le second, on met sur la
tête du 4 une petite barre tirée de gauche à droite en descendant, $\frac{6}{4}$

E. Cette barre est le signe d'un intervalle majeur, il ne faut pas la confondre
avec celle de la quinte mineure.

Voici, en surplus, les différents signes dont on se sert pour représenter la
nature des intervalles:

La barre tirée de gauche à droite en montant, ainsi que
nous l'avons dit, est le signe de la quinte mineure 5

Sur tout autre chiffre elle est un signe de diminution:
tierce, quarte, sixte, septième diminuées .... 3, 4, 6, 7.

La quinte diminuée se représente par deux barres 5

La barre tirée de gauche à droite en descendant, et plus
forte que la précédente, est le signe d'un intervalle majeur.
Elle désigne toujours la note sensible; dans le mode mineur
elle indique aussi la seconde note du ton; quarte, sixte majeures .... 4, 6.

(*Observation.*) Mais cette barre, employée sur un chiffre *seul*, n'in_
dique pas seulement la nature de l'intervalle repré_
senté par ce chiffre, elle désigne en outre l'agrégation
de plusieurs sons, c'est ce que nous verrons lorsque
nous traiterons de l'accord dissonant.

La + est le signe d'augmentation; seconde, tierce, quarte,
quinte augmentées etc, ... +2, +3, +4, +5, +6

L'observation ci-dessus s'applique quelquefois aux chiffres affectés de la croix.

F. Une barre tirée horizontalement à la suite d'un chiffre, signifie que l'har_
monie, représentée par ce chiffre, se prolonge sur toutes les notes de la basse pla_
cées sous cette barre.

DÉMONSTRATION.

On la nomme barre de prolongation; c'est une abreviation, elle evite la re
petition des chiffres ecrits sous la basse.

G. Si l'accord est represente par plusieurs chiffres, on tire une barre a_
près chaque chiffre:

DÉMONSTRATION.

Quelquefois la barre n'indique que la prolongation d'une seule note:

CHAPITRE III

DES MOUVEMENTS.

40. *A.* Une partie, vocale ou instrumentale, ne peut franchir un intervalle
quelconque sans qu'il y ait *mouvement* dans cette partie.[1]

B. Faire entendre la même note deux ou plusieurs fois de suite n'est point un
mouvement, c'est une répétition.

41. *A.* On reconnait trois espèces de mouvements: le mouvement droit; le
mouvement oblique; le mouvement contraire. Ces qualifications naissent de la
comparaison des mouvements simultanés de deux parties.

B. Si la melodie d'une partie est simultanement ascendante ou descendante
avec celle d'une autre partie, soit par degres conjoints, soit par degres dis
joints, le mouvement est appelé *semblable, droit ou direct.*

C. Si l'une des parties reste sur le même degré, en soutenant une note ou en
la répétant, et que la melodie de l'autre partie soit ascendante ou descendante,
le mouvement est appelé *oblique.*

---

[1] Le mouvement est donc le passage d'une note à une autre et, par consequent, le principal
element de la melodie.

D. Enfin, si la mélodie d'une partie est ascendante pendant que celle de l'autre partie est descendante, ces deux parties marchent par mouvement *contraire*

DÉMONSTRATION.

mouvement direct.

mouvement oblique.

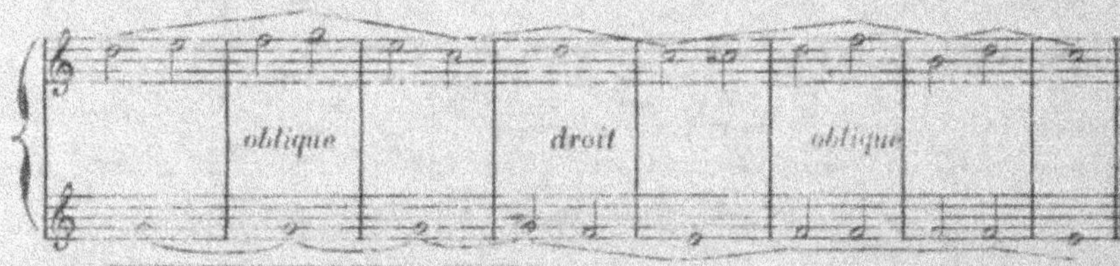

mouvement contraire.

E. Dans une harmonie à trois et à quatre parties ces différents mouvements doivent se combiner :

DÉMONSTRATION.

La première partie marche constamment par mouvement contraire avec la basse (c'est le plus élégant des mouvements); avec le tenor, son mouvement est alternativement direct, contraire et oblique, il est oblique avec la seconde partie; par rapport à la seconde partie, le mouvement du tenor et de la basse est oblique, contraire et direct; enfin, le tenor et la basse marchent ensemble successivement par mouvement contraire et direct.

CHAPITRE IV.

DES SUCCESSIONS PROHIBÉES.

41. *A.* Entre deux *mêmes parties, il est défendu de faire entendre deux quintes ou deux octaves consécutives par le mouvement direct.*

B. Ces deux successions sont prohibées par des raisons différentes.

42 *A.* Nous avons dit (22) que la quinte et l'octave donnent le sentiment de la tonalité, mais ces deux intervalles ne produisent pas ce phénomène par la même cause. La quinte détermine le ton parce qu'elle en fait entendre les deux cordes principales, la première et la cinquième; deux quintes consécutives donnent donc conséquemment le sentiment de deux tonalités; et de plus, si les quintes sont par degrés conjoints, deux tonalités sans liaison entre elles! Il résulte de cette brusque transition d'un ton à un autre une dureté que réprouve l'oreille; de là, la règle. *il est défendu de faire deux quintes consécutives par le mouvement direct.*

DÉMONSTRATION.

B. La succession par mouvement contraire n'est pas précisément interdite, cependant, son effet n'étant guère plus doux que par le mouvement droit, on ne doit se la permettre que dans une harmonie à plus de quatre parties, et jamais entre la première partie et la basse.

DÉMONSTRATION.

(1) La liaison entre deux accords est le résultat de la communauté d'une même note à deux intervalles, comme

43. *A* L'octave (ou l'unisson) donne le sentiment de la tonalité parce qu'une no
te entendue isolément, sans précédent ni subséquent, prend toujours le caractère de
tonique

B Mais cette condition n'existant pas lorsque deux octaves se suivent, elles per
dent ce caractère, et elles n'ont plus que celui qui appartient à tels ou tels degrés
de la gamme. Aussi les deux octaves ne sont-elles point défendues, comme les quin
tes, pour cause de dureté, mais bien parce que les sons de l'octave étant presque
identiques, il en résulte un vide instantané dans l'harmonie, une pauvreté qui choque
l'oreille, de là, la règle: *il est défendu de faire deux octaves consécutives par le
mouvement direct*

DÉMONSTRATION.

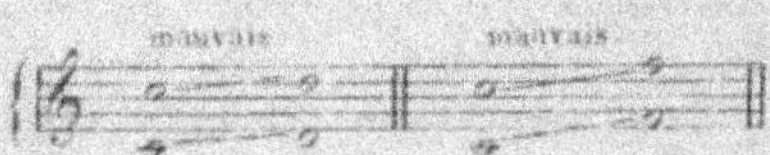

C Il est évident que cette règle s'applique à plus forte raison aux deux unissons

D Quant aux octaves par mouvement contraire, elles ne sont tolérées que dans
une harmonie à sept ou huit voix, ou bien encore à la conclusion d'une phrase finale,
lorsque la mélodie fait entendre la dominante tombant sur la tonique, parce qu'à
la conclusion de toute phrase finale la basse, comme nous le verrons plus loin, doit
nécessairement faire entendre ces deux mêmes notes.

DÉMONSTRATION

E La dernière règle ne s'oppose pas à ce que deux parties marchent constam
ment en octaves ou en unissons. On comprend qu'il y a, dans ce cas, absence d'harmo
nie, et que ce n'est plus qu'une seule partie qu'on double à l'octave pour lui donner plus
de force. Par la même raison, toutes les parties d'un morceau peuvent, pour un cer
tain temps, ne produire que des octaves ou des unissons: c'est quelquefois un effet
imposant

F La prohibition des *quintes* et des *octaves* de suite s'étend à toutes les parties
entre elles

44. Le passage de la quinte majeure à la quinte mineure est toujours toléré,
parce que, loin de trahir la tonalité, celle-ci la détermine (25). Mais le passage de

la quinte mineure à la quinte majeure est toujours défendu, car cette succession est anti-tonale.

DÉMONSTRATION.

45. *A* Le mauvais effet *des quintes ou des octaves consécutives* par mouvement direct subsisterait toujours, quand bien même l'une des parties ferait un mouvement de tierce, comme dans les passages suivants:

C'est à peine si le mouvement de quarte suffit pour l'atténuer; cependant on tolère ce dernier mouvement entre les parties intermédiaires, mais il vaut mieux employer un autre moyen.

B. Si les *quintes* et les *octaves* arrivaient sur des *temps forts*, un plus grand nombre de notes intermédiaires n'en détruirait même pas l'effet:

DÉMONSTRATION,

46 *A* Mais s'il y a *changement* d'harmonie à l'instant où le mouvement de tierce s'opère, la faute est suffisamment évitée. Ainsi, dans l'exemple 1er ci-dessous, il y a deux octaves entre la seconde partie et la basse; dans l'exemple 2e la faute n'existe pas, parce que l'harmonie est différente à chaque temps, mais l'octave de la basse n'étant point entendue dans la première mesure du 3e exemple, ce dernier est préférable au second

DÉMONSTRATION

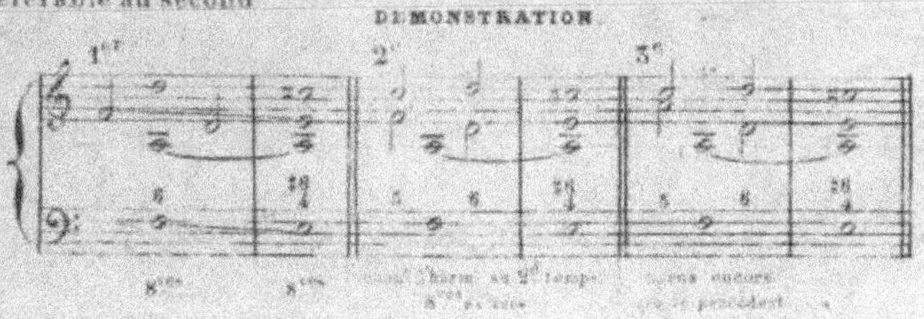

B. L'exemple 1.ᵉʳ suivant présente des *quintes* et des *octaves* évitées par un mouvement de tierce avec changement d'harmonie, mais il est mieux d'écrire comme dans l'exemple 2.ᵉ :

DÉMONSTRATION.

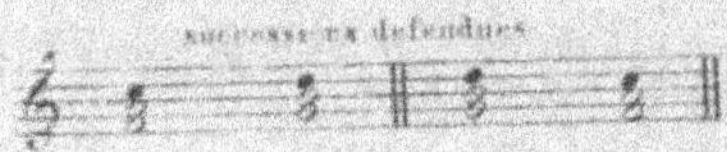

47. *A.* Les deux tierces majeures qui se rencontrent dans le passage de la sous-dominante à la dominante, et *vice versâ*, sont aussi défendues, parce qu'elles mettent en contact immédiat, comme les quintes qu'elles font pressentir, deux sons qui, non seulement, n'ont point de liaison, mais qui n'ont même aucune relation.

DÉMONSTRATION.

successions défendues

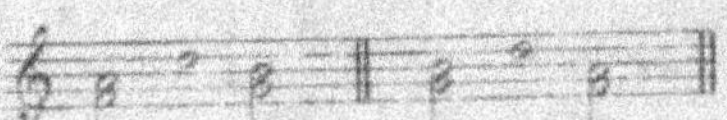

B. On donne a ces successions le nom de *fausse relation.*[1]

C. Cependant, malgré cette fausse relation, si le quatrième degré porte l'accord de sixte, la succession est bonne, parce que la note qui produit cette sixte devient la quinte de la dominante, et que la liaison est établie.

DÉMONSTRATION.

48. *A.* On défend encore certaines successions dans lesquelles les quintes et les octaves sont dites *retardées* ou *anticipées.*

DÉMONSTRATION.

—————

(1) La *fausse relation* est le rapport du *fa* au *si* naturel, qui produit l'intervalle de quarte majeure, neanmoins, nous verrons plus loin que l'accord du quatrième degré peut être suivi de l'accord de dominante, en évitant toutefois, les quintes et les deux tierces majeures dans la même partie. Mais l'accord du quatrième degré ne peut jamais suivre celui de la dominante.

B. On doit certainement éviter cette manière d'écrire; néanmoins, dans une harmonie à quatre parties, et placées dans une partie intermédiaire, ces quintes et ces octaves peuvent quelquefois se tolérer.

C. Quant aux quintes et octaves anticipées, lesquelles sont produites lorsque la syncope est dans la partie supérieure, comme on le voit ci-dessous:

DÉMONSTRATION.

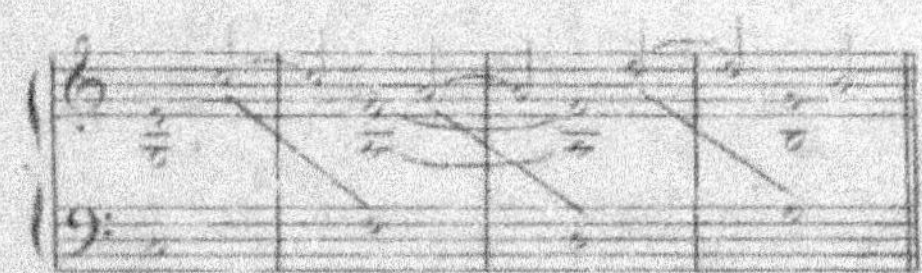

attendu que dans nos auteurs les plus classiques on en trouve des exemples assez fréquents, nous ne pensons pas qu'il y ait lieu à en formuler la défense d'une manière absolue. Dans le passage suivant les quintes anticipées sont bonnes:

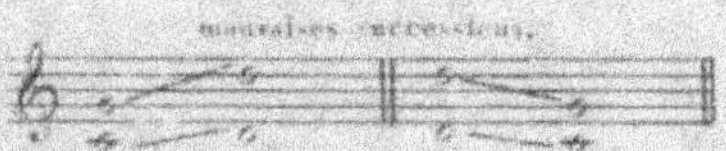

49. *A.* Le passage par mouvement direct d'une quinte à une octave, et celui d'une octave à une quinte sont aussi défendus; mais cette défense admet des exceptions. En général, la succession est mauvaise lorsque la partie supérieure marche par degrés disjoints tandis que la partie inférieure monte ou descend diatoniquement;

DÉMONSTRATION.

B. La succession se tolère quand le contraire a lieu, surtout entre les parties intermédiaires.

DÉMONSTRATION.

50. Si de la consonnance imparfaite, on va par mouvement droit à la consonnance parfaite, on dit qu'il y a *quintes* ou *octaves cachées*.

DÉMONSTRATION.

parce que l'oreille sous-entend les notes intermédiaires des deux sons de chaque
intervalle mélodique, et qu'il y aurait deux quintes ou deux octaves réelles si
ces notes existaient.

DÉMONSTRATION.

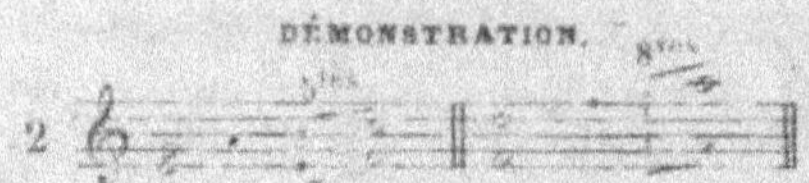

51. *A.* *Il est défendu de faire des quintes et des octaves cachées entre les
parties extrêmes,[1] mais elles sont tolérées entre les autres parties, surtout si
la partie haute marche diatoniquement.*

B. Les quintes cachées sont même tolérées entre la partie supérieure et la
basse lorsque cette dernière monte de tierce ou descend de quarte, et que la première monte ou descend d'un degré. Entre ces mêmes parties, les octaves cachées
sont toujours permises quand la première fait entendre la sensible montant à la tonique, et que la dominante, placée à la basse, monte également à cette note.

EXEMPLES.

C. Les N.ºs 1 et 2 sont mauvais entre toutes les parties; le N.º 3 est à éviter
entre les parties extrêmes, mais il est bon entre les autres parties. Les N.ºs 4, 5 et
6 doivent toujours s'éviter; cependant quand on écrit à plus de quatre parties, on
est quelquefois obligé d'employer ces successions. Le N.º 7 ne doit pas se faire entre la première partie et la basse, mais il est bon entre les autres parties. Les N.^{os}
8 et 9 se tolèrent même entre les parties extrêmes; le N.º 10 est bon entre toutes
les parties.

D. Quand on écrit à deux ou à trois parties, il faut s'abstenir des quintes et
des octaves cachées, ou, tout au moins, n'employer que celles indiquées ci-dessus
comme permises. Mais la rigueur des règles s'affaiblit à mesure que le nombre
des parties augmente.

52. *A.* D'après les exemples que nous venons de donner dans le courant de ce
chapitre, on doit comprendre parfaitement que les quintes et les octaves consécutives ne peuvent s'éviter que par les différentes combinaisons des notes supérieu-

---

res à la basse 32 *B*. et 38 *A*., car, sous ces diverses combinaisons, les quintes et les octaves se trouveraient constamment placées dans une même partie, et il serait évidemment impossible d'éviter les successions prohibées:

DÉMONSTRATION.

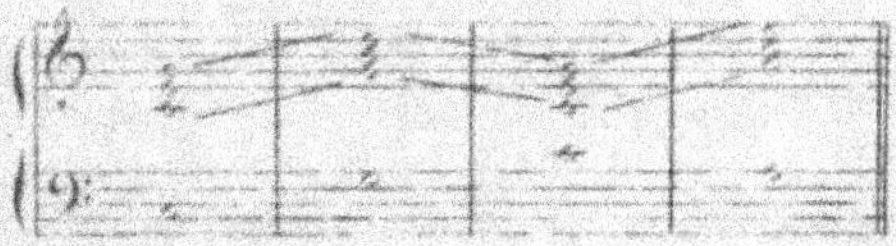

De pareilles successions sont impraticables.

B. Voici une des dispositions qu'on peut employer pour écrire correctement l'harmonie sur la basse précédente:

C. Au premier accord, la tierce occupe la partie supérieure, l'octave est placée au milieu, et la quinte à la troisième partie; au second, la quinte occupe la première partie, la tierce la seconde, et l'octave la troisième; le troisième accord est semblable au premier; au quatrième, la quinte est à la partie supérieure, la tierce à la seconde, et l'octave à la troisième partie; au cinquième accord, l'octave est à la première partie, la quinte au milieu, et la tierce à la troisième partie; le sixième accord est pareil au second, et le septième au premier.

D. C'est par ces positions différentes des notes de chaque accord qu'on donne aux parties une marche naturelle et régulière, et qu'on évite les mauvaises successions.

CHAPITRE V.

DES HARMONIES PROPRES A CHAQUE DEGRÉ
DE LA GAMME.

55. L'objet de ce chapitre est de faire connaître par quelles considérations on détermine l'harmonie qui convient à chaque degré de la gamme. Pour arriver à ce résultat, il faut savoir que la tonalité moderne consiste: 1. dans la propriété qu'ont certaines harmonies d'appeler après elles l'harmonie de la tonique, celle du repos; 2. et dans l'enchaînement de ces harmonies avec d'autres qui, dépourvues du caractère d'appellation ou de conclusion, sont simplement transitoires. Il faut en outre remarquer que chaque note de la gamme a un caractère propre, et remplit dans la tonalité une fonction spéciale, en raison du degré qu'elle occupe dans l'échelle diatonique.

54. Les différents caractères des notes sont analogues à ceux des harmonies, à savoir: que certaines d'entre elles permettent le repos; que quelques-unes l'excluent enfin; que d'autres ont une tendance à se résoudre sur les notes qui appartiennent à l'harmonie du repos ou de la tonique.

55. *A.* D'après ces considérations, il est évident que l'harmonie placée sur chaque degré de la gamme doit avoir un caractère identique à celui de chacun de ces degrés, autrement dit, que les harmonies qui ont le caractère du repos ne conviennent qu'aux notes qui en sont elles-mêmes affectées; que les harmonies qui sont destituées de ce caractère ne doivent s'appliquer qu'aux notes qui en sont également privées; et que les harmonies appellatives ne peuvent être employées que sur les degrés qui engendrent ces harmonies (4). S'il en était autrement l'harmonie serait en contradiction avec le caractère et les fonctions des notes de la gamme, son emploi serait illogique, et par conséquent, blesserait le sens tonal[1].

B. Il est donc nécessaire d'examiner séparément toutes les notes de la gamme, et de déterminer le caractère de chacune d'elles.

56. *A.* Le caractère de la première note de la gamme, ou tonique, est celui du repos absolu; l'harmonie qui lui est propre est donc celle qui a le même caractère, c'est-à-dire l'accord parfait (29). Cette harmonie donne en même temps la connaissance du ton et du mode (22 *A,* 29 *B*).

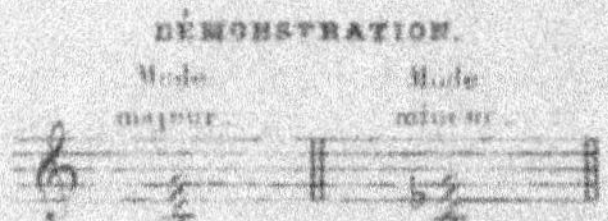

B. Toute autre harmonie placée sur la tonique lui enlève son caractère de repos, et peut même donner le sentiment d'une autre tonalité; c'est pourquoi la sixte, qui est une harmonie étrangère à la tonique, ne peut être employée sur cette note que précédée ou suivie de la quinte.

---

1. Cependant, il est à remarquer que le caractère des notes influe, dans certains cas, sur celui de l'harmonie, comme le caractère de celle-ci influe, dans d'autres, sur celui des notes. Par exemple, l'accord parfait est l'harmonie du repos absolu, il donne le sentiment du sens fini, et néanmoins, s'il est placé sur le quatrième ou le cinquième degré il ne produit que la sensation d'un repos transitoire, parce que ces degrés n'ont pas le caractère du repos absolu qui n'appartient qu'à la tonique.

Dans d'autres circonstances le caractère de l'harmonie peut produire un effet contraire.

C. La tonique peut aussi recevoir comme harmonie tonale un accord de quarte-et-sixte, dérivé de l'accord parfait appartenant au quatrième degré (comme nous le verrons tout à l'heure), mais transitoirement, et conduisant à l'harmonie du repos ou servant de passage à une autre harmonie.

DÉMONSTRATION.

Dans le mode mineur la sixte est mineure.

QUATRIÈME NOTE.

57. *A.* La quatrième note de la gamme, sans avoir le caractère de repos absolu inhérent à la tonique, permet cependant un repos momentané. Dans ce cas, l'accord parfait est la seule harmonie qui lui conserve ce caractère. Dans le mode majeur la tierce est majeure, elle est mineure dans le mode mineur.

B. Le repos sur le quatrième degré n'étant que transitoire, il est facultatif; d'où il suit que d'autres harmonies conviennent également à cette note; mais elles lui font perdre son caractère de repos. Ainsi, la sixte, dont la tierce est majeure ou mineure suivant le mode, peut se placer sur le quatrième degré comme harmonie de passage.

C. On peut encore accompagner cette note par l'harmonie de sixte-et-quarte majeures, second renversement de la quinte mineure de la sensible; mais, cette harmonie étant appellative, elle ne trouve son emploi sur le quatrième degré que lorsqu'il descend sur le troisième.

DÉMONSTRATION.
Harmonies du quatrième degré.

CINQUIÈME NOTE.

58. *A.* Le caractère de la dominante permet aussi le repos momentané, mais plus marqué que celui de la quatrième note. Dans le cas de repos, l'accord parfait est l'harmonie qui appartient à la dominante.

B. Dans l'un et l'autre mode la tierce de cet accord est toujours majeure, car elle est la note sensible, et cette note est invariable.

DÉMONSTRATION

C. L'accord de quarte-et-sixte majeure ou mineure, selon le mode, second renversement de l'accord parfait de la tonique, est aussi une harmonie tonale de la dominante; mais il est ordinairement suivi de l'accord parfait, car la sixte-et-quarte ne permet pas le repos.

DÉMONSTRATION

D. La quarte-et-sixte trouve encore son emploi sur la dominante lorsque cette note monte ou descend diatoniquement; parce qu'alors elle ne donne plus le sentiment du repos.

DÉMONSTRATION.

E. Ou bien encore quand les notes qui suivent la dominante appartiennent à la même harmonie, ce n'est alors qu'une suspension de la résolution.

DÉMONSTRATION.

F. Dans tout autre cas l'accord parfait doit accompagner la dominante.

59. *A.* Les trois notes que nous venons d'examiner, la tonique, la sous-dominante et la dominante, sont appelées *notes tonales*, parce qu'elles sont les principales du ton, c'est à dire les points de repos; et encore, parce que les trois accords parfaits qui les accompagnent fournissent, par leurs renversements, les har-

monies propres à tous les autres degrés, et que les notes constitutives de ces accords donnent toutes celles de la gamme;

DÉMONSTRATION.

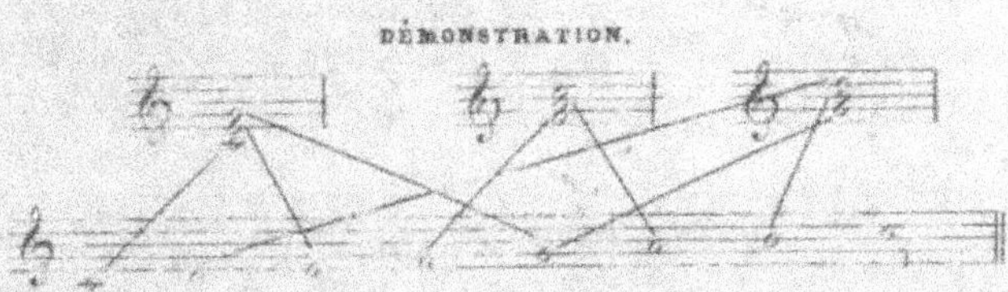

B. Les harmonies de la première, de la quatrième et de la cinquième note
sont dites *harmonies tonales;* mais celles de la tonique et de la sous-dominante
sont en outre *modales,* car le mode est caractérisé par la tierce de ces deux notes; en effet, la gamme mineure ne diffère de la gamme majeure que par la nature de la tierce de la tonique et de la sous-dominante.

DÉMONSTRATION.
Gamme mineure.

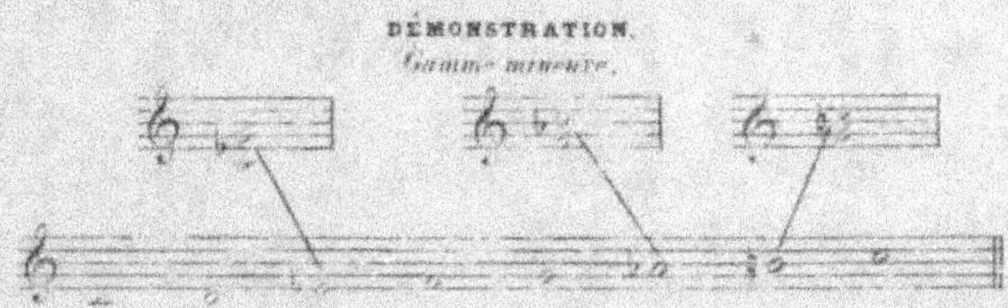

C. La tierce de la tonique et celle de la sous-dominante prennent le nom de
notes ou cordes modales.

D. Voici un exemple dans lequel on remarquera l'application de ce que nous
venons d'énoncer.

TROISIÈME NOTE.

60. A. La troisième note de la gamme est privée du caractère de repos. Son
harmonie tonale est la sixte, premier renversement de l'accord de la tonique. Dans
le mode majeur la tierce et la sixte sont mineures; dans le mode mineur c'est le
contraire.

DÉMONSTRATION.

B. Toute autre harmonie placée sur le troisième degré détermine une autre tonalité.

61. *A.* Bien que la troisième note de la gamme n'ait pas le caractère de repos; bien que l'harmonie de sixte soit, en général, privée de ce caractère; néanmoins, comme cette sixte est le renversement de l'accord parfait de la tonique (harmonie du repos), l'influence du caractère de cette harmonie est assez forte lorsque la tonique (qui est elle-même la note du repos absolu) occupe la partie supérieure, pour permettre de terminer par la sixte sur le troisième degré:

DÉMONSTRATION

B. Cette harmonie n'est pas très-conclusive, mais elle est suffisante dans le duo ou le trio pour voix aiguës.

C. Sur tout autre degré de la gamme l'harmonie de sixte exclut absolument le repos.

SIXIÈME NOTE.

62. *A.* La sixième note n'est que transitoire, et son harmonie tonale est la sixte, premier renversement de l'accord parfait du quatrième degré.

B. Dans le mode majeur la tierce et la sixte sont mineures, elles sont majeures dans le mode mineur.

C. Dans le mode mineur, la sixième note peut aussi s'accompagner de l'accord de quarte majeure et sixte majeure, dérivé de la quinte mineure du second degré (56). Dans ce cas le sixième degré descend sur la dominante; mais cette harmonie est peu usitée. Il est cependant des circonstances où elle produit un bon effet, et où il est même commode de s'en servir.

D. Le sixième degré de la gamme majeure étant la même note que la tonique du ton mineur relatif, et le passage alternatif de l'une à l'autre tonalité ayant lieu fréquemment et sans préparation, cela permet d'employer quelquefois l'accord parfait sur ce degré, et d'y établir un repos incident. Mais à l'instant où cette harmonie est entendue, on perd le sentiment de la première tonalité, et l'on a momentanément celui du ton mineur relatif:

DÉMONSTRATION

en Ut.   en La mineur.   en Ut.

En effet, à la seconde mesure on a le sentiment de la tonalité de *la*; on ne retrouve celui du ton d'ut qu'à la troisième, lorsqu'on entend la dominante de ce ton. Remarquez bien que la dominante, ou l'un de ses renversements, détermine toujours la tonalité.

E Dans la tonalité mineure, l'accord parfait placé sur la sixième note du ton transforme cette note en quatrième degré du ton majeur relatif, ou même en tonique: ainsi, en *ut* mineur, si le *la* bémol porte l'accord parfait, cette harmonie permet de passer immédiatement à la tonique *mi bémol*, ou si le *la* bémol est pris pour tonique, la tonalité peut à l'instant s'établir sur cette note.

DÉMONSTRATION

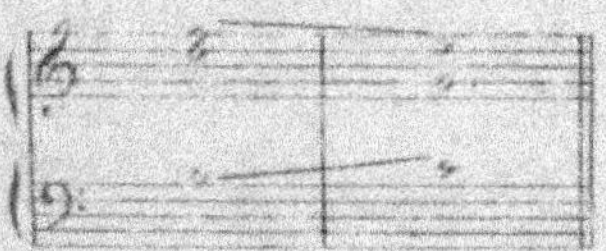

F Nous le répétons, les harmonies qui conservent au sixième degré son caractère tonal sont, dans le mode majeur, l'accord de sixte, et dans le mode mineur le même accord et celui de quarte-et-sixte majeures.

SEPTIÈME NOTE

63. *A* Le caractère du septième degré s'oppose entièrement à tout acte de repos; car ce repos ne pourrait avoir lieu que par l'emploi de la quinte majeure, or, cet intervalle n'existe pas entre le septième et le quatrième degré.

B Les harmonies tonales qui appartiennent à la septième note sont la quinte mineure, et la sixte premier renversement de l'accord parfait de la dominante.

C La quinte mineure, par sa nature appellative, détermine positivement la tonalité, et donne au septième degré son véritable caractère de note sensible. Cette note monte alors à la tonique, et la quinte mineure fait sa résolution en descendant sur la tierce du ton.

DÉMONSTRATION.

D Lorsque le septième degré n'est pas note sensible, c'est-à-dire quand il ne monte pas à la tonique, la quinte mineure ne peut plus lui convenir, et il doit toujours être accompagné par la sixte, qui du reste lui convient également quand il est note sensible.

DÉMONSTRATION

E. La nature de cette sixte est la même dans les deux modes: la tierce et la sixte sont mineures; excepté quand le septième degré est baissé d'un demi-ton dans la gamme mineure descendante:

DÉMONSTRATION

SECONDE NOTE.

64 *A.* La seconde note du ton n'est que transitoire. Les harmonies qui lui conservent son caractère tonal sont: la *quarte-et-sixte* majeure, second renversement de l'accord de la dominante, et l'accord appellatif de tierce mineure et sixte majeure, premier renversement de la quinte mineure:

DÉMONSTRATION

B. L'harmonie de tierce et sixte du second exemple est plus usitée que celle de quarte-et-sixte.

C. Dans le troisième exemple, le quatrième degré, bien que formant l'intervalle de quarte majeure avec le septième, peut monter à la dominante, parce que la note sur laquelle il devrait régulièrement descendre est donnée par la basse, l'une des parties principales.

D. Si quelquefois on accompagne le second degré par l'accord parfait on lui enlève son caractère tonal. Nous verrons dans le chapitre VII ce qui résulte de l'emploi de cette harmonie.

E. Mais dans le mode mineur, le second degré peut recevoir un accord de quinte, parce que cette quinte est mineure, qu'elle s'oppose à tout acte de repos, et qu'elle ne trahit point la tonalité. La marche de cette quinte n'est pas précisément déterminée, comme celle de la quinte mineure de la sensible, mais en général elle descend sur la dominante:

DÉMONSTRATION.

RÉCAPITULATION.

65. *La tonique.*   Doit toujours porter l'accord parfait, dont la tierce indique le mode; ou, transitoirement, la quarte et sixte, dont la sixte est conforme à la nature du mode.

66. *La seconde note.*   Porte la quarte-et-sixte, second renversement de l'accord de la dominante; ou mieux et plus souvent, la sixte premier renversement de la quinte mineure. Dans le mode mineur la quinte mineure peut aussi lui convenir.

67. *La troisième note*   N'a pas d'autre harmonie que la sixte premier renversement de l'accord de la tonique, dont la tierce et la sixte sont mineures dans le mode majeur, et majeures dans le mode mineur.

68. A. *La quatrième note* Reçoit l'accord parfait ou la sixte. La tierce de ces deux accords suit toujours la nature du mode.

     B.   Si le quatrième degré descend sur le troisième, on peut lui donner l'harmonie appellative de quarte majeure et sixte majeure, second renversement de la quinte mineure.

69. *Dominante.*   Cette note porte toujours l'accord parfait majeur; ou, comme harmonie de passage, la quarte-et-sixte, second renversement de l'accord de la tonique.

70. *La sixième note.*   A pour harmonie tonale la tierce et sixte, premier renversement de l'accord parfait du quatrième degré; elle peut aussi recevoir l'accord parfait.

                            Dans le mode mineur, elle peut encore s'accompagner de quarte majeure et sixte majeure, second renversement de la quinte mineure placée sur le second degré.

71. *La septième note*   Lorsqu'elle est note sensible reçoit la quinte mineure ou la sixte; dans tout autre cas la sixte seule est son harmonie.

72 A. Il résulte du contenu des paragraphes précédents que la gamme majeure et mineure, doit être accompagnée de la manière suivante.

DÉMONSTRATION

B. On peut aussi donner la quarte-et-sixte à la dominante, comme on le voit ci-dessous, mais l'accord parfait est plus usité.

DÉMONSTRATION.

C. Toute autre harmonie, que celle employée ci-dessus pour chaque degré de la gamme, ferait pressentir ou déterminerait un changement de ton; c'est ce que nous démontrerons dans les chapitres suivants.

CHAPITRE VI.

DE LA SUCCESSION DES HARMONIES CONSONNANTES A L'ÉTAT FONDAMENTAL, ET PARTICULIÈREMENT DES ACCORDS DE DOMINANTE ET DE SOUS-DOMINANTE.

73. A. Le chapitre précédent, s'il a été bien compris et bien étudié, nous laisse peu de choses à dire sur l'enchaînement des harmonies consonnantes, puisque nous savons qu'elles sont celles affectées à chaque degré, et dans quelles circonstances elles peuvent ou doivent être employées. Quelques observations sur la succession des accords à l'état fondamental, et notamment sur celle des accords de dominante et de sous-dominante, vont nous suffire.

74. A. Nous savons que l'accord parfait donne le sentiment du repos, et qu'il n'appelle aucune succession nécessaire; il suit de là, que si plusieurs notes de

basse accompagnées de l'accord parfait se succèdent immédiatement, chacune de
ces notes peut être momentanément considérée comme tonique:

DÉMONSTRATION.

or, pour que ces toniques puissent s'enchaîner sans intermédiaire, il faut que leurs
harmonies respectives aient entre elles des points de contact, des liens communs,
et de plus, que les éléments dont ces harmonies se composent ne produisent pas de
notes étrangères aux tonalités que les toniques représentent; en d'autres termes,
les harmonies doivent être, à l'égard l'une de l'autre, dans de bonnes relations de
tonalité.

B. Ainsi, par exemple, l'accord de sol majeur est, en général, mal suivi de celui
de ré mineur, parce que le *si* naturel de l'accord de sol est étranger au ton de ré mineur, et que le *fa* naturel de l'accord de ré n'appartient pas au ton de sol majeur:

DÉMONSTRATION.

il y a là fausse relation de tonalité[1].

C. Mais la succession sera bonne si l'accord de sol est mineur, ou si l'accord
de ré est majeur:

DÉMONSTRATION.

75. *A.* Les mouvements de basse, ascendants et descendants, de tierce, de
quarte et de quinte, amènent toujours la communauté de notes entre les accords:

DÉMONSTRATION

____

[1] Nous verrons au chapitre IX dans quelles circonstances harmoniques cette succession et d'autres analogues deviennent régulières malgré la fausse relation.

B. Toutefois, observons que, le ton étant établi, si l'on place l'accord parfait sur un degré dont il n'est point l'harmonie tonale, on fait pressentir ou l'on détermine une autre tonalité [1]

76. *A.* Tout ce qui précède nous conduit à la règle suivante: *toute succession d'accords parfaits est bonne, si ces accords ont entre eux au moins une note commune, et s'ils ne produisent pas de fausse relation de tonalité.*

B. Il résulte naturellement de cette règle, que des accords parfaits placés sur une basse procédant par degrés conjoints donnent, en général, de mauvaises successions, puisqu'alors les harmonies ne sont point liées par des notes communes; cependant nous verrons plus loin des cas particuliers où ces successions sont bonnes et régulières.

C. Quant à présent, ce qui doit fixer notre attention c'est la succession des deux accords de dominante et de sous-dominante.

77. *A.* Nous avons démontré (47) que les deux tierces majeures du quatrième degré et de la dominante produisent une fausse relation; cette fausse relation est cause que l'accord du quatrième degré ne peut jamais suivre celui de la dominante. La tonalité de *sol* suppose un dièse, et celle de *fa* un bémol, or, il y a absence totale de relation entre deux tons dont l'armature de la clef diffère de plus d'un accident. De cette incohérence entre les tonalités, il résulte une dureté qui blesse l'oreille et le sentiment tonal.

DÉMONSTRATION.

B. Une seconde raison ajoute encore à la dureté de cette succession, c'est que les deux accords parfaits donnent le sentiment de deux repos immédiats par des harmonies qui n'ont entre elles aucune liaison. Il faut donc placer sur le quatrième degré une harmonie qui lui enlève le caractère de repos: cette harmonie est la sixte:

DÉMONSTRATION.

78. *A.* Mais lorsque la sous-dominante précède la dominante, la succession devient praticable. Dans ce cas, la dominante, loin d'avoir le caractère de repos, fait pressentir la tonique, et, par un effet du sentiment de la tonalité, le rapport s'établit plutôt entre l'accord de la tonique et celui de la sous-dominante, qu'entre ce dernier et l'accord de la dominante, qui n'est, dans cette

___

[1] Cela a déjà été dit dans le chapitre précédent, et sera démontré dans le suivant.

circonstance, qu'une harmonie transitoire conduisant à la tonique. Ce pressen-
timent de la tonique, et le mouvement contraire par lequel doivent procéder les
parties supérieures pour éviter les quintes et les tierces majeures consécutives, affaiblissent, malgré la fausse relation, la dureté de la succession.

DÉMONSTRATION

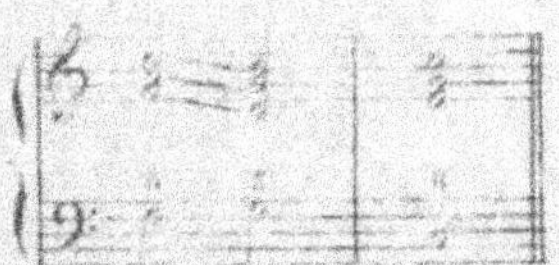

B. La règle sur l'enchaînement des accords, énoncée ci-dessus, s'applique
également au mode mineur. Cependant, nous observerons que dans le passage
de la dominante au quatrième degré, la dureté est sensiblement atténuée par
l'effet de la tonalité mineure.

C. Quant aux renversements de l'harmonie consonnante, le chapitre précédent
nous a instruits de leur emploi tonal; nous verrons dans le chapitre IX d'autres circonstances de succession.

CHAPITRE VII.

DE LA MODULATION.

79. *A.* Tout ce que nous avons dit et démontré dans les deux chapitres précédents ne s'applique qu'à une seule gamme, à une tonalité déjà établie. Mais
si, dans le cours de tout un morceau de musique, on était restreint à tourner
continuellement dans le cercle étroit d'une même tonalité, il en résulterait bientôt
une fatigante monotonie.

B. Pour obvier à cet inconvénient, on abandonne quelquefois et passagèrement la tonalité principale, c'est-à-dire, celle dans laquelle débute et doit finir
le morceau, et on lui en substitue une nouvelle: c'est ce qu'on appelle moduler.

C. Moduler, c'est donc changer de ton, c'est passer d'une gamme dans une
autre.

80. *A.* On change de gamme (ou de ton) en faisant entendre l'accord de
la dominante du ton dans lequel on veut passer, ou l'un des renversements de
cette dominante.

B. On module encore par l'accord de quinte mineure du nouveau ton, ou par
l'un de ses renversements; et, en plusieurs circonstances, cette harmonie est préférable à celle de la dominante, parce qu'elle met en relation la sensible et le
quatrième degré; or on sait que ces deux notes, entendues simultanément, déterminent la tonalité *(65 C)*

<hr>

(*) A proprement parler, il n'y a point de véritable modulation par les accords consonnants, parce que ces accords
appellent aucune succession nécessaire. L'accord dissonant seul détermine péremptoirement la tonalité. Cependant,
par de certaines formules, des suites d'accords amenant des notes étrangères au ton d'où l'on part, on parvient à établir une tonalité nouvelle. Nous reviendrons sur ce sujet en traitant de l'accord dissonant.

DÉMONSTRATION
d'UT

1 en Sol maj.   2 en Mi min.   3 en Sol maj.   4 id.

d'UT

5 en Mi min.   6 en Fa maj.   7 en Sol maj.   8 en La min.

9 d'Ut en Ré min.   10 d'Ut min. en Si maj.   11 d'Ut min. en La maj.   12 de Fa en La.

C. Remarquez bien que l'harmonie qui détermine la modulation (quand la note sensible n'apparaît pas à la basse par un signe accidentel), donne à la note sur laquelle elle est placée le caractère du degré de la nouvelle gamme auquel appartient cette harmonie. dans les N. 1 et 2, l'accord parfait majeur placé sur le *ré* seconde note du ton d'ut, et sur le *si*, septième note, change ces deux notes en dominantes, la première du ton de *sol*, la seconde du ton de *mi*. Dans le N. 6, la quinte mineure donne au *mi* le caractère de la sensible de *fa*, au N. 7, l'harmonie de sixte majeure et tierce mineure, que porte le *la*, transforme cette note en second degré du ton de *sol*, dans les N.os 8, 10 et 11, cette même harmonie change également la note de basse en second degré, enfin, dans le N. 12, la tonique *fa* est transformée, par la quarte majeure et la sixte majeure, en quatrième degré du ton d'*ut*.

81. *A.* Nous avons dit dans le chapitre V (64 *D.*) si quelquefois on accompagne le second degré par l'accord parfait on lui enlève son caractère tonal. effectivement. le ton d'ut étant établi, si l'on harmonise le *ré* avec la tierce mineure et la quinte majeure, cette note prend aussitôt ou le caractère du quatrième degré du ton de *la* mineur, ou celui du sixième degré du ton de *fa*, ou même le caractère de la tonique *ré* mineur, et par conséquent, ouvre le passage à l'une ou à l'autre de ces tonalités.

DÉMONSTRATION

d'Ut en La min.   d'Ut en Fa majeur.   d'Ut en Ré min.

B. L'accord de *ré* est si peu dans la tonalité d'ut, qu'il est impossible de revenir dans ce ton sans le secours d'un autre accord qui en fasse entendre la sensible, comme dans les exemples suivants:

DÉMONSTRATION.

C. Si de l'accord de *ré*, on passait immédiatement à l'accord d'ut, on aurait à l'instant le sentiment de la dominante de fa, ton relatif majeur de celui de ré:

DÉMONSTRATION.

82. *A.* Si l'on donne au troisième degré une autre harmonie que celle de tierce et sixte, on change de tonalité; ainsi, dans le mode majeur, l'accord parfait sur la troisième note lui fait prendre le caractère de la tonique du ton mineur relatif de la dominante (ex: 1°), ou bien celui du quatrième degré du ton mineur établi sur la septième note (ex. 2°).

DÉMONSTRATION

B. Si l'accord parfait était majeur, le troisième degré deviendrait la dominante du ton mineur relatif.

DÉMONSTRATION

C. Dans le mode mineur, l'accord parfait placé sur la tierce du ton, change cette note en tonique du ton majeur relatif (ex: 1° ci-après); cette harmonie permet encore de passer immédiatement à la dominante du septième degré baissé d'un demi-ton, car on peut aussi la supposer celle du quatrième degré de ce dernier ton (ex: 2° ci-après).

DÉMONSTRATION

1 d'Ut min. en Mi bémol maj.   2 d'Ut min. en Si bémol maj.

D. On peut encore la supposer dominante du ton de *la* bémol:

DÉMONSTRATION.

83. Nous avons montré dans le chapitre V (62. *D.E.*) quelles transformations, dans les deux modes, pouvait subir la sixième note accompagnée de l'accord parfait; dans le mode majeur, on peut encore la considérer comme le quatrième degré du ton mineur relatif de la dominante, et elle peut conduire à moduler dans ce ton:

DÉMONSTRATION.

84. *A.* Si la tonique est accompagnée de la sixte, elle se change en troisième degré du ton mineur relatif, ou bien en quatrième degré du ton de la dominante, ou même en sixième note du relatif mineur de la dominante, et le passage dans l'un de ces tons peut s'opérer immédiatement:

DÉMONSTRATION.

en La min.   en Sol maj.   en Mi min.

B. Dans le mode mineur, (nous prenons toujours le ton d'ut pour point de départ) la sixte transforme la tonique en troisième degré du ton de *la* bémol, en sixième du ton de *mi* bémol, ou en sensible du ton de *ré* bémol; mais cette dernière transformation est mieux déterminée par la quinte mineure.

DÉMONSTRATION

en La bémol   en Mi bémol   en Ré bémol

85. *A.* La sixte sur la dominante détruit la tonalité; ainsi, dans le ton d'ut, la sixte placée sur le *sol*, transforme cette note en troisième degré du ton de *mi* mineur, en quatrième du ton de *ré* majeur, ou en sixième du ton de *si* mineur, et elle peut servir à moduler dans ces différents tons:

DÉMONSTRATION.

B. Dans le mode mineur, elle transforme le *sol* en troisième degré du ton de *mi* bémol, en sixième du ton de *si* bémol, ou en sensible de *la* bémol:

DÉMONSTRATION.

C. Les harmonies qui ne sont point tonales ouvrent naturellement la voie aux modulations.

DES RAPPORTS ENTRE LES TONALITÉS.

86. *A.* Les rapports entre les différentes tonalités sont plus ou moins grands, suivant le nombre de notes identiques qui entrent dans la constitution de leurs gammes respectives.

B. En raison de ces rapports, les tonalités sont dites *relatives* ou *éloignées*.

87. *A.* On appelle tons relatifs, 1° ceux qui sont représentés à la clef par le même nombre d'accidents, et ces deux tons sont, comme on le sait, l'un majeur, l'autre mineur, *ut* et *la, sol* et *mi*; 2° ceux dont l'armature de la clef ne diffère que d'un accident, en plus ou en moins; tels sont, par rapport à ut majeur, *sol* majeur et *fa* majeur; par rapport à ré majeur, *la* majeur et *sol* majeur.

B. Les toniques de ces deux tons relatifs, placées l'une à la quinte supérieure, l'autre à la quinte inférieure du ton principal, sont les deux cordes tonales de ce ton:

DÉMONSTRATION.

C. Les deux tons de fa et de sol, ayant chacun, comme le ton d'ut, son relatif mineur, *mi mineur* pour *sol, ré mineur* pour *fa*, ces deux tons, *mi* et *ré*, sont également relatifs d'ut majeur. Un ton majeur a donc cinq tons relatifs: un premier relatif mineur, deux relatifs majeurs, et enfin deux autres relatifs mineurs.

D. Mais tous ces tons ne sont point relatifs du ton principal au même degré; on doit mettre au premier rang ceux qui conservent dans leur constitution le plus de notes essentielles du ton principal, telles que la tonique, la dominante et la sensible; et au second rang, ceux qui détruisent cette dernière note;

Nous les classons donc dans l'ordre suivant:

UT majeur.	ton principal.
La mineur	1.ᵉʳ relatif.
Sol majeur	2.ᵉ relatif.
Mi mineur	3.ᵉ relatif.
Fa majeur	4.ᵉ relatif.
Ré mineur	5.ᵉ relatif.

E. Le dernier est évidemment celui qui a le moins de relation avec le ton principal; en effet, il en détruit la sensible et la tonique (car l'ut dièse et le si bémol sont nécessaires au ton de ré), et de plus, son accord de tonique ne conserve aucune note commune avec celui du ton d'ut; il n'est donc relatif que très secondairement: aussi la modulation à la seconde note du ton n'est-elle que transitoire.

88. *A*. Le mode mineur a, comme le mode majeur, cinq tons relatifs, mais leur qualité modale est en sens inverse.

B. Prenons *la* mineur pour exemple; nous avons d'abord pour premier relatif *ut* majeur, puis *ré* mineur et *mi* mineur, dont les notes initiales sont les deux cordes tonales de *la*:

puis, enfin, les relatifs de ces deux tons, *fa* majeur pour *ré* mineur, et *sol* majeur pour *mi* mineur; ce qui nous donne, pour relatifs de *la* mineur, trois tons majeurs et deux mineurs.

C. La gamme mineure n'ayant pas la même régularité constitutive que la gamme majeure, à cause de la sensible qui n'est pas stable, la classification des tons relatifs n'est pas, dans le mode mineur, exactement la même que dans le mode majeur, voici comment elle doit être établie:

LA mineur	ton principal.
Ut majeur	1.ᵉʳ relatif.
Mi mineur	2.ᵉ relatif.
Ré mineur	3.ᵉ relatif.
Fa majeur	4.ᵉ relatif.
Sol majeur	5.ᵉ relatif.

l'accord de tonique de ce dernier ton n'a pas de note commune avec celui de *la* mineur; c'est le moins relatif des cinq.

89. Les tons éloignés sont ceux dont les gammes ont moins de notes communes que celles des tons relatifs; comme *ut majeur et mi majeur*; *ut majeur et sol bémol majeur*. Ils peuvent même n'en avoir aucune, comme les tons d'*ut naturel*, d'*ut dièse* et d'*ut bémol*.

(1) Ce tableau doit être transposé dans tous les tons. Ainsi en prenant *ré* majeur pour ton principal on aura pour relatifs, *si* mineur, *la* majeur, *fa* dièse mineur, *sol* majeur et *mi* mineur.

90. *A.* D'après les relations des tonalités, les modulations sont de deux sortes: celles qui se font aux tons *relatifs*, et celles qui ont lieu dans les tons *éloignés*.

B. Les modulations aux tons relatifs peuvent toujours s'effectuer par les moyens les plus simples et les plus immédiats, c'est-à-dire, en attaquant sans intermédiaire l'accord determinatif du nouveau ton, ainsi que le démontrent les exemples du paragraphe 80.

C. Mais il est une autre manière de moduler, et que, souvent, on doit préférer à la première. Elle consiste à employer, avant l'accord déterminant le changement de ton, quelques accords communs aux deux gammes que l'on veut lier ensemble, ou appartenant à des tonalités réciproquement relatives de ces deux gammes, mais n'ayant par eux-mêmes aucune signification précise. De la succession de ces harmonies, il résulte une certaine incertitude tonale, qui tient momentanément l'oreille en suspens, et qui amène la modulation d'une manière plus douce et quelquefois aussi plus inattendue.

DÉMONSTRATION.

d'Ut majeur en Fa majeur

Jusqu'à la fin de la seconde mesure rien ne trahit le ton d'*ut*. L'accord de *ré* jette le trouble dans la tonalité, car il n'appartient pas à la gamme d'*ut*, et il peut être considéré comme l'accord du quatrième degré du ton de *la* mineur, ou comme celui de la tonique du ton de *ré* mineur, tons, qui sont, l'un et l'autre, relatifs de ceux d'*ut* et de *fa*. Le *si* bémol est plus significatif, néanmoins il laisse encore du doute sur la tonalité, parce qu'il est le sixième degré de la gamme de *ré* aussi bien que le quatrième de la gamme de *fa*; mais l'*ut*, qui le suit, prend réellement le caractère de la dominante de *fa*, et la modulation est alors accomplie.

Attendu que le *si* bémol, comme nous venons de le dire, représente le sixième degré de la gamme de *ré* mineur, la modulation peut également se conclure en *ré*. Son effet est même plus piquant que celui de la modulation en *fa*, parce que le ton de *ré* n'étant relatif du ton d'*ut* que secondairement, l'oreille pressent plutôt le ton de *fa* que celui de *ré*.

DÉMONSTRATION.

d'Ut majeur en Ré mineur

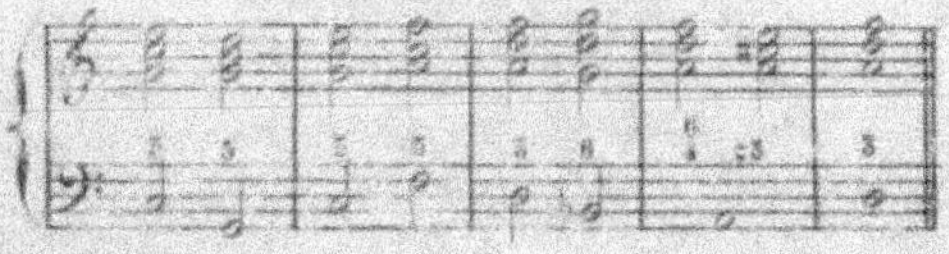

91. *A.* Il peut se faire, bien que la modulation ait lieu entre des tonalités relatives, que le premier accord du ton où l'on va manque de relation avec le dernier du ton que l'on quitte; dans ce cas, on considère si le changement de mode de ce dernier accord n'amène pas la relation nécessaire à la bonne succession des harmonies (74).

DÉMONSTRATION.

B. A la troisième mesure on se repose sur la dominante du ton d'ut;[1] à la quatrième on passe de suite à l'accord de tonique *ré* mineur; mais comme l'accord de *sol* majeur n'appartient pas à cette tonalité, on change au second temps la tierce majeure en tierce mineure, et l'on fait entendre le *si* bémol, corde modale du ton de *ré mineur*. Ce changement permet de considérer le *sol* comme le quatrième degré de la gamme de *ré*, et la relation entre les deux harmonies se trouve alors tout naturellement établie. Le même moyen est employé à la sixième mesure; l'accord de *la* mineur a plus de rapport avec le ton de *sol* dans lequel on passe, que celui de *la* majeur, à cause de l'ut dièse qui n'entre pas dans la gamme de sol.

92. *A.* Les modulations aux tons éloignés demandent plus de soins et de précautions que celles aux tons relatifs; elles s'opèrent cependant par les mêmes moyens, c'est-à-dire, en passant par des harmonies intermédiaires qui établissent des points de contact entre les tonalités.

B. Mais ces points de contact seraient souvent difficiles à obtenir, si nous n'avions pas à notre disposition un moyen simple d'y arriver; nous voulons parler du changement de mode des accords, lequel peut toujours avoir lieu spontanément, et de deux manières, à savoir: sur l'accord du ton principal, et sur les accords intermédiaires, ainsi que nous venons de le voir dans le dernier exemple.

C. Si le changement de mode se fait sur l'accord du ton principal, on obtient tout d'abord des relatifs fort différents et fort éloignés de ceux fournis par la même tonalité prise dans l'autre mode. Il suit de là, qu'on a de nouveaux moyens pour effectuer les modulations les plus étrangères au ton principal.

D. Le changement de mode sur les accords intermédiaires conduit au même résultat.

E. Au surplus, une modulation annoncée dans un mode peut toujours se conclure dans l'autre mode.

DÉMONSTRATIONS.

MODULATIONS PAR CHANGEMENT
DE MODE.

d'Ut maj. en Sol min. relatif d'ut min.

---

[1] (1) Voyez § 105 A. Chapitre suivant.

F. Conformément à ce qui est dit ci-dessus *(E)*, la modulation peut se conclure en mineur. Mais dans ce cas, on peut aussi la préparer de la manière suivante:

* L'altération change de mode l'harmonie de *fa bémol* et il se prend pour le quatrième degré du ton de *sol
bémol.*

* L'harmonie de troisième est le rend sensible de *ré bémol.*

G. La même modulation peut se faire comme ci-après:

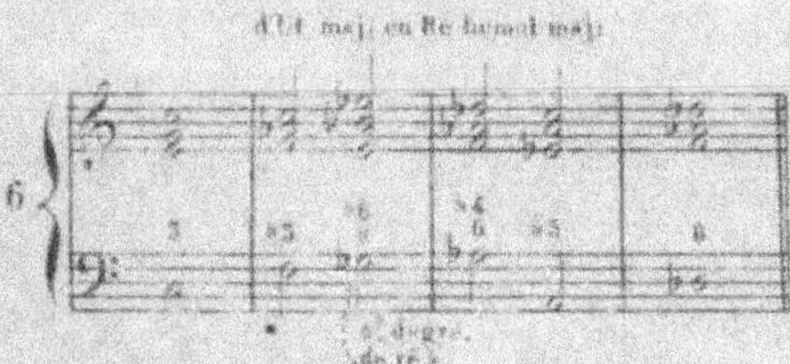

* Changement de mode: *fa mineur* pour *fa majeur*, parce que l'ut tonique peut se prendre pour dominante de *fa.* Or *fa mineur* étant relatif de *ré bémol,* la modulation s'achève facilement.

H. Les mêmes harmonies vont nous conduire en *si bémol* mineur, parce que le *sol bémol*, quatrième degré du ton de *ré bémol*, est aussi le sixième degré de *si bémol* mineur.

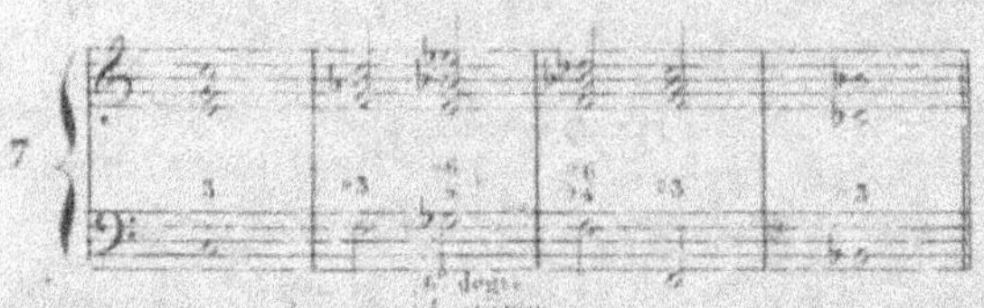

93. *A.* Les modulations éloignées par adjonction de bémols ou par retranchement de dièses, ce qui est la même chose, s'effectuent plus naturellement que celles qui ont lieu en suivant l'ordre contraire. La raison en est, que la substitution du mode mineur au mode majeur, sur les accords intermédiaires, est, en général, plus douce que la substitution du mode majeur au mode mineur.

B. Néanmoins, voici des exemples de ces sortes de modulations par adjonction de dièses, dans lesquels le changement de mode n'offre aucune dureté.

ou bien de la manière suivante

94. A. Dans tous les exemples précédents, les modulations s'accomplissent directement du point de départ au point de conclusion; mais il est souvent mieux, quand la modulation est éloignée, de passer par une ou plusieurs modulations transitoires se rapprochant peu à peu du ton dans lequel on doit conclure:

DÉMONSTRATION.
d'Ut maj. en Fa # maj.

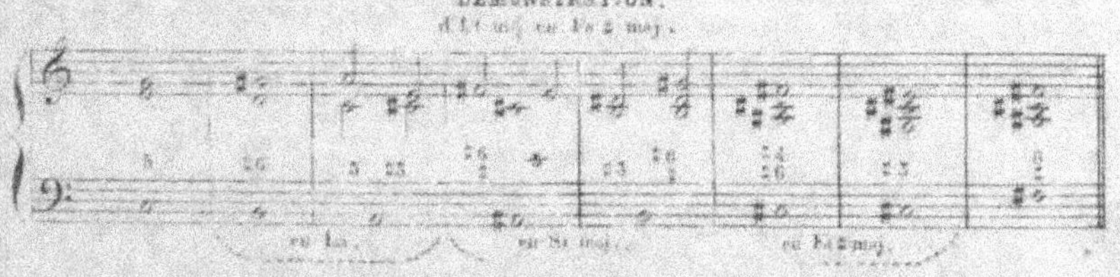

B. Cette manière d'amener la modulation est quelquefois plus riche et plus élégante que la modulation directe, mais il n'y a point de règle positive à cet égard: tout dépend de l'effet qu'on veut produire.

DES TRANSITIONS BRUSQUES.

95. A. On change encore de ton en attaquant subitement des accords entièrement étrangers au ton ou au mode dans lequel on se trouve; ce ne sont plus alors des modulations doucement amenées par l'entremise d'accords intermédiaires, et dé_

(1) Si dans tous ces exemples on partait du mode maj. les modulations pourraient se faire par les mêmes moyens.

terminées par les accords de dominante et de quinte mineure, mais de *brusques tran-sitions* d'une tonalité à une autre, et quelquefois sans aucune liaison.

B Ces transitions ont lieu de diverses manières:

1°. Si l'on est en majeur, en attaquant immédiatement, sans avoir préalablement changé de mode, l'accord du sixième degré du mode mineur:

DÉMONSTRATION

on peut aller de l'une à l'autre de ces harmonies:

2°. En passant subitement au relatif majeur du ton ou l'on est supposé dans le mode mineur:

DÉMONSTRATION.

3°. En attaquant un accord entièrement étranger à la tonalité établie, mais apparte-nant à l'un des relatifs de la même tonalité prise dans le mode mineur:

DÉMONSTRATIONS.

(1) Accord appartenant au ton de La bémol, relatif d'Ut mineur.

(2) Accord appartenant au ton de Fa mineur, relatif d'Ut mineur.

C. On conçoit que l'accord de *ré bémol* une fois entendu, la tonalité peut également s'établir sur cette harmonie:

DÉMONSTRATION

96. A. Ces sortes de transitions peuvent encore s'effectuer par les moyens suivants:

1° En conservant une seule note de l'accord qui précède la transition, laquelle doit entrer dans le nouveau ton comme tonique, comme médiante ou comme quinte.

DÉMONSTRATION

2° Par un trait en unissons ou en octaves séparant les deux tonalités:

DÉMONSTRATION

1. Voyez pour ce trait chapitre XIII, 152, ...

Ou même par une seule note suivie d'un silence, comme l'a fait si heu_
reusement Mozart dans le deuxième acte de Don Juan, en passant du ton de
ré majeur à celui de fa naturel:

3.º Ou encore par une gamme chromatique, qui est la négation de toute tonalité[1]

DÉMONSTRATION.

4.º Enfin, en séparant les phrases par de longs silences:

DÉMONSTRATION.

B. On doit comprendre que ces différents moyens de passer brusquement d'un
ton à un autre ont tous le même but: celui de faire oublier la première tonalité,
afin que la seconde ne blesse pas l'oreille.

(1) Voyez pour ces passages chromatiques chapitre XIII, 152 G.

C. Dans tous ces derniers exemples il n'y a point, nous le répétons, de modulation proprement dite, car celle-ci consiste dans ces enchaînements d'harmonies qui nous conduisent insensiblement, et d'une manière plus ou moins inattendue, d'une tonalité à une autre, en nous faisant entendre les notes caractéristiques du ton dans lequel nous voulons passer, ainsi que nous l'avons démontré dans les paragraphes 80, et de 90 à 94; or, rien de semblable ne se manifeste dans les transitions ci-dessus.

97. Ces notions de modulation nous suffisent maintenant; elles nous démontrent comment, avec les harmonies consonnantes, on peut opérer tous les changements de tons. Mais les harmonies dissonnantes nous offriront d'autres ressources, et nous exposerons, dans la suite de cet ouvrage, toutes les richesses harmoniques qu'elles mettent à notre disposition pour effectuer, par les moyens les plus variés et les plus rapides, toutes les modulations imaginables.

___

CHAPITRE VIII.

CADENCES ET REPOS A LA DOMINANTE.

98. A. On désigne par le nom de cadence[1] la terminaison d'une phrase harmonique[2] soit suspensive, soit conclusive du sens musical.

1. Du mot latin cadere, tomber.
2. Le discours musical se divise comme le discours littéraire en périodes, en phrases et en membres de phrase.

La phrase se compose d'un certain nombre de mesures, offrant un sens plus ou moins complet.

Il y a des phrases de deux, de quatre, de six et de huit mesures; il y en a même de trois et de cinq.

La phrase de quatre mesures se divise ordinairement en deux membres: à la seconde mesure il y a un léger repos qui représente une virgule.

La phrase de huit mesures a ses repos de deux en deux mesures, ou à la quatrième seulement.

Il y a des phrases qui n'ont point de repos.

La phrase de six mesures peut avoir son repos après la troisième; mais souvent elle n'en a pas.

Les phrases de trois et de cinq mesures sont toujours d'un seul membre, parce que leurs divisions ne pourraient être symétriques.

EXEMPLES.

B Les différents mouvements de la basse donnent lieu à diverses espèces de cadences, qui sont:

> La cadence parfaite
> La cadence rompue
> La cadence évitée ou imparfaite
> La cadence interrompue
> La cadence plagale
> La demi-cadence ou repos à la dominante

C Ces diverses cadences déterminent les différents degrés du repos; elles marquent la séparation des phrases dans le discours musical, et y remplissent les mêmes fonctions que la ponctuation a remplir dans le discours littéraire.

CADENCE PARFAITE.

99 *A* La cadence parfaite est la chute de la dominante sur la tonique; c'est la cadence de conclusion: toute phrase qui donne le sentiment du sens fini se termine par cette cadence.

Phrases de 5 mesures
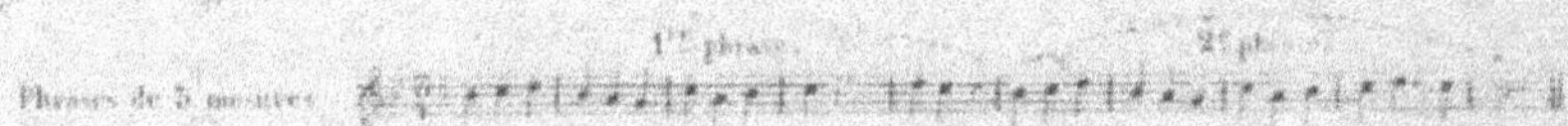

Les phrases les plus usitées sont celles qui ont un nombre pair de mesures, et notamment celles de quatre.

La période se compose d'un certain nombre de phrases formant un sens complet, et se terminant toujours par une cadence parfaite.

Pour qu'une période soit régulière et bien faite, il faut que chaque phrase ait sa phrase correspondante composée du même nombre de mesures et ayant le même rhythme afin qu'il y ait symétrie.

Le rhythme est la répartition symétrique des valeurs dans chaque mesure ou dans l'ensemble des phrases.
Le rhythme est indépendant de la mélodie.

EXEMPLES.

Il a des combinaisons infinies.

Mais la mélodie n'est point indépendante du rhythme, elle en a toujours un quelconque.

Le rhythme exerce une telle influence dans la création de la mélodie que les mêmes notes, selon leur distribution rhythmique, peuvent produire des chants très différents.

EXEMPLE.

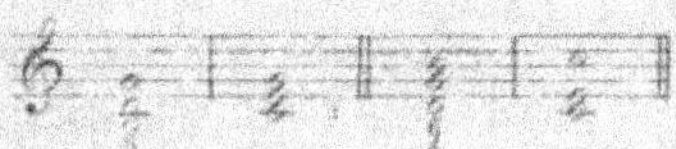

B. Si, au lieu de l'accord parfait sur la dominante, nous prenons l'un de ses ren_versements, nous aurons les renversements de la cadence parfaite.

C. On peut encore considérer comme des renversements de la cadence parfaite la quinte mineure sur la sensible, et son premier renversement:

car nous verrons plus loin que l'accord de quinte mineure et ses renversements ont une grande analogie avec les renversements de l'accord dissonant, lequel est bien plus propre que le consonnant à opérer la cadence parfaite.

D. Mais le sentiment de repos donné par ces renversements étant moins absolu que celui produit par la cadence parfaite, ils ne peuvent servir à la conclusion finale.

CADENCE ROMPUE.

100 *A.* La cadence rompue est le passage de la dominante à la sixième note. C'est une des circonstances où l'on peut placer sur cette dernière l'harmonie de tierce et quin_te, parce qu'on y opère un repos incident;

DÉMONSTRATION.

B. Le mode majeur étant établi, la cadence rompue a quelquefois lieu sur la sixiè_me note du mode mineur:

DÉMONSTRATION.

C. Bien que d'un usage moins fréquent, le contraire peut également se pratiquer:

(1) Nous avons pu remarquer dans le chapitre précédent que la plupart de nos démonstrations sur la modulation se terminent par ce mouvement de la dominante à la tonique, c'est-à-dire par la cadence parfaite.

DÉMONSTRATION

D La cadence rompue peut aussi s'effectuer avec l'harmonie de sixte sur le sixième degré, mais alors le repos n'existe plus.

DÉMONSTRATION.

E Cette cadence, même avec l'accord parfait sur la sixième note, n'est que suspensive, car le sens ne peut pas se terminer sur le sixième degré: aussi est-elle presque toujours suivie de la cadence parfaite.

DÉMONSTRATION.

F La cadence rompue peut ouvrir la voie à la modulation.

DÉMONSTRATIONS.

(Remarque) *Dans l'acte de cadence parfaite, le quatrième degré précède souvent la dominante, comme dans les exemples ci-dessus. Cette formule détermine complétement la tonalité, parce que les sens des trois accords dont elle se compose font entendre toutes les notes de la gamme, ainsi que nous l'avons démontré (59 A).*

CADENCE ÉVITÉE.

101   *A*   La cadence évitée ou imparfaite est la marche de la dominante sur le troisième degré. Le sens incomplet que produit cette cadence demande nécessairement que la phrase ait une autre conclusion. Fort souvent elle est suivie de la cadence parfaite.

DÉMONSTRATION.

B   Dans la cadence parfaite, la cadence rompue et la cadence évitée, la note sensible doit toujours monter à la tonique.

CADENCE INTERROMPUE.

102   *A*   La cadence interrompue consiste dans le passage immédiat d'une dominante à une autre dominante, ou à un accord de quinte mineure déterminant un autre ton. Elle peut encore avoir lieu par les harmonies renversées de ces accords, ou, simplement, en faisant suivre la dominante d'un accord préparant une nouvelle tonalité.

B   Dans la succession des fondamentales, c'est-à-dire dans le passage d'une dominante à une autre dominante, la cadence interrompue n'existe véritablement qu'avec l'accord dissonant, que nous ne connaissons pas encore; mais dans tous les autres cas l'effet de cette cadence se fait très-bien sentir avec l'harmonie consonnante. En voici quelques exemples:

C. Cette cadence peut encore s'effectuer par la quinte mineure et ses renversements :

DÉMONSTRATION.

D. On voit que dans une cadence interrompue il y a toujours modulation, et
que le changement de ton enlevant à la note sensible son caractère tonal, cette note
n'a plus de marche déterminée: fort souvent elle descend chromatiquement. La quinte mineure, ainsi qu'on doit le remarquer dans les dernières démonstrations, perd
aussi sa marche régulière.

E. L'emploi de l'accord dissonnant nous offrira les moyens d'opérer un grand
nombre de ces sortes de cadences, appelées dans les écoles d'Italie *Cadences d'in-
ganno*, c'est-à-dire, cadences par surprise, par tromperie: en effet, c'est une surprise, puisque la tonalité annoncée par la première dominante (ou quinte mineure)
est subitement *interrompue* par une autre. De là, la qualification de: *Cadence interrompue*.

CADENCE PLAGALE[1]

105. A. La cadence plagale est la chute de la sous-dominante sur la tonique. Cette cadence ne détermine point la tonalité d'une manière positive comme la cadence parfaite, parce qu'elle ne fait pas entendre la sensible. Par cette raison elle ne peut servir dans la tonalité moderne de cadence finale; cependant on l'emploie quelquefois à la fin d'un morceau, mais alors elle est précédée de la cadence parfaite qui a déterminé la conclusion. C'est même de cette manière qu'elle est le plus en usage.

DÉMONSTRATION.

B. Son caractère vague la rend propre à la musique religieuse, à laquelle, d'ailleurs, elle appartient particulièrement.

C. Le mode étant mineur, cette cadence peut se conclure dans le mode majeur. La tierce majeure finale produit un effet très-remarquable, elle change en quelque sorte la tonalité, et cette conclusion ressemble à un repos sur la dominante du quatrième degré pris pour tonique.

DÉMONSTRATION.

Cette finale est usitée dans la musique d'Église.

REPOS À LA DOMINANTE.

106. A. Le passage de la tonique à la dominante, sur laquelle on se repose momentanément, se nomme demi-cadence; mais plus ordinairement, et mieux, *repos à la dominante.*

DÉMONSTRATION.

[1] Par analogie avec celle que les anciens organistes pratiquaient dans certains chants d'église et ainsi nommée parce qu'elle est produite par la note au-dessous ou au-dessus de la dominante. Ch. 1 gros plagios désigne de côté.

[2] On donne vulgairement à cette tierce majeure le nom de tierce picarde, parce que c'était dans les églises de Picardie que l'on s'en servait premièrement.

B. Il n'est cependant pas nécessaire pour effectuer ce repos que la tonique précède immédiatement la dominante: on peut y arriver de diverses manières:

DÉMONSTRATION

C. Nous verrons, à mesure que nous avancerons dans l'étude de l'harmonie, beaucoup d'autres formules de repos à la dominante.

CHAPITRE IX.

DES PROGRESSIONS.

105. *A.* Une formule mélodique quelconque, mais en général de courte durée, se répétant successivement et symétriquement à un degré supérieur ou inférieur, et parcourant ainsi tous les degrés de l'échelle, forme ce qu'on appelle une progression mélodique.

B. Par exemple, cette formule,   peut nous fournir les progressions suivantes:

Celle-ci,   nous donnera ces autres progressions:

C. La formule employée se nomme le modèle ou l'élément de la progression.

D. Cet élément peut être formé de plusieurs mouvements ou intervalles, comme

106. Toute phrase de courte durée peut se reproduire en progression:

DÉMONSTRATION.

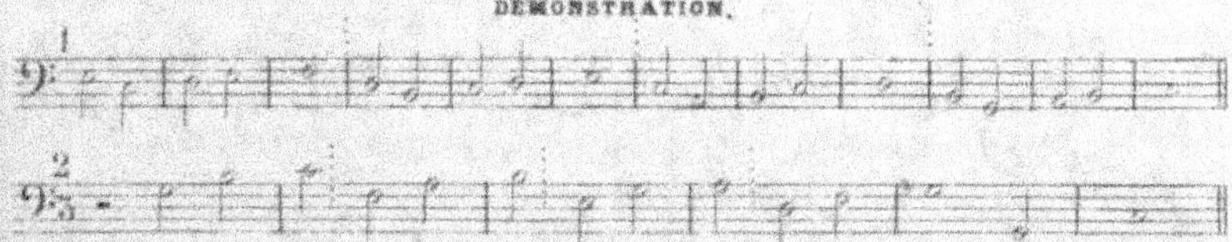

107. La progression est dite *ascendante* quand le modèle se répète a un degré plus élevé; elle est dite *descendante* quand le contraire à lieu.

108. *A.* Lorsqu'une basse est en progression, toutes les parties de l'harmonie sont soumises à une symétrie analogue à celle de la basse, et elles doivent dans leur ensemble suivre le même mouvement que cette dernière; c'est-à-dire que, si la progression est ascendante, le mouvement général des parties doit être ascendant, et descendant, si la basse est en progression descendante.

B. Cette régularité dans la marche de toutes les parties constitue la *progression harmonique*.

109. *A.* Mais dans toutes ces formules un phénomène fort singulier se présente: l'uniformité progressive annihile complètement le caractère distinctif et spécial de chaque degré, de telle sorte qu'il n'y a plus, pendant toute la durée d'une progression, de degrés déterminés, qu'il n'y a plus véritablement de gamme, et que le sentiment de la tonalité est suspendu jusqu'à la cadence qui termine la série progressive, laquelle, en faisant entendre l'harmonie de la dominante, rétablit le sentiment tonal.

B. Il suit de là que les harmonies qui appartiennent à tel ou tel degré perdent aussi leur caractère de spécialité, et que *les mêmes accords peuvent se placer indistinctement sur toutes les notes d'une progression.*

110. *A.* L'accord de quinte mineure ne trouve son emploi dans une progression que par l'analogie de sa forme (tierce et quinte) avec celle de l'accord parfait; il perd alors son caractère appellatif; sa quinte, par conséquent, n'a plus de marche

---

Les progressions qui ont pour élément un seul intervalle, comme celles N°s 1, 2, 3, 4 et 5 ci-dessus peuvent être considérées comme des progressions simples, et celles dont le modèle est formé de plusieurs intervalles, comme des progressions composées; car elles ne sont que des progressions simples combinées ensemble; en effet, si dans l'exemple N° 6 nous faisons abstraction des deuxième, quatrième, sixième et huitième mesures, nous obtiendrons la progression suivante:

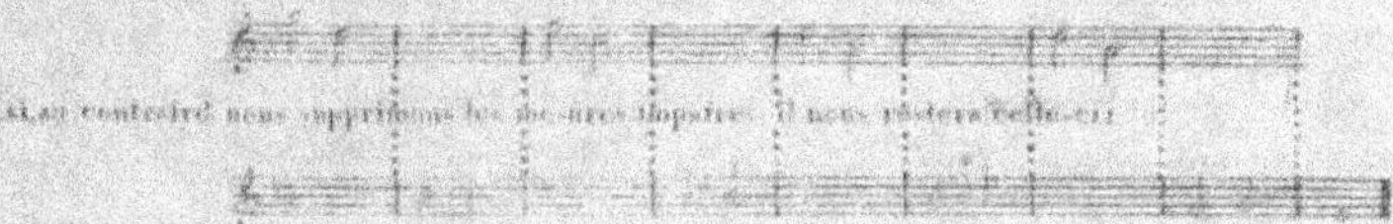

si, au contraire, nous supprimons les mesures impaires, il nous restera celle-ci:

une analyse semblable pour le N° 7 nous donnera trois progressions.

Cependant il est des progressions qui ne se prêtent pas aussi facilement à la décomposition de leur formule et dans lesquelles le modèle, bien que formé de plusieurs mouvements, doit être considéré comme un tout.

déterminée et entraînée par le mouvement symétrique, elle peut monter, ou descendre de plus d'un degré.

EXEMPLES.

Progressions d'accords parfaits.

B. A la cinquième mesure du premier exemple, et à la seconde mesure du deuxième, on voit monter la quinte mineure.

C. C'est à la cadence marquée d'une * qu'on reprend le sentiment de la tonalité.

III. A. Les chiffres, qui indiquent la partie supérieure, font voir que les mêmes intervalles se représentent symétriquement aux mêmes mouvements de la basse. Cette remarque s'applique également aux autres parties; d'où il suit qu'une progression harmonique se compose de l'ensemble de plusieurs progressions mélodiques.

B. Ce serait donc une faute très-grave, et qui blesserait à la fois le jugement et l'oreille, si l'harmonie placée sur une basse en progression était irrégulièrement écrite, comme dans l'exemple suivant:

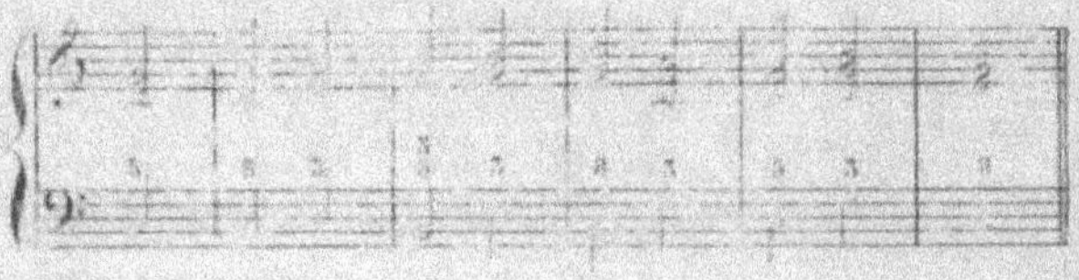

C. Le jugement et l'oreille ne sont satisfaits qu'autant que la symétrie est rigoureusement observée, et, pour être correcte, la progression doit s'écrire ainsi:

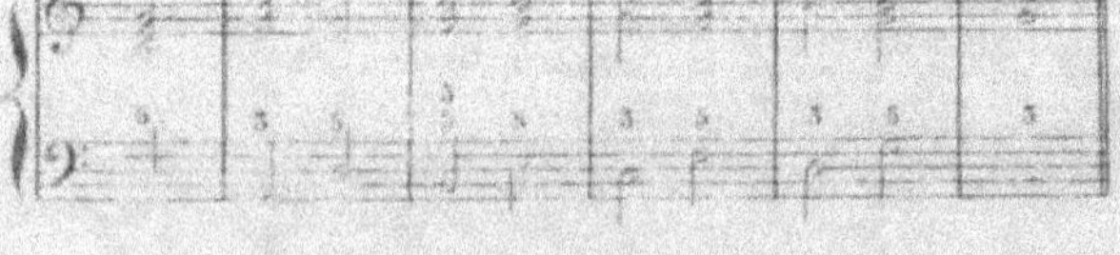

---

* La progression maintenant le sentiment de la tonalité, la succession de l'accord de *ré* mineur à l'accord de *sol* majeur est bonne, malgré la fausse relation. Voyez la note 74 *B.*

ou bien encore:

D. Une seule progression, celle ou la basse descend continuellement de tierce en tierce, semble contredire ce que nous venons de démontrer, car la basse descend toujours et la marche des parties est ascendante:

DÉMONSTRATION.

E. Mais cette contradiction n'est qu'apparente; il faut remarquer que le modèle est composé de deux mouvements consécutifs de tierce, ou, si l'on veut, de trois accords, après lesquels la même disposition harmonique se reproduit. La basse écrite comme ci-dessous fait disparaître toute irrégularité:

112. *A.* En conséquence du paragraphe 109, la gamme peut être transformée en progression par l'emploi successif du même accord sur chaque degré:

DÉMONSTRATION.

B. La gamme descendante peut recevoir les mêmes harmonies:

DÉMONSTRATION.

(1) Il faut avouer que cette succession d'accords parfaits, sans liaisons et sans rapports entre eux, est tout ce qu'on peut imaginer de plus détestable.

113. *A.* Les renversements de l'accord parfait employés dans les progressions, perdent également leur caractère spécial, et peuvent se placer sur tous les degrés.

B. Mais la sixte sur toutes les notes de la gamme ne produit pas le mauvais effet des accords fondamentaux, parce que la dominante est la seule note dont elle n'est pas l'harmonie tonale[1].

DÉMONSTRATIONS.

C. L'emploi du second renversement est très rare, à cause de la quarte, intervalle qui manque d'aplomb. En voici cependant un exemple:

PROGRESSIONS MODULANTES.

114. *A.* Il existe des progressions qui à chaque retour de l'intervalle élémentaire ou du modèle, changent de ton; cela dépend, pour quelques-unes, de l'harmonie placée sur la basse: telles sont les deux progressions suivantes.

[1] Et encore parce que la sixte est une harmonie transitoire, au lieu que l'accord parfait donne le sentiment du repos sur chaque note.

B. Dans les cinq premières mesures la basse n'indique aucune modulation, et elle pourrait être harmonisée tout autrement, mais à la sixième mesure elle change véritablement de ton, et ce changement (94, 4) nécessite la modulation aux autres membres de la progression.

C. Ces deux progressions sont des successions de cadences parfaites; celle qui suit est une succession de cadences plag[ales].

D. Cette même basse peut donner lieu à une suite de repos à la dominante:

DÉMONSTRATION.

115. Il y a des progressions qui modulent par la contexture même de la basse, comme les suivantes:

3.

MODE MINEUR.

116. Les progressions non-modulantes, employées dans le mode mineur, nécessitent une observation: on est obligé pendant leur durée de supprimer la note sensible, soit dans la basse, soit dans les parties supérieures, afin d'éviter les mauvaises relations mélodiques de seconde augmentée, de quinte augmentée, etc. auxquelles cette note pourrait donner lieu.

DÉMONSTRATION.

* Suppression de la sensible. Elle amène ici une modulation au ton majeur relatif.

1.　　　　2.

Si la sensible n'était point supprimée (ex. 1er), il y aurait du sol dièse à l'ut naturel, un intervalle mélodique de quarte diminuée, et une fausse relation avec le sol naturel de l'accord d'ut, comme dans l'ex. 2.

CHAPITRE X.

DE LA RÉALISATION DE L'HARMONIE A DEUX,
A TROIS ET A QUATRE PARTIES.

117. A. Le style vocal est généralement adopté pour l'étude de l'harmonie, parce que les difficultés de facture y sont plus grandes que dans le style instrumental, à cause de l'étendue des voix qui est plus restreinte que celle des instruments, et des règles concernant la marche mélodique des parties qui y sont aussi plus sévères. C'est donc au style vocal que se rapporte la plus grande partie des préceptes contenus dans ce chapitre.

(1) Nous allons voir dans le chapitre suivant que les intervalles mélodiques augmentés et diminués sont défendus.

B. Mais avant d'entrer dans les détails nécessaires pour guider l'élève dans l'art de réaliser ou d'écrire l'harmonie pour les voix, il nous paraît essentiel de donner un tableau indiquant le *diapason* ou l'*étendue* des différentes voix, et les rapports qu'elles ont entre elles.

TABLEAU DU DIAPASON
DES VOIX

Les Notes p n f tace indiquent les tons etc.

C. Observation. Bien que les échelles ci-dessus donnent l'étendue exacte de chaque voix néanmoins on doit s'abstenir en écrivant d'en atteindre les limites, soit au grave, soit à l'aigu. Par exemple, la basse ne doit guère descendre qu'au *ut* ou au *sol*, et ne doit pas dépasser à l'aigu l'*ut* ou le *ré*; le *mi* grave est à peu près la dernière note du ténor, et il ne doit pas habituellement s'élever au-delà du *sol*; le contralto dans les notes graves doit s'arrêter au *fa*, et dans les sons aigus à l'*ut* ou au *ré*; enfin, le soprano doit se renfermer dans la même étendue que le ténor (à l'octave supérieure; on ne doit lui faire atteindre le *la* aigu que très-rarement. En général, les voix doivent rester dans leur *médium*.

D. Les restrictions que nous venons d'imposer aux limites des voix ne s'appliquent, on doit le comprendre, qu'aux voix employées dans les chœurs. S'il s'agissait d'écrire un *Solo*, on pourrait parcourir toute l'étendue des échelles que nous avons d'indiquées, et même la dépasser un peu.

E. Les voix dites intermédiaires, le *mezzo-soprano* ou *second dessus*, et le baryton ou première basse, ont leur diapason, la première une tierce au-dessous du soprano, la seconde, une tierce au-dessus de la basse. Le mezzo-soprano s'écrit comme le soprano sur la clef d'*ut* première ligne, le baryton comme la basse sur la clef d'*ut* quatrième ligne.

REALISATION A DEUX PARTIES

118 *A.* L'accord parfait étant composé de trois sons, il faut évidemment quand on écrit à deux parties en retrancher *un*.

B. On retranche plutôt la quinte que la tierce, parce que son effet est *sec*, et que celui de la tierce est *doux* et *harmonieux*. Cela pourtant ne veut pas dire qu'on doive n'employer que des tierces; on tomberait alors dans un défaut qu'on doit éviter avec soin; la *monotonie* et la *platitude*. Il faut entremêler les quintes et les tierces, en cherchant, toutefois, à faire entendre plus souvent ces dernières.

C. Dans le premier renversement il vaut mieux employer la sixte. La tierce seule n'indique pas suffisamment, sur certains degrés, si le complément de l'harmonie est la sixte ou la quinte. Dans le second renversement la sixte est préférable à la quarte; cependant on est quelquefois obligé d'employer ce dernier intervalle.

119. *A.* On peut commencer par la tierce, la quinte ou l'octave; mais, si la suite le permet, il est mieux de commencer par la tierce, parce qu'elle donne la connaissance du mode.

B. L'octave ne doit être employée qu'au commencement ou à la fin du morceau, ou dans une cadence de modulation, lorsque cette cadence détermine un sens fini.

C. En écrivant pour deux voix égales, on peut être conduit à faire des unissons, mais il faut les éviter avec soin, à cause de la pauvreté qui en résulte. Cependant, en commençant, et dans une cadence de conclusion, l'unisson se tolère;

EXEMPLE.

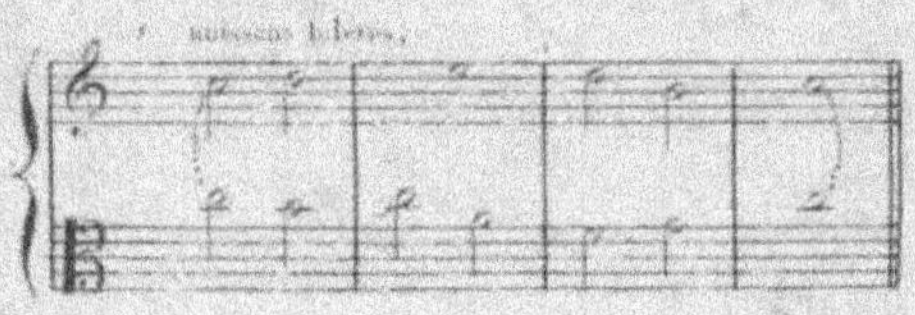

120. *A.* La quinte mineure sur la sensible est toujours d'un bon emploi; elle est même préférable à la tierce, puisqu'elle détermine le ton.

B. Dans cette circonstance, sa marche déterminée la conduit au troisième degré (65 *C*).

C. Placée sur la seconde note du mode mineur, sa marche est plus libre, mais elle descend ordinairement sur la dominante (64 *E*).

D. Dans une progression son mouvement n'est soumis à aucune règle (110 *A* et *B*).

121. La quinte majeure est très bonne dans un repos à la dominante, parce qu'elle est un intervalle de repos; mais on peut également se servir de la tierce.

EXEMPLES.

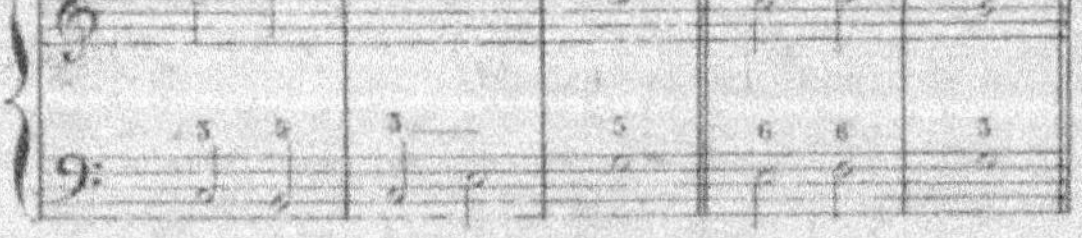

122. *A.* Pour éviter de franchir un trop grand intervalle, ou pour donner plus de mouvement à la partie supérieure, on peut faire entendre sur la même note de basse plusieurs notes de l'accord; mais il ne faut pas abuser de ce moyen. L'intervalle dis-

tave, ascendant ou descendant, se pratique toujours sans inconvénient, excepté sur la
note sensible.

EXEMPLES.

B. Lorsque plusieurs notes sont entendues sur la même note de basse, l'unisson se
tolère sur un temps faible, surtout s'il est de courte valeur.

DÉMONSTRATION.

C. Généralement les parties ne doivent pas se croiser, c'est-à-dire que la seconde
partie ne doit pas monter au-dessus de la première.

DÉMONSTRATION.

D. Il résulte de ce croisement que la première partie devient la seconde. Cependant il est des cas où le croisement se permet, nous en reparlerons plus loin.

123. A deux parties il faut s'abstenir des quintes et des octaves cachées, ou du moins
s'en tenir à ce qui est dit 51 B; au surplus, les mouvements obliques et contraires doivent être recherchés.

124. A. Les intervalles mélodiques de *quarte majeure*, de *septième majeure* et
mineure, et tous ceux qui sont *diminués* ou *augmentés* sont défendus. L'intervalle de
sixte majeure entre le second et le septième degré doit s'éviter, surtout en descendant;
il se tolère quelquefois en montant. Celui de *quinte mineure* est bon en descendant; en
montant il faut s'en abstenir autant que possible.

B. Ces intervalles sont défendus parce que leur intonation est difficile, et qu'en général ils produisent une mauvaise mélodie.

C. Ce sont ces raisons qui font introduire la sixte majeure dans la gamme mineure
ascendante, et baisser le septième degré lorsqu'elle est descendante, pour éviter
la seconde augmentée qui se rencontre entre le sixième et le septième degré (voyez 6. B).

D. Par exception, ou par licence, on rencontre quelquefois la seconde augmentée en descendant, la tierce diminuée, la quarte diminuée, la septième diminuée et la septième mineure lorsque cette dernière a lieu du sixième degré à la note sensible.

EXEMPLES

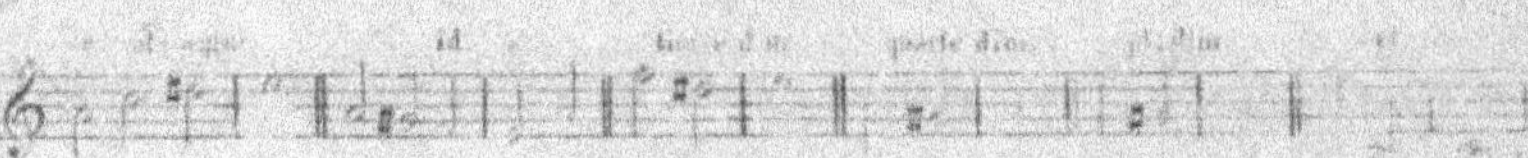

E. Les intervalles de quarte majeure et de quinte mineure se font toujours dans les progressions:

EXEMPLES.

125. A. Une note naturelle et son altération (et *vice versâ*) entendues immédiatement l'une après l'autre dans deux parties différentes, [illegible] fausse relation d'octave diminuée ou augmentée, et c'est une faute qu'on doit éviter.

DÉMONSTRATION

B. Il faut, pour que la faute n'existe pas, que la note naturelle et son altération soient placées dans la même partie, comme ci-après:

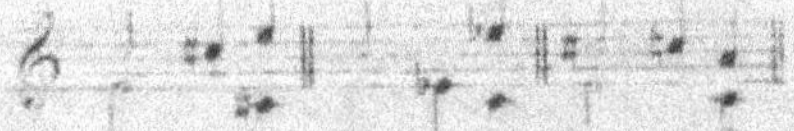

RÉALISATION A TROIS PARTIES.

126. 4. A trois parties l'accord parfait est naturellement complet; cependant cer...

(1) Mais ces licences ne sont point permises dans le style sévère ou scolastique; elles appartiennent au style libre.

taines convenances mélodiques dans le mouvement des voix, et l'obligation de faire monter la sensible à la tonique, nécessitent quelquefois le retranchement de la quinte et le redoublement de la basse ou de la tierce; le plus ordinairement c'est la basse que l'on double à une octave supérieure.

B. On ne doit jamais supprimer la tierce.

C. Quel que soit l'intervalle doublé il ne doit pas produire d'unisson, car l'unisson supprime une partie dans l'harmonie:

DÉMONSTRATION.

D. Nous avons défendu (122 *C.*) le croisement des parties, cette défense s'applique également à la réalisation à trois parties. Néanmoins, entre les voix supérieures, et pour un instant, le croisement se tolère quelquefois.

127. Dans une cadence rompue, si l'accord de la dominante est complet, il faut nécessairement doubler la tierce du sixième degré pour éviter les quintes consécutives, ou, si l'on veut que l'accord du sixième degré soit complet, il faut retrancher la quinte de la dominante et doubler cette dernière:

DÉMONSTRATION.

128. *A.* Dans le premier renversement (l'accord de sixte), on est quelquefois amené par la marche des voix, à supprimer la tierce et à la remplacer par l'octave de la basse, ou à doubler la sixte.

B. La quarte-et-sixte doit toujours être complète.

129. *A.* La manière la plus simple d'écrire une progression de sixtes sur la gamme ascendante et descendante est de faire suivre à toutes les parties le mouvement direct, en plaçant les sixtes à la partie supérieure. Si elles occupaient la seconde partie, elles produiraient des successions de quintes avec les tierces placées au-dessus.

DÉMONSTRATION.

Nous verrons plus loin que ces progressions peuvent s'écrire autrement.

B. Tout ce qui est prescrit (120, 121, 122, 123, 124 et 125) pour la réalisation à deux parties, l'est également quand on écrit à trois, mais il faut en faire l'application aussi bien à la seconde partie qu'à la première.

RÉALISATION A QUATRE PARTIES

130. *A.* Dans l'harmonie à quatre parties, un des sons de l'accord parfait est nécessairement doublé. On double ordinairement le son grave; mais, quel que soit l'intervalle doublé, il faut toujours éviter les octaves.

B. La note sensible et sa quinte mineure, ayant toutes les deux une marche déterminée (63) ne peuvent être doublées; c'est la tierce que l'on double. Mais lorsque la quinte mineure est placée sur le second degré du mode mineur, on peut alors doubler le son fondamental.

DÉMONSTRATION

C. Cependant, dans le premier renversement de la quinte mineure de la sensible placée dans les deux modes sur le second degré, le redoublement de la tierce (quinte de l'accord fondamental) est bon en employant l'une ou l'autre des dispositions suivantes; dans le second renversement on peut doubler la basse, mais il est mieux de doubler la sixte.

DÉMONSTRATION

1er. Renv.t   2e. Renv.t

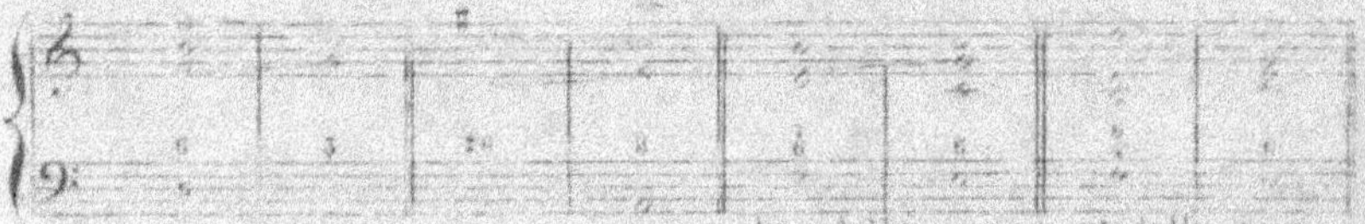

131. *A.* Dans tous les autres accords de sixte l'une quelconque des notes peut se doubler.

B. Toutefois, observons que dans le cas où l'accord de sixte est placé sur le troisième et le septième degré, et quand ces degrés sont suivis, le premier de l'accord parfait sur la sous-dominante, le second du même accord sur la tonique, la basse ne doit pas être doublée, mais bien la tierce ou la sixte, comme on le voit dans les exemples suivants.

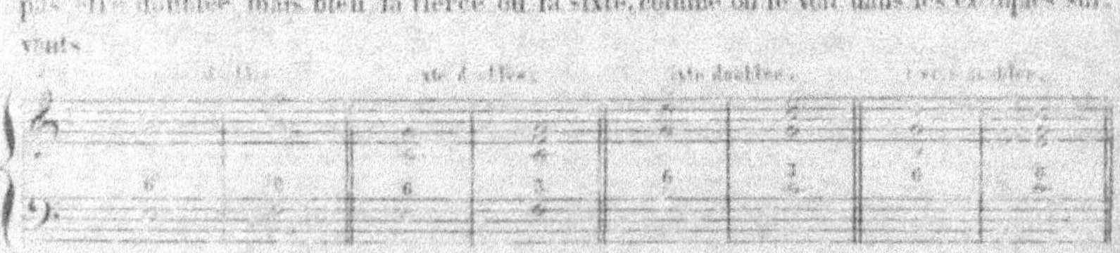

---

1) On évitera autant que possible de doubler la tierce majeure, cet intervalle doublé fait une avec tant de l'accord qu'il absorbe l'effet de la quinte; cependant il est des cas où le redoublement est inévitable, comme il est au N.° 1.

En effet, les tendances ascendantes de la troisième note et de la sensible distantes seulement d'un demi-ton, l'une du quatrième degré, l'autre de la tonique, ne permettent pas de les doubler et de les faire descendre dans une partie tandis qu'elles montent dans une autre. Les successions qui en résulteraient seraient contraires aux tendances tonales de ces notes, et nous affecteraient désagréablement.

Aussi les exemples ci-après sont ils vicieux:

car seulement cette manière d'écrire est vicieuse sous le rapport de la note doublée et de la marche qu'on est obligé de lui donner, mais elle est encore entachée de pauvreté, parce que la première partie fait entendre l'octave de la basse et que cet intervalle est le moins harmonieux de l'accord.

r. Cependant si le redoublement a lieu dans une partie intermédiaire, et que la voix supérieure fasse sa résolution sur l'octave de l'accord parfait, le sentiment de repos que donne cette disposition des notes de l'accord, affaiblit l'effet de la mauvaise succession.

mais cela ne peut se tolérer qu'avec le troisième degré, jamais avec la note sensible. D'ailleurs le redoublement de la tierce ou de la sixte est toujours préférable.

b. Dans le mode mineur, le troisième degré étant plus bas d'un demi-ton, et n'ayant plus la même tendance tonale que dans le mode majeur, il peut être doublé dans toutes les circonstances.

152. A. Dans tout autre cas que ceux énoncés ci-dessus, la basse de l'accord de sixte peut se doubler, mais en général on évite de placer cette note doublée à la première partie, à moins que l'accord ne soit employé à un temps faible de la mesure.

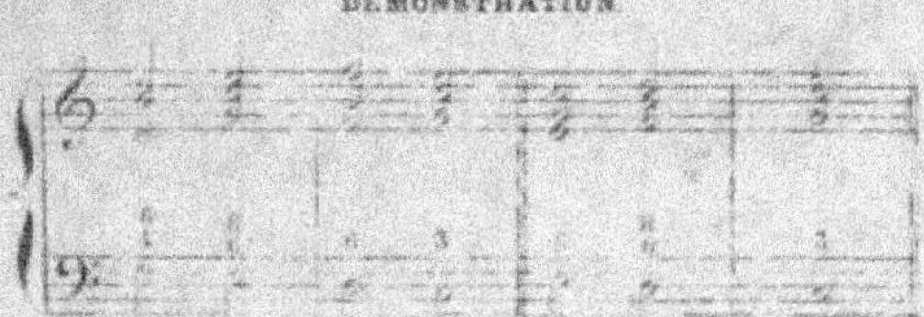

DÉMONSTRATION.

B. Néanmoins, sur le quatrième degré, même au temps fort, le redoublement à la première partie n'est pas d'un mauvais effet:

DÉMONSTRATION.

133. Dans le second renversement c'est ordinairement la basse que l'on double. A cinq voix on double la basse et la sixte, rarement la quarte, à cause de sa faiblesse tonale.

134. La note sensible, comme on le sait, doit faire sa résolution sur la tonique, et conséquemment ne doit pas être doublée; car il faudrait lui donner une fausse marche dans l'une des parties ou faire deux octaves. Malgré cela, dans certains cas analogues à l'exemple ci-dessous, on est quelquefois obligé de doubler la sensible. Pour sauver alors le mauvais effet mélodique résultant de la marche descendante de cette note sur la quinte de la tonique, on passe, avant d'arriver à cette quinte, à la tierce de la sensible, comme on le voit ci-après:

135. A   A quatre parties, comme à deux et à trois, les voix doivent conserver leur ordre de superposition (122 *C.*). Néanmoins, nous l'avons déjà dit, il est des circonstances où l'on peut enfreindre cette règle, soit que le diapason des voix y oblige, ce qui arrive quelquefois dans certaines progressions, soit pour donner plus d'élégance aux parties, ou enfin, pour éviter des fautes qu'on ne pourrait éviter autrement.

B. A mesure que ces différents cas se présenteront ils seront indiqués et expliqués. Mais, quelle que soit la raison qui amène le croisement de deux parties, il faut prendre garde que ce croisement ne fasse entendre des quintes ou des octaves qui, bien que non apparentes pour les yeux, n'en existeraient pas moins pour l'oreille. Par exemple, si on écrivait comme dans le passage ci-dessous:

l'effet produit serait celui-ci:

136. A. Nous avons dit (125) que les fausses relations d'octaves diminuées et augmentées étaient défendues, et nous avons démontré comment on devait les éviter; mais il est des successions où la fausse relation est tolérée. La progression donnée au paragraphe 115 N. 1 en offre un exemple; écrite à quatre parties la fausse relation du sol naturel et du sol dièse se tolère, mais on peut l'éviter.

DÉMONSTRATION

B. La fausse relation est encore permise lorsque la basse, précédant chromatiquement, porte successivement l'harmonie de tierce et quinte et de tierce et sixte, et que l'une des parties supérieures (ordinairement la troisième), doublant la basse dans l'accord parfait, descend ensuite sur la sixte.

DÉMONSTRATION.

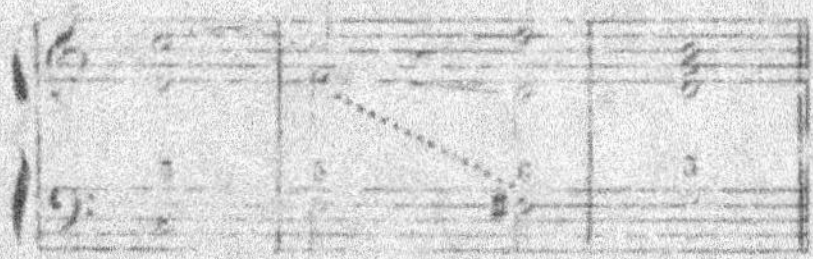

Il existe encore d'autres cas de fausse relation permise, nous les ferons remarquer lorsqu'ils se rencontreront.

137. La progression de sixtes sur la gamme ayant son harmonie complète à trois parties, il est assez dans l'usage, quand on écrit à quatre parties, de faire compter une quelconque des parties supérieures, et de n'écrire la progression qu'à trois voix bien qu'elle puisse s'écrire à quatre de diverses manières.

En voici des exemples:

138. Ce qui a été prescrit 122 et 124 s'applique également à la facture à quatre parties. A l'égard des quintes et des octaves cachées, voyez 54 *D*.

Arrêtons-nous ici dans l'étude de la théorie, et passons aux leçons pratiques que renferme la seconde partie de cet ouvrage (tome IIe).

Il s'agit d'abord d'écrire à deux, à trois et à quatre parties, sur une basse donnée et chiffrée, de l'harmonie composée d'accords parfaits seulement; puis ensuite d'employer les renversements de ces accords.

L'élève devra, avant de commencer ce travail, être parfaitement sûr de tout ce que contient le premier livre et les dix chapitres du second que nous venons de voir. Il suivra les instructions qu'il trouvera au commencement ou à la fin de chaque leçon.

Le professeur s'assurera, soit par des exemples écrits qu'il demandera à l'élève, soit par des questions qu'il lui adressera, enfin par tous les moyens que lui-même jugera convenables, si l'élève possède à fond toutes les règles qui lui ont été enseignées. (Prenez au tome IIe les leçons N° 1 à 8 inclusivement dont vous écrirez l'harmonie à 2 à 3 et à 4 parties, suivant les indications que vous trouverez).

CHAPITRE XI

DE CE QU'ON DOIT CONSIDÉRER POUR CHIFFRER UNE BASSE D'APRÈS LES PRINCIPES ÉTABLIS PRÉCÉDEMMENT.

139. *A.* Si les chapitres V, VI, VII, VIII et IX de ce livre ont été bien étudiés, on ne doit éprouver aucune difficulté à placer sur une basse donnée l'harmonie qui lui convient. Aussi n'avons-nous que peu de choses à dire sur ce sujet; l'analyse de quelques exemples nous suffira.

B. En effet, nous savons quelles sont les harmonies qui appartiennent à chaque degré, et, en conséquence, comment la gamme doit s'accompagner (72 *A*); quels sont les moyens que l'on peut employer pour moduler; nous connaissons toutes les espèces de cadences; nous savons aussi ce que c'est que les progressions, et comment elles peuvent être harmonisées; que reste-t-il donc à connaître? Savoir simplement distinguer à quelles tonalités appartiennent, ou peuvent appartenir[1] les différents passages de la basse (79 *A* et *B*). Cela déterminé, il n'y a plus de doute sur l'harmonie que l'on doit donner à chaque note, car cette harmonie est la même sur les degrés respectifs de toutes les gammes.

140. *A.* En général, lorsque la fin d'une phrase indique un changement de ton, il faut annoncer cette modulation le plus tôt possible. Expliquons ceci par l'analyse de la basse suivante:

Les deux premières mesures sont en *ut*, il n'y a point de doute à cet égard; mais de la quatrième à la huitième on abandonne le ton d'*ut*, et la phrase se termine par la cadence parfaite en *sol*. Il faut donc entrer dans ce ton aussitôt que la basse en

---

[1] Il est des cas où la modulation est arbitraire, c'est-à-dire qu'on peut moduler ou ne pas moduler, ou moduler dans tel ton plutôt que dans tel autre.

offre le moyen. Or, ce moyen se présente de la troisième à la quatrième mesure, où le *la*, sixième note du ton d'*ut*, descendant sur le *sol*, peut se considérer comme seconde note de la tonique *sol*, c'est effectivement le caractère que lui donne l'accord appellatif de tierce mineure et sixte majeure placé sur le second temps. Nous avons quitté la gamme d'*ut* et nous sommes entrés dans celle de sol; l'*ut* de la cinquième mesure en est le quatrième degré, l'harmonie de sixte lui convient puisqu'il n'a pas ici le caractère de repos; le *ré*, qui vient après, est la dominante du nouveau ton, et, comme il occupe deux mesures, on peut, pour varier l'harmonie, lui donner d'abord la quarte-et-sixte, accord transitoire qui mène à l'accord parfait majeur pour effectuer la cadence.

Continuons cette analyse, et reprenons la dernière mesure:

à la neuvième mesure le *fa* naturel se fait entendre, il est positif que l'on quitte le ton de *sol*, et, par l'*ut* dièse de la mesure suivante, que l'on va en *ré* mineur. Le *fa* doit donc, comme troisième degré du ton de ré, recevoir la sixte, et le *ut* suivant la sixte majeure, puisqu'il est second degré. Le *ré* de la 10ᵉ mesure, tonique de ce nouveau ton, porte nécessairement l'accord parfait, et l'*ut* dièse, qui en est la sensible, ne peut avoir d'autre harmonie que la sixte ou la quinte mineure. C'est pour préparer cette modulation en *ré* mineur que le *sol* de la huitième mesure, a la tierce mineure au second temps (91 *A* et *B*). Le *si* naturel de la 11ᵉ mesure indique que l'on rentre dans le ton d'*ut*. Cependant, le ton de *la* mineur étant celui de la dominante de *ré*, on pourrait moduler dans ce ton, en donnant au *si* l'harmonie de sixte majeure; il deviendrait seconde note du ton de *la*, et l'*ut* de la 12ᵉ mesure aurait alors l'accord de sixte. Mais il vaut mieux prendre le *si* pour sensible d'*ut*, parce que c'est le ton principal et qu'il est bien d'y rentrer, d'autant plus que le *si* de la 12ᵉ mesure descendant sur le *la* de la 15ᵉ, cette modulation en *la* s'opère ici par le moyen indiqué ci-dessus. Le *sol* de la 13ᵉ mesure reçoit également l'harmonie de sixte majeure et tierce mineure, laquelle conduit en *fa*. Le *fa* de la 14ᵉ mesure, remontant au *sol* pour faire la cadence finale en *ut*, peut, au second temps, prendre l'harmonie transitoire de sixte, qui lui enlève son caractère de repos et appelle la succession d'une autre harmonie. Après l'accord de sixte sur la quatrième note, la sixte-et-quarte sur la dominante amène toujours bien la cadence parfaite.

B. On voit que la modulation peut dépendre du sentiment de celui qui harmonise une basse, ainsi que nous venons de le faire observer aux 11ᵉ et 12ᵉ mesures. A partir de cette dernière mesure on pourrait ne plus moduler, en changeant la basse en progression, comme ci-après:

C. Il nous paraît inutile de multiplier les exemples, nous ne pourrions que retomber dans la plupart des cas de modulation que nous avons donnés dans les précédents chapitres. Il suffit d'avoir démontré qu'il n'y a d'autre difficulté que de savoir déterminer l'endroit où l'on doit moduler, si la convenance s'en fait sentir, et lorsque la basse ne l'indique pas d'une manière précise. La pratique, au surplus, en apprendra sur ce point plus que toutes les explications théoriques; on peut donc passer aux leçons N°79 et 10.

Mais nous ne terminerons pas ce chapitre sans faire remarquer que c'est par l'application des règles enseignées, par l'emploi judicieux de tel accord de préférence à tel autre, par les convenances qu'il peut y avoir de moduler ou de ne pas moduler dans telle circonstance, et par les moyens choisis pour accomplir les diverses modulations que l'harmonie, ainsi que nous l'avons dit dans les préliminaires (5, *A*, *B*), entre dans le domaine de l'art, c'est-à-dire du sentiment et de l'imagination.

CHAPITRE XII.

DE LA BASSE SOUS UN CHANT DONNÉ.

141. *A*. Jusqu'ici nous avons procédé en établissant l'harmonie sur la partie grave; il s'agit maintenant d'opérer en sens inverse, et de produire une basse sous un chant donné. Il est évident qu'en créant une basse sous une partie mélodique on suppose en même temps l'harmonie complète que chaque note de basse doit porter; l'une est inséparable de l'autre.

B. Tout ce qui a été énoncé et démontré dans les chapitres V, VI, VII, VIII et IX se trouve encore ici en application; il est donc bon de revoir ces chapitres.

142. *A*. La basse, sauf quelques rares exceptions, doit toujours commencer par la tonique du ton principal.

B. La tonalité doit s'établir d'une manière positive dans la première phrase.

C. Toute note appartenant à l'harmonie de la tonique s'accompagne par l'accord de la tonique ou par un de ses renversements.

D. Toute note contenue dans l'harmonie du quatrième degré s'accompagne par l'accord du quatrième degré ou par un de ses dérivés.

E. Toute note faisant partie de l'harmonie de la dominante s'accompagne par l'accord de la dominante ou par un de ses renversements.

F. Mais il faut observer que ces harmonies ont entre elles des notes communes, et que ces notes peuvent, suivant les cas, s'accompagner de l'une ou de l'autre des harmonies auxquelles elles appartiennent; ainsi, la cinquième note est commune à l'accord de la tonique et à celui de la dominante; la tonique entre comme quinte dans l'accord de la sous-dominante; le second degré appartient à l'accord de la dominante, mais il fait aussi partie de l'accord de quinte mineure de la sensible; il peut aussi s'accompagner de la sous-dominante puisque cette note porte quelquefois tierce et sixte. Le quatrième degré, lorsqu'il descend sur le troisième, peut s'accompagner par la sensible (accord de quinte mineure), ou par son premier renversement; la sensible peut avoir pour basse la dominante ou son second renversement, ou bien encore l'un ou l'autre des renversements de la quinte mineure.

G. Nous savons que parfois on peut donner l'accord parfait au sixième degré. Il s'en suit que la tonique et la troisième note, qui entrent comme tierce et comme quinte dans cette harmonie, peuvent, dans certains cas, être accompagnées par le sixième degré.

143. A. Ce que nous venons de dire dans le paragraphe ci-dessus est surérogatoire, car nous n'avons fait que répéter, en d'autres termes, le contenu du chapitre V. En effet, que la gamme soit placée dans la partie grave ou dans la partie supérieure, chacune de ses notes est toujours accompagnée de la même harmonie. Il n'y a de différence que par le renversement de cette harmonie.

B. Pour les degrés qui admettent plusieurs harmonies, il y a un choix à faire; ce choix est dicté ou par les convenances de succession des différentes notes de l'harmonie, ou souvent, par la marche mélodique que l'on doit donner à la basse.

DÉMONSTRATION

Du renversement des harmonies de la gamme

C. La gamme descendante, placée dans la partie mélodique, présente quelque embarras dans la succession des harmonies qui accompagnent sa première moitié, à cause de la septième note, laquelle, descendant nécessairement dans l'harmonie du quatrième degré, fait toujours naître le sentiment de la fausse relation. Néanmoins les harmonies suivantes sont praticables:

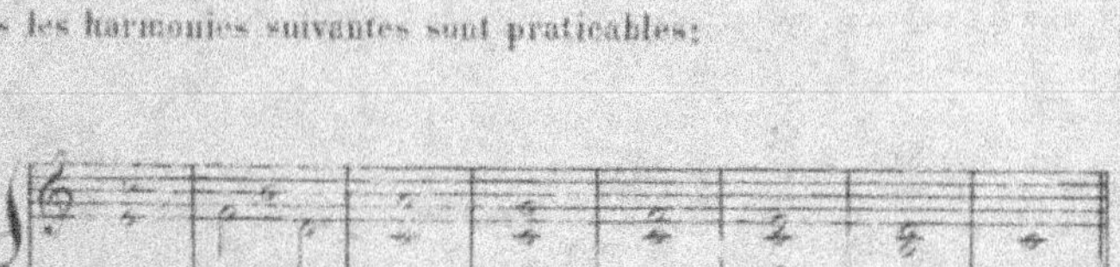

D. Mais, pour lever toute difficulté, on est dans l'usage de considérer les quatre premières notes comme faisant partie de la tonalité de *sol* et l'on harmonise en modulant dans ce ton comme ci-dessous:

Gamme descendante.

E. La gamme dans le mode mineur s'accompagne des mêmes harmonies que dans le mode majeur, seulement il est convenable, dans la gamme descendante, de baisser le septième degré d'un demi-ton.

Gamme mineure descendante.

F. On peut aussi la faire moduler au relatif majeur.

DÉMONSTRATION.

Nous verrons plus tard d'autres manières d'accompagner la gamme, elles nous seront fournies par les harmonies dissonantes.

144. Si la mélodie est constituée en progression, il faut de toute nécessité que la basse soit aussi composée de mouvements progressifs (108 A et B, 119 A).

Supposons cette progression mélodique:

nous pourrons lui donner la basse ci-dessous:

ou bien encore cette autre basse

145 A La modulation peut s'effectuer dans la partie mélodique sans que la note caractéristique du ton où l'on passe se fasse entendre:

DÉMONSTRATION

Il est évident pour l'oreille que cette phrase se termine en *sol*, la basse doit donc également y conduire:

DÉMONSTRATION

B La dominante du ton où l'on veut passer joue souvent un rôle important dans la modulation de la mélodie; il suffit quelquefois de tenir ou de répéter cette dominante pendant quelques instants pour déterminer le changement de ton.

DÉMONSTRATION
d'Ut en Sol.

d'Ut en Mi min

Les mêmes phrases avec la basse

146 *A*   Lorsqu'on veut écrire une basse sur une mélodie donnée, il faut, après
avoir reconnu le ton principal, analyser avec soin cette mélodie dans toute son étendue, afin de déterminer les différentes tonalités qui peuvent se présenter. Il faut, en outre, examiner attentivement la terminaison ou cadence de chaque phrase, voir si elle
est suspensive ou conclusive, parce que la cadence harmonique doit être en rapport parfait d'identité avec la cadence mélodique, c'est-à-dire que si la cadence est
suspensive, la cadence harmonique doit être semblable, que si la cadence mélodique
est conclusive, la basse doit alors effectuer la cadence parfaite ou de conclusion.

B   Remarquons ici qu'une cadence parfaite mélodique ne peut avoir lieu que de
trois manières, à savoir, par la seconde note du ton descendant à la tonique (145
DÉM N.º 1), par la chute de la dominante sur la tonique (145 **DÉM** N.º 2 et 3); enfin, par la sensible montant à la tonique, comme ci-dessous N.º 4.

C   Bien que l'on ait de nombreux exemples du contraire, il est souvent à propos
lorsque deux phrases (mélodiques) qui se suivent finissent l'une et l'autre par une
cadence parfaite, d'éviter cette double conclusion, en rendant le sens de la première phrase *interminé* par une cadence imparfaite ou rompue.

DÉMONSTRATION

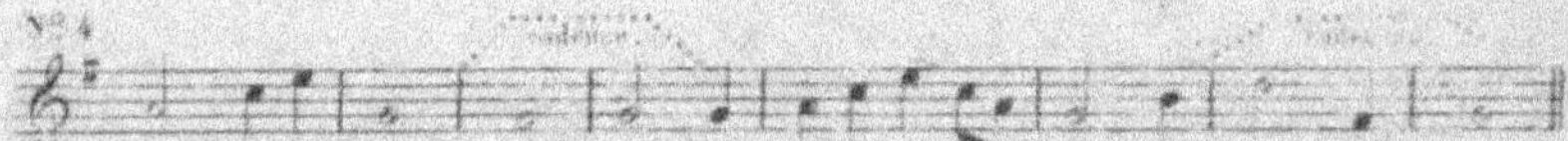

D   A la quatrième mesure, la mélodie semble faire une cadence parfaite aussi
bien qu'à la huitième; cependant le sens ne se termine pas à la quatrième mesure, c'est donc à la basse à faire sentir que la conclusion n'est pas définitive, et qu'il
reste encore quelque chose à dire. La ponctuation harmonique de la première phrase doit représenter point-virgule ou deux points, et cette ponctuation s'obtient par
la cadence évitée (98 *C*) ou mieux encore par la cadence rompue (100 *A*)

DÉMONSTRATION

* On remarquera qu'une mélodie principale peut faire des octaves avec les parties de l'harmonie instrumentale qui sont supposées, mais jamais avec la basse, à moins que la partie chantante ne soit elle-même une basse

E. Ainsi que les exemples ci-dessus le démontrent, il n'y a de conclusion définitive, de véritable cadence parfaite, qu'autant que la partie supérieure et la basse effectuent simultanément cette cadence. Il peut donc arriver que la basse fasse plusieurs cadences parfaites de suite et qu'il n'y ait pas pour cela conclusion, si le chant, à chaque cadence, se repose sur la tierce ou la quinte de la tonique:

DÉMONSTRATION

F. Néanmoins, et conformément à ce qui a été dit (22 A et 29 A), la conclusion peut quelquefois avoir lieu sur la quinte de la tonique:

DÉMONSTRATION.

Mais on ne peut nier que cette finale laisse quelque chose à désirer, et la vraie conclusion est sur la tonique. (22 B)

147 A Il est des phrases dont les éléments mélodiques peuvent appartenir à plusieurs gammes, parce qu'ils n'ont par eux-mêmes aucune signification tonale bien déterminée. Il résulte de là que des phrases ainsi constituées sont susceptibles d'être accompagnées dans diverses tonalités. Par exemple, la phrase suivante

peut s'accompagner en *ut* majeur, en *la* mineur, et en *fa* majeur

DÉMONSTRATION

B On voit, par ces exemples, que les notes de la mélodie n'acquièrent de signification tonale que par l'harmonie qui les accompagne. Si une phrase de ce genre se présentait au début d'un morceau, il n'y aurait aucun doute sur le ton à choisir, ce serait nécessairement le ton principal (142 *B*).

C Ce n'est que dans le cours du morceau, lorsqu'une phrase se reproduit plusieurs fois, que ces changements de tonalité sont permis, afin de jeter de la variété dans la reproduction de la même idée, encore faut-il que ce soit fait avec jugement, en ayant égard à ce qui précède et à ce qui suit.

148 A La basse a un caractère mélodique qui lui est propre; elle doit marcher franchement, et son allure être en rapport avec celle de la mélodie qu'elle accompagne.

Cependant si le chant a un caractère calme, la basse peut être plus mouvementée; elle doit au contraire marcher plus posément, si la mélodie a du mouvement. Mais nous ne prescrirons rien de positif à cet égard, on doit être guidé en cela par le sentiment, et l'effet que l'on veut produire.

B. Les intervalles propres à la marche de la basse sont en général les intervalles diatoniques, et ceux de tierce, de quarte et de quinte, ascendants et descendants.

149 *A.* Concluons, et résumons en quelques mots, ce que nous avons détaillé dans ce chapitre. Avant de chercher à produire une basse sous un chant donné, il faut

1° Reconnaître le ton principal, chose sans difficulté pour quiconque est musicien;

2° Déterminer les différentes tonalités parcourues par la mélodie;

3° Observer la nature des cadences mélodiques, afin que les cadences harmoniques leur soient identiques, en tenant compte, toutefois, de ce qui est dit ci-dessus (146 *E.F.*);

4° Enfin, se rappeler ce que nous avons prescrit dans le paragraphe 142.

150 *A.* Nous allons maintenant analyser une mélodie, et, d'après les règles que nous avons données, chercher quelles sont les différentes basses dont nous pourrons l'accompagner.

B Nous avons placé trois basses sous le chant donné; nous allons, en nous livrant à l'analyse de la mélodie, les examiner séparément.

PREMIÈRE BASSE A

C Le ton principal de la mélodie est celui d'*ut* majeur, la basse doit donc commencer par *ut* (152 *A B*). Le *la* de la première mesure ne peut être accompagné que par l'harmonie de la sous-dominante (142 *C*). C'est ce qui a lieu en conservant l'*ut* de la basse et en lui donnant la quarte-et-sixte; la basse la plus convenable à la note sensible est ici le second renversement de la quinte mineure, parce que cette harmonie se lie bien à celle du quatrième degré; la tonique qui suit ne peut être accompagnée que par son harmonie; 3ᵉ mesure, le *fa* et le *la* appartiennent à l'accord de la sous-dominante, et puisque la note fondamentale est au chant, le *la* est la meilleure basse que l'on puisse prendre; mais le *la* du chant se prolongeant dans la quatrième mesure, et étant suivi de la quinte de la tonique, on doit lui donner pour basse la tonique avec l'harmonie transitoire de sixte-et-quarte, conduisant à l'accord parfait (56 *C*). 5ᵉ mesure, le *ut* doit avoir le *fa* pour basse, car si nous prolongions l'*ut* précédent la basse serait sans mouvement, et d'ailleurs la quarte-et-sixte qui devrait l'accompagner ferait redoublance avec celle de la précédente mesure. Le *mi* qui accompagne l'*ut* conduit bien à la basse de la sixième mesure. Le *si* est la note qui se présente le plus naturellement pour servir de basse au *ré* de la septième mesure; il porte ici la sixte, mais on pourrait lui donner la quinte mineure. 8ᵉ mesure, il est évident que la mélodie fait un repos sur le second degré; la seule basse qui caractérise ce repos est la dominante, quinte grave du second degré; toute autre note que la dominante produirait une harmonie en contradiction avec la cadence mélodique (104, 121, 146 *A*). De la 9ᵉ à la 12ᵉ mesure la phrase du commencement se reproduit, mais dans le ton de *sol*; nous pouvons donc nous servir de la même basse qu'au début en la transposant dans ce nouveau ton. 13ᵉ mesure, le *la*, second degré du ton de *sol*, peut s'accompagner par la sous-dominante, car la cadence parfaite va s'effectuer, et nous savons que la sous-dominante portant sixte conduit bien à la cadence parfaite. De la 17ᵉ à la 20ᵉ mesure on rentre dans le ton d'*ut*; nous nous servons ici pour accompagner la mélodie de la basse et des harmonies que nous avons données (58 *D*). De la 21ᵉ à la 28ᵉ mesure la tonalité s'établit en *la* mineur. Le *fa* de la 21ᵉ mesure, descendant sur la dominante *mi*, peut avoir pour basse le second degré (64 *A*), et le *mi*, la sensible qui détermine la modulation. La 22ᵉ mesure a nécessairement pour basse la tonique *la*; 23ᵉ mesure, le *si* et le *la* ont pour basse la sous-dominante qui conduit à la dominante sur laquelle on fait un repos et qui sert de basse à la sensible. Les mesures suivantes n'ont besoin d'aucune explication. A la 29ᵉ mesure on rentre dans le ton d'*ut*, la dominante se présente naturellement pour basse de la sensible, et elle descend ensuite sur la troisième note du ton pour accompagner la tonique. La basse des 31ᵉ et 32ᵉ mesures se comprend d'elle-même. Aux 33ᵉ et 34ᵉ mesures la mélodie est accompagnée par une progression de sixtes. L'*ut* de la 35ᵉ mesure est pris pour quinte de la sous-dominante, laquelle porte sixte au second temps et monte à la dominante sur laquelle on se repose. A la 37e mesure la mélodie reprend la phrase du début, et ce qui suit, rentrant dans tous les cas énoncés ci-dessus, n'a pas besoin d'analyse.

SECONDE BASSE B

D   Le *la* de la 1re mesure a pour basse sa note fondamentale; l'*ut* de la 2e mesure est accompagné par le *mi*, qui est la tierce de la tonique; 3e et 4e mesures, même basse qu'en A. 5e mesure, le *fa* reste pour basse à l'*ut* du second temps, parce que la tonique peut appartenir à l'harmonie de la sous-dominante; le *si* de la mesure suivante est accompagné de la dominante qui fait une cadence imparfaite sur la troisième note; les 7e et 8e mesures ont la même basse qu'en A, il n'y en a pas d'autre, à moins qu'on ne donne au premier *ré* la note fondamentale, ce qui serait peu convenable ici, attendu que le *ré* de la 8e mesure ne peut avoir d'autre basse que la dominante, à cause du repos. Les 9e, 10e, 11e et 12e mesures ont la même basse qu'au début de la mélodie, mais transposée en *sol*, excepté le *ré* de la 9e mesure qui est accompagné par le premier renversement de la tonique. Le *la* et l'*ut*, 13e mesure, peuvent appartenir à l'accord de quinte mineure, et, comme l'*ut* descend sur la troisième note, on peut prendre la sensible pour basse; le *si*, 14e mesure, est nécessairement accompagné par la tonique, et le *sol* peut avoir pour basse les sixième et quatrième degrés, dans l'harmonie desquels il entre comme tierce et comme quinte. Le *ré* de la 17e mesure, où l'on rentre en *ut*, a pour basse la sensible montant à la tonique qui accompagne le *mi*; le *fa* de la mesure suivante, descendant sur le *mi*, peut entrer dans l'harmonie de la quinte mineure, aussi a-t-il pour basse le second degré; le *fa* et le *sol*, 19e mesure, peuvent l'un et l'autre avoir pour basse la sensible, puisque la quinte mineure et la sixte sont les harmonies tonales de cette note, qui remplit ici sa fonction. Au second temps de la 20e mesure nous prenons le *la* pour basse, cet accord de *la* prépare la modulation qui va s'effectuer; le *fa* et le *mi* qui suivent sont accompagnés, le premier, par le *ré* quatrième degré du ton de *la*, le second, par la dominante qui fait une cadence rompue dans la 22e mesure. Ce qui suit jusqu'à la 30e mesure est semblable à la basse en A. On voit à la 31e mesure le *ré* accompagné du quatrième degré suivi de la dominante (146 E); le *fa* 33e mesure, descendant sur le *mi*, peut encore avoir pour basse le second degré, premier renversement de la quinte mineure; à la 34e mesure le *ré* et l'*ut* sont l'un et l'autre accompagnés par leur sixte inférieure; l'*ut* de la 35e mesure est pris pour tierce du sixième degré (142 G), lequel passe à la sous-dominante qui est la seule basse, en cette circonstance, dont le *ré* puisse être accompagné. On voit à la 41e mesure le second renversement de la quinte mineure, puisque le *si* étant note sensible permet au *fa* de descendre sur la troisième note du ton. La 43e mesure offre une formule de cadence parfaite fort usitée

TROISIÈME BASSE C

E. De la première à la seizième mesure, cette troisième basse ne diffère des deux autres que dans les 5ᵉ 6ᵉ 9ᵉ et 10ᵉ mesures. Mais de la 17ᵉ au premier temps de la 19ᵉ, la mélodie est traitée en *ré* mineur (147 4), et l'on ne rentre en *ut* qu'au second temps de la 19ᵉ mesure, où le *sol* est accompagné par la sensible de ce ton. Le *fa*, 21ᵉ mesure, a pour basse un *la*, parce qu'on se considère encore en *ut*, le changement de ton n'ayant lieu qu'au second temps. 25ᵉ mesure, au lieu du premier renversement de la tonique, on a ici pour basse le sixième degré. 30ᵉ mesure, cadence rompue, laquelle donne de nouveau le sentiment du ton de *la*; 31ᵉ et 32ᵉ mesure, le *ré* et le *mi* sont traités comme quatrième et cinquième degrés du ton de *la*, la basse du *ré* est le sixième degré qui conduit à un repos sur la dominante. 32ᵉ mesure, la sixte majeure au second temps fait moduler en *ré* mineur. 34ᵉ mesure, l'*ut* naturel est censé appartenir au ton de *fa*, sa basse est la sensible de ce ton. 41ᵉ mesure, le *si* est pris pour second degré du ton de *la*, et il est accompagné par la dominante. 42ᵉ mesure, puisque l'on est en *la*, le *ré*, quatrième degré de ce ton, accompagne bien le *fa* de la mélodie, on rentre dans le ton principal par la cadence parfaite de la mesure suivante.

F. Nous pensons qu'après cette analyse, qui fait voir comment on doit opérer pour produire une basse sous une mélodie donnée, la leçon Nᵒ 41 n'offrira aucune difficulté.

(réalisez cette leçon).

CHAPITRE XIII

DES NOTES DE PASSAGE.

151 *A.* Toutes les notes de la mélodie[1] ne font pas toujours partie intégrante de l'harmonie; un certain nombre de ces notes peuvent lui être étrangères. Ces notes étrangères, purement mélodiques, employées comme ornement des notes réelles de l'harmonie, sont de plusieurs espèces; on les distingue en *notes de passage, d'appoggiature,* et *d'anticipation.*

B. Nous ne parlerons ici que des premières, nous traiterons ailleurs des notes d'appoggiature et d'anticipation.

152 *A.* Les notes de passage s'emploient entre les notes réelles de l'harmonie, soit dans le même accord, soit d'un accord à un autre.

B. Elles procèdent ordinairement par mouvements diatoniques, et se placent aux temps faibles de la mesure ou à la partie faible des temps.

C. Supposons les passages suivants:

[1] Nous entendons par mélodie, quelqu'en soit d'ailleurs le caractère, le chant d'une partie quelconque

On peut remplir par des notes étrangères à l'harmonie les intervalles qui existent entre les notes réelles de la basse et du chant, comme on le voit ci-dessous :

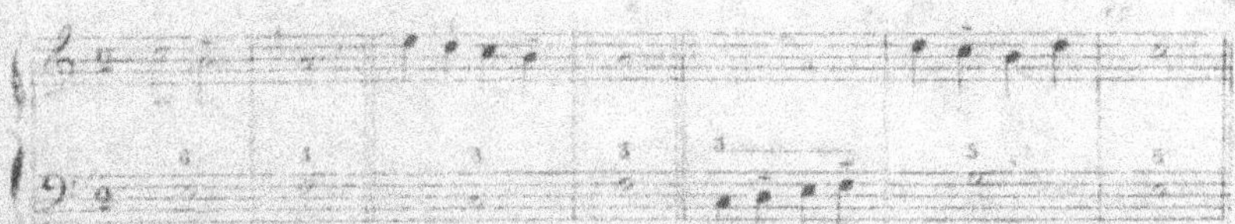

Les notes de passage sont marquées par une croix.

D. Les notes de passage ne se chiffrent pas.

E. La valeur de la note de passage peut être égale à celle de la note réelle qui
la précède, mais très-souvent elle est plus petite.

F. Quand les deux notes réelles sont à distance de quarte, on peut employer deux
notes de passage de suites.

DÉMONSTRATION

G. Les notes de passage précèdent aussi chromatiquement, et, dans ce cas, il peut
s'en rencontrer trois ou quatre consécutives.

DÉMONSTRATION

155 A. Souvent la note de passage revient sur la même note d'accord qui la précède.

DÉMONSTRATION

B. Comme on le voit, la note de passage ainsi employée se trouve ordinairement au milieu de la mesure, et sans qu'il y ait changement d'harmonie. Cependant on la rencontre quelquefois aussi à la fin de la mesure et en changeant d'accord, mais plus rarement:

DÉMONSTRATION

C. Quand cette espèce de note de passage est inférieure à la note réelle, elle forme presque toujours avec cette dernière une seconde mineure; quand elle est supérieure à la note réelle, elle peut en être à distance de seconde majeure ou mineure, suivant le degré de la gamme où elle est produite, ainsi qu'on le voit dans les exemples ci-dessus; mais elle peut aussi avoir lieu par un demi-ton accidentel.

DÉMONSTRATION

154. 4. Les notes de passage peuvent s'employer simultanément dans plusieurs parties, en les faisant marcher en tierces ou en sixtes, ou par mouvement contraire.

DÉMONSTRATION

B. Autre exemple produisant des quartes entre la première et la seconde partie.

C. Les notes de passage s'emploient encore dans des traits en tierces et en sixtes brisées.

B. Ces sortes de traits représentent deux parties à la tierce l'une de l'autre, et marchant à contre-temps ainsi que le démontre l'exemple suivant.

E. De même que les tierces, les sixtes brisées représentent deux parties marchant à contre-temps.

155. A. Il arrive quelquefois que la note de passage, après avoir été prise diatoniquement (comme elle doit l'être), franchit un intervalle quelconque, mais le plus souvent celui de tierce. On la nomme, dans ce cas, note de passage par élision.

DÉMONSTRATION

B. La note réelle sur laquelle chaque note de passage devrait revenir est supprimée (il y a élision de cette note), et les phrases précédentes représentent les suivantes:

156   Les quintes et les octaves consécutives doivent s'éviter avec les notes de passage comme avec les notes réelles de l'harmonie. C'est pourquoi l'emploi des notes de passage devient impossible lorsque deux parties produisent des quintes ou des octaves cachées; car, si ces notes étaient employées, on ferait alors des quintes ou des octaves réelles. (voyez 50. B I M N°1 et 2).

157   Maintenant que nous savons comment des notes étrangères à l'harmonie peuvent s'introduire entre les notes réelles, nous devons ajouter au paragraphe 149 ce qui suit. Lorsqu'il s'agit de créer une basse sous une mélodie donnée, il faut, en outre de ce que nous avons prescrit, examiner si elle comporte des notes de passage (et il est très-rare qu'il ne s'en trouve pas dans la mélodie la plus simple). Ces notes, étant reconnues, doivent être supprimées, afin que les notes réelles apparaissent clairement.

B. Par exemple, si nous avions à faire une basse sous le chant suivant,

nous supprimerions toutes les notes de passage, et il nous resterait la mélodie radicale ci-après, sous laquelle nous établirions notre basse:

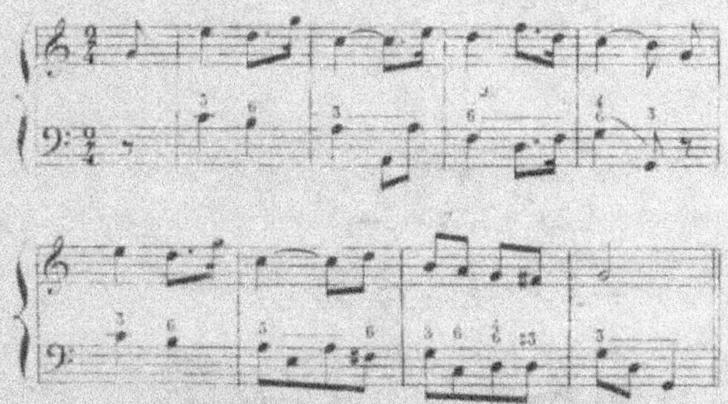

C. C'est ainsi qu'on doit procéder en commençant, mais dès l'instant qu'on a acquis une certaine habitude, l'opération ne se fait plus que dans la pensée.

CHAPITRE XIV.

DE L'IMITATION.

158. A. L'imitation est un trait mélodique plus ou moins développé, reproduit successivement dans plusieurs parties[1]

---

[1] L'imitation appartient plus particulièrement au contre-point et à la fugue qu'à l'harmonie; cependant nous croyons nécessaire d'en donner ici quelques notions, car dans l'harmonie écrite pour les voix, on anticipe souvent sur le domaine du contre-point; c'est-à-dire qu'on entre dans l'art de faire marcher, à son gré, les voix

B Les formes imitatives jettent de l'intérêt et de l'élégance dans les parties; mais il faut qu'elles arrivent naturellement, qu'elles n'aient pas lieu au détriment de la véritable harmonie tonale, et il faut surtout ne pas en faire abus; les meilleures choses employées sans réserve deviennent fastidieuses.

C Le trait proposé par la première voix se nomme *antécédent*, et sa reproduction ou l'imitation par une autre voix, *conséquent*.

DÉMONSTRATION.

D L'imitation peut se faire à l'unisson, et à tous les intervalles, supérieurs ou inférieurs.

E Elle ne doit pas se produire à une distance trop éloignée de l'antécédent, une, deux ou trois mesures, quatre au plus si le mouvement est rapide; c'est une distance convenable; quelquefois elle a lieu dans la même mesure.

F Beaucoup de progressions se prêtent à l'imitation, c'est même dans cette circonstance qu'elle est le plus en usage dans l'harmonie.

Voici des exemples d'imitation à tous les intervalles.

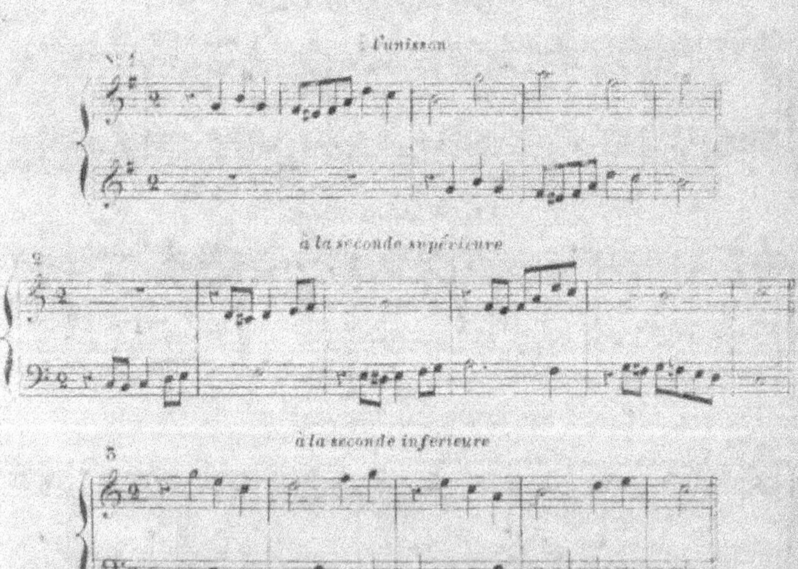

a la tierce superieure
a la tierce inferieure
a la quarte superieure
a la quarte inferieure
a la quinte superieure
a la 4.te
a la quinte inferieure

a la sixte superieure.
10
a la sixte inferieure
11
a la septième superieure
12
a la septieme inferieure
13
a 3 Parties
a l'octave superieure et inferieure
14

15

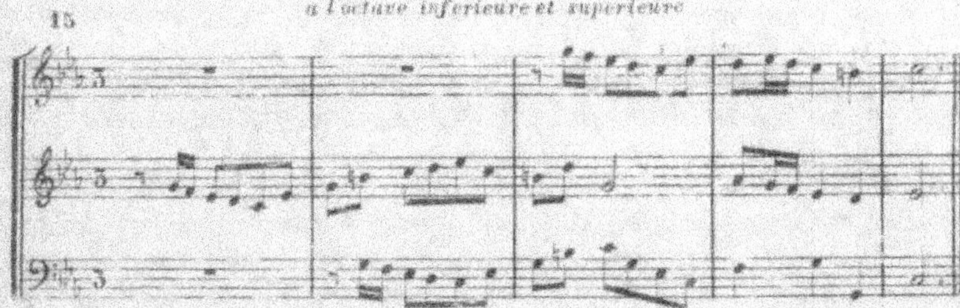

159 *A.* Quand l'imitation est d'une entière exactitude, c'est-à-dire, quand le *conséquent* répond à l'*antécédent* ton pour ton, demi-ton pour demi-ton, l'imitation est dite *exacte* ou *régulière*; lorsque cette exactitude n'est point observée, et que l'on répond à une seconde majeure par une seconde mineure, à une tierce majeure par une tierce mineure, etc, l'imitation est dite *irrégulière*.

B. L'imitation à l'unisson ou à l'octave est toujours régulière, puisque les tons et les demi-tons du conséquent correspondent naturellement à ceux de l'antécédent. Cette correspondance s'obtient encore facilement avec les imitations à la quarte ou à la quinte, supérieure et inférieure, quand elles ne sont qu'à deux parties;[1] mais si elles sont écrites à trois ou à quatre parties elles amènent nécessairement la modulation, et jettent bientôt dans des tonalités fort éloignées de celle dans laquelle s'est fait entendre le premier antécédent.[2]

DÉMONSTRATION.

(1) Voyez les exemples 6 et 7, que vous pourrez renverser, afin de tirer de l'imitation à la quarte supérieure l'imitation à la quinte inférieure, et *vice versâ*.

(2) Il faut remarquer que dans une imitation à deux parties la seconde voix ayant fait entendre le conséquent, la première propose un nouvel antécédent auquel la seconde répond, et ainsi de suite. Mais dans une imitation à quatre parties il n'en est pas de même; le conséquent proposé par la seconde voix devient, par rapport à la troisième, antécédent, et le conséquent de la troisième voix devient à son tour antécédent par rapport à la quatrième; ce qui amène la modulation, sans laquelle la correspondance des tons n'aurait pas lieu (voyez la démonstration ci-dessus).

C. On donne à cette dernière imitation, et à celles des exemples précédents
N.ºs 1, 6, 7, 14 et 15, le nom d'imitations canoniques.[1]

D. Quant à l'imitation régulière aux autres intervalles elle est presque inusitée, parce qu'elle ne peut s'obtenir sans avoir recours à un grand nombre d'accidents, et que l'antécédent et le conséquent se font entendre dans des tonalités qui
ne sont point relatives.

160. Certaines progressions, écrites à quatre parties, se prêtent à une i-
mitation double, c'est à dire que deux parties s'imitent tandis que les deux autres font une autre imitation, en voici des exemples:

(1) Le Canon est une composition dans laquelle chaque voix entre successivement, et répète
exactement jusqu'à la fin du morceau toutes les phrases proposées par la voix qui est entrée la première. Le canon se fait ordinairement à l'octave, à la quarte ou à la quinte. Il y a cette différence entre le canon et l'imitation canonique, que, dans celle-ci, les voix entrent bien successivement comme
dans le canon, mais que l'imitation ne se continue pas.

*Du grec *kanon*, règle, loi*, parce que les voix ou les parties y sont astreintes à l'imitation régulière et continue.

161 4. Il est encore une autre sorte d'imitation fréquemment employée dans le style libre: elle consiste à répondre simplement à l'antécédent par un trait de même rhythme, ou à peu près, sans s'astreindre à la reproduction exacte du dessin. On l'appelle imitation *libre*, de *rhythme* ou de *quantité*.

DÉMONSTRATION.

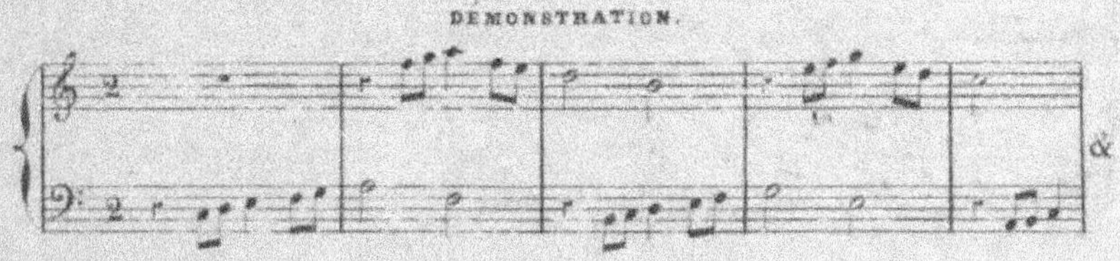

B. Voici un autre ex: dans lequel la réponse a lieu par mouvement contraire:

Retournons aux leçons pratiques. Nous allons écrire toutes les principales progressions harmoniques classées suivant l'ordre des différents mouvements de la basse. Dans la plupart de ces progressions nous pourrons employer des notes de passage, et nous aurons aussi l'occasion d'y introduire des imitations.

(Écrivez toutes les progr: qui suivent le N.° 11 et les leçons N.°⁵ 12,13 etc. jusqu'au N.° 24 inclusivement)

DEUXIÈME SECTION.

HARMONIE DISSONNANTE

Accord dissonnant naturel. —— Renversements des intervalles de l'accord dissonnant. —— Échanges de notes entre les parties.

CHAPITRE XV

ACCORD DISSONNANT NATUREL OU SEPTIÈME DE DOMINANTE.

162 *A.* L'accord dissonnant naturel, appelé *septième de dominante*, est composé de *tierce majeure, quinte majeure et septième mineure.* Il prend son nom de la dominante qui est sa note fondamentale, et la seule de la gamme sur laquelle on puisse trouver ses intervalles constitutifs. Il se chiffre par 7 [2]

DÉMONSTRATION.

B. Sa constitution est identiquement la même dans les deux modes.

163 *A.* *Tout intervalle dissonnant doit descendre d'un degré.* La quatrième note du ton, qui forme la septième de la dominante, doit donc toujours descendre sur la tierce de la tonique. Ce mouvement descendant est ce qu'on ap-

---

(1) Cette agrégation, formée de la combinaison de l'accord parfait de la dominante et de celui de quinte mineure, ou, si l'on veut, de l'accord de quinte mineure placé sur la dominante,

est appelée *accord dissonnant naturel*, 1° parce que le sens musical en admet l'audition de prime abord, sans aucune précaution préalable, 2° parce qu'aucun de ses éléments n'exige de résolution particulière dans l'accord même,[+] 3° enfin, parce que cet accord est inhérent à la tonalité moderne qu'il caractérise.

(2) Le signe ⌐ placé au-dessus du 7 est affecté à la septième de dominante, à ses renversements et à toutes ses modifications. Il sert à les distinguer d'autres agrégations harmoniques qui se représentent par les mêmes chiffres, comme nous le verrons par la suite.

Pour l'accord fondamental et ses modifications, il surmonte les chiffres; pour les renversements et leurs modifications, il est placé à côté des chiffres, à droite en majeur, à gauche en mineur, et il

[+] Ceci deviendra plus clair pour le lecteur lorsque nous serons au paragraphe 185.

pelle *la résolution de la dissonnance*[2].

B. La tierce de l'accord, qui est la note sensible, et qui se trouve en relation attractive avec le quatrième degré, doit monter à la tonique; la quinte est libre de monter ou de descendre, parce qu'elle n'est en rapport dissonnant ni attractif avec aucune autre note; la dominante doit faire une cadence parfaite sur la tonique, ou une cadence rompue sur la sixième note. Elle peut aussi rester en place: dans ce cas l'accord de septième fait sa résolution sur la quarte et sixte, mais alors il y a suspension de cadence, car on ne peut s'arrêter sur cette harmonie de quarte et sixte.

DÉMONSTRATION.

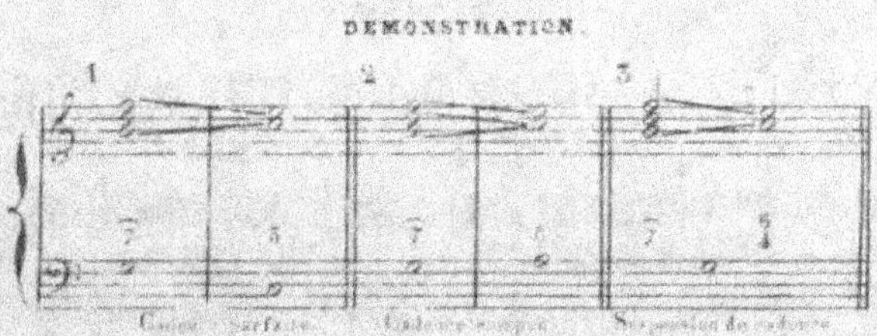

164. Le paragraphe précédent, et les démonstrations ci-dessus font voir que le rapport dissonnant du quatrième degré avec la dominante, et la relation attractive du quatrième degré avec la sensible, obligent l'accord de septième de dominante de se résoudre sur l'harmonie de la tonique.[1] Cet accord est donc appellatif de celui de la tonique, et ce caractère, qui lui est inhérent, détermine positivement la tonalité moderne, aussi, dès qu'il est entendu, il n'y a point de doute sur le ton où l'on est: l'oreille attend immédiatement l'harmonie du premier degré.

165. Les quatre sons de la septième de dominante produisent six combinaisons:

DÉMONSTRATION.

166. *A*. La quinte n'étant d'aucune utilité tonale dans la constitution de l'ac-

desigué dans certains cas, par des positions différentes, la nature de l'un des intervalles constitutifs de l'harmonie.

(1) On dit aussi *annoncer* la dissonnance.

(2) On sait l'harmonie du sixième degré, qui remplace momentanément celle de la tonique dans la cadence rompue.

cord, a trois parties c'est toujours cette note qu'on retranche:

DÉMONSTRATION.

B. La marche forcée de la sensible et de la dissonnance ne permet pas à quatre parties, si l'accord de septième est complet, d'avoir la quinte dans l'accord
parfait de la tonique qui lui succède:

DÉMONSTRATION.

C. Pour obvier à l'inconvénient qu'il y a de retrancher un son dans un accord
qui n'en comporte que trois, on supprime la quinte dans l'accord de septième, et
on la remplace par l'octave de la dominante: par ce moyen la quinte dans l'accord de la tonique s'obtient tout naturellement:

DÉMONSTRATION.

D. A cinq parties il n'y a point d'embarras, la septième étant complète, on
double encore la dominante:

DÉMONSTRATION.

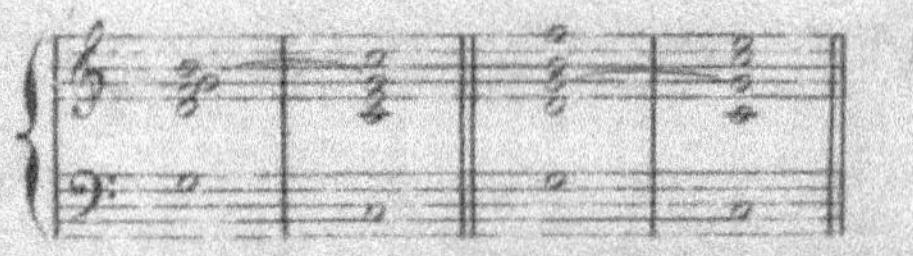

E. Dans l'harmonie à quatre parties, quand la basse fait cadence rompue, l'accord de septième doit toujours être *complet*; sa quinte doit alors descendre sur
la tierce du sixième degré: si on la faisait monter on produirait deux quintes consécutives.

DÉMONSTRATION.

F. La dissonance doit toujours arriver diatoniquement, et, s'il est possible,
par mouvement contraire ou oblique avec la basse. Cependant on peut attaquer
la dissonance par un intervalle disjoint quand le mouvement est oblique par
rapport à la dominante.

DÉMONSTRATION.

par mouvement contraire

par mouvement direct   *par mouv.t oblique*

mauvais

Le dernier exemple est très mauvais, parce que la dissonance et la dominante,
arrivant l'une sur l'autre par mouvement droit, se heurtent à l'intervalle de seconde.

G. Si la dissonance appartient à l'harmonie qui précède l'accord de septième, il est bien de la garder dans la partie où elle se trouve.

DÉMONSTRATION.

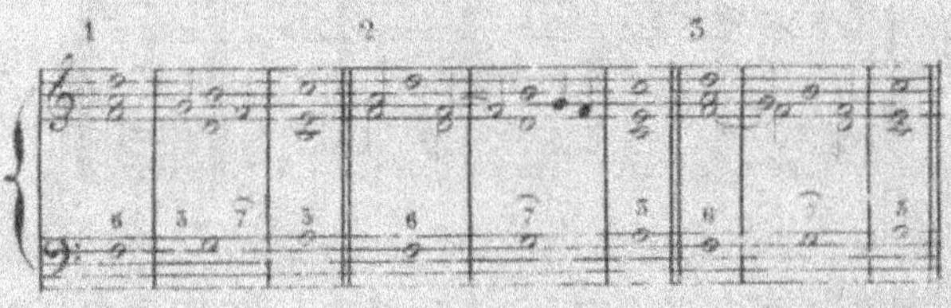

Mais s'il est nécessaire que l'accord de septième soit complet, pour faire la cadence rompue, par exemple, et qu'on ne puisse pas arriver diatoniquement à la septième, on ne la fait entendre qu'au second temps, en plaçant d'abord l'accord parfait au premier, la septième se prend alors comme note de passage (N. 1 ci-dessous); ou bien on peut changer la disposition des notes du premier accord (N° 2), ou enfin on peut changer la dissonnance de partie, comme dans le N. 3.

DÉMONSTRATION.

(Écrivez la leçon N° 25.)

CHAPITRE XVI.

RENVERSEMENTS DES INTERVALLES DE L'ACCORD DISSONNANT.

167 A. L'accord dissonnant a trois renversements puisqu'il est composé de quatre sons. Ils s'obtiennent par le même procédé que les renversements de l'accord parfait.

premier renversement

B. La tierce de l'accord (la sensible) placée à la basse, et la dominante transposée à une des octaves supérieures, produisent le premier renversement. *Il se compose de tierce mineure, quinte mineure et sixte mineure.* Il se chif fre par $\frac{6}{5}$ [2]

(1) Voyez chapitre XVII parag. 180 — A et B

(2) En chiffrant les trois renversements de la septième de dominante on peut omettre le signe, parce que leurs chiffres ne donnent lieu a aucune équivoque avec d'autres, mais lorsqu

DÉMONSTRATION.

C. Dans les renversements, comme dans l'accord fondamental, c'est toujours le quatrième degré qui dissonne contre la dominante, et ce qui a été prescrit 166 *F.* reçoit également son application dans les renversements: ainsi tout choc de la dissonnance et de la dominante par mouvement droit doit être évité.

168. Les six combinaisons que donnent les sons de ce renversement sont les suivantes:

DÉMONSTRATION.

169. Conformément à ce qui a été dit 163 *B* et 164, l'harmonie de la dominante est appellative de celle de la tonique; d'où il suit que le premier renversement de la septième ne peut s'employer que lorsque la septième note est sensible.

DÉMONSTRATION.

B. Si la septième note descendait sur la sixième, ou allait à toute autre note, il faudrait l'accompagner par l'harmonie consonnante de sixte.

170 A. Dans l'harmonie à trois parties on retranche la tierce, qui est la quinte de l'accord fondamental:

DÉMONSTRATION.

l'harmonie subira des modifications, comme nous le verrons bientôt, le signe désignant l'harmonie de la dominante sera nécessaire.

B. A cinq parties on double la dominante ou la tierce.

DÉMONSTRATION.

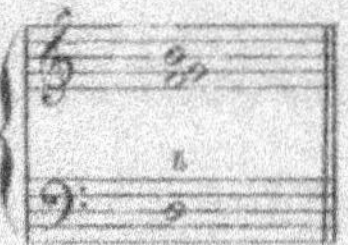

Faites l'application de ces préceptes en écrivant la leçon N° 26.

second renversement

171 *A.* Si nous prenons pour basse la quinte de l'accord de septième, nous obtiendrons le second renversement. Il a donc pour note grave le second degré, et il se compose de *tierce mineure, quarte mineure et sixte majeure.* Il se chiffre par 6.

DEMONSTRATION.

B. D'après le paragraphe 164, il doit faire sa résolution sur la tonique; mais cette résolution peut se faire de deux manières, ou sur la tonique, ou sur la tierce de la tonique, puisque la quinte de l'accord fondamental, qui sert ici de basse, est libre de monter ou de descendre:

DEMONSTRATION.

172 *A.* Toutes les notes de constitution tonale se trouvant placées dans les parties supérieures, et la quinte de l'accord fondamental étant la note de basse et ne pouvant être supprimée, il est évident que l'harmonie de ce renversement ne remplit toutes les conditions de l'accord dissonant qu'à quatre parties.

B. En écrivant à trois parties on ne peut faire entendre que la quarte et la sixte, ou la tierce et la sixte. Cette dernière harmonie est préférée à la première à cause de son caractère appellatif.

DÉMONSTRATION.

C. A cinq parties on double la dominante ou la note de basse.

173. Les intervalles de ce renversement fournissent, comme ceux du premier, six combinaisons.

DÉMONSTRATION.

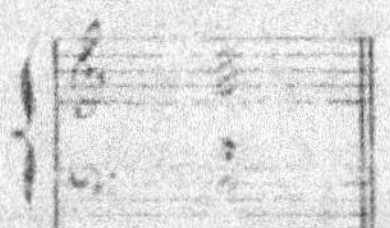

(Écrivez la leçon N.º 27)

troisième renversement.

174 *A.* Si nous plaçons à la basse le quatrième degré, qui est la dissonance, et que nous transposions les autres notes de l'accord dans les octaves supérieures, nous obtiendrons le troisième renversement. Il se compose de *seconde majeure, quarte majeure et sixte majeure.* Il se représente par 4.

DÉMONSTRATION.

B. Voici les six combinaisons qui produisent les intervalles supérieurs de ce renversement.

DÉMONSTRATION.

(*Remarque* : L'accord de septième de dominante donne, comme on le voit, vingt-quatre combinaisons, six pour l'accord *fondamental* et autant pour chaque renversement.)

175 A. La dissonnance est ici placée à la partie grave, conséquemment d'après le paragraphe 165 A, cette harmonie ne peut convenir au quatrième degré que lorsqu'il descend sur le troisième, lequel doit porter la sixte, premier renversement de l'harmonie de la tonique:

DÉMONSTRATION.

B. Si le quatrième degré ne descendait pas sur le troisième, il faudrait l'accompagner d'une autre harmonie.

176 A. A trois parties on retranche la sixte, qui est la quinte de l'accord fondamental.

DÉMONSTRATION.

B. A cinq parties on double la dominante ou la sixte.

177. Nous avons donné (chapitre V de ce livre 72 A) les harmonies consonnantes propres à chaque degré de la gamme; on voit maintenant qu'on peut employer sur le cinquième, le septième, le second et le quatrième degré l'harmonie dissonnante, lorsque ces degrés remplissent les conditions determinees pour l'emploi de cette harmonie.

(Écrivez la leçon N.º 28 et les progressions qui suivent cette leçon)

178 A. Nous avons démontré (chapitre VII 80 A et B) que l'on peut changer de tonalité en faisant entendre l'accord parfait majeur de la dominante du ton dans lequel on veut passer; mais changer de ton par ce moyen n'est pas une véritable modulation; ce n'est qu'une transition, que la relation qui existe entre certaines tonalités permet d'accomplir: comme, par exemple, du ton principal à son relatif mineur; aux tons de la dominante et du quatrième degré, et aux relatifs mineurs de ces deux derniers.

B.   Ce qui caractérise la véritable modulation, c'est l'obligation qu'impose l'harmonie de terminer dans un ton plutôt que dans un autre. Or, avec l'harmonie consonnante il n'y a rien d'obligatoire, et au lieu de conclure sur la note qui semble être indiquée comme tonique par celle que l'on prend pour dominante, on pourrait donner à cette dernière une toute autre direction.

Éclaircissons ceci par un exemple:

A la troisième mesure l'accord parfait majeur de *ré* semble appeler pour tonique *sol*, en effet, la relation des deux tonalités d'*ut* et de *sol* rend cette conclusion naturelle; mais, nous le répétons, il n'y a rien de forcé dans cette marche du *ré* au *sol*, et l'on peut terminer comme dans les exemples suivants, et même autrement encore:

DÉMONSTRATION.

On le voit donc, rien n'oblige à faire une cadence en *sol*.

C.   Mais si nous plaçons la septième sur le *ré*, alors il n'y a plus de doute, il n'y a plus possibilité d'aller dans un ton ou dans un autre, le *ré* a pris véritablement le caractère de dominante, il appelle la tonique *sol*, et il faut nécessairement conclure sur cette tonique:

DÉMONSTRATION

D.   Ce que nous avons dit (80 C) au sujet des harmonies qui déterminent la modulation, devient bien plus absolu avec l'accord dissonnant, car avec l'har

monie consonnante il y a souvent ambiguité, comme dans l'exemple N.º 7 du pa
ragraphe cité ci-dessus, voici cet exemple:

L'harmonie de tierce mineure et sixte majeure que porte le *la* lui donne
bien le caractère du second degré de la gamme de *sol*, mais elle lui donne aussi
celui du quatrième degré de la gamme de *mi* mineur, et rien n'empêche qu'on
ne module dans ce ton:

DÉMONSTRATION.

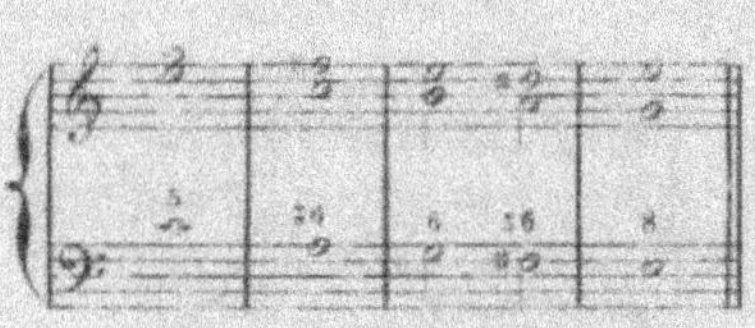

E   Si nous substituons à cette harmonie le second renversement de la septième dominante du ton de *sol*, alors toute équivoque cesse, et le *la* devient réellement second degré de la gamme de *sol*:

DÉMONSTRATION.

F   Si nous voulons le transformer en quatrième degré du ton de *mi*, nous
lui donnerons le troisième renversement de la dominante de ce ton, son caractère et la modulation seront alors parfaitement déterminés:

DÉMONSTRATION.

On doit comprendre maintenant qu'il n'y a de véritable modulation qu'avec l'accord de septième de dominante. (Réalisez les n°s 49 et 50)

179 A   Conformément à ce que nous avons dit (102 *B* et *E*), que la cadence interrompue n'existait pas dans la succession fondamentale d'une dominante à une autre sans l'accord dissonant (nous savons maintenant que c'est la septième qui donne à la basse le caractère de dominante), nous allons achever ici ce qui nous reste à dire sur cette cadence.

B.   *La septième de dominante et ses renversements peuvent se résoudre sur une autre septième de dominante, ou sur l'un des renversements d'une autre septième de dominante.*

C.   Les cadences interrompues peuvent s'effectuer sur divers mouvements de basse.

1° La basse descendant de quinte ou montant de quarte:

renversements

Cette marche des fondamentales est la plus naturelle et la plus usitée. Elle fournit, soit par elle-même, soit par ses renversements des progressions continués fréquemment employées.

2° La basse montant de seconde majeure:

renversements

succes. fond.

Les progressions continues qu'on pourrait obtenir par cette marche des fondamentales sont inusitées, à cause des harmonies étranges qu'elles produisent[1]

3°. La basse montant de seconde mineure;

Peu usitée

renversements.

succes. fond.

Ces harmonies doivent se faire de préférence en partant du mode mineur. On n'en fait point de progressions continues.

(1)   Progression par secondes ascendantes

Renversement

4° La basse descendant de seconde majeure.

Donnerait peut-être alors quelques renversements, mais nous verrons plus loin, lorsque l'harmonie subira certaine modification, que cette succession devient praticable.

5° La basse descendant de seconde mineure.

Inutile. Même observation que ci-dessus.

6° La basse montant de tierce mineure :

Inusitée à l'état fondamental, mais fréquemment employée par renversement.

renversements

B *C* *D* *E*

Ne fournit pas de progressions continues.

7° La basse montant de tierce majeure:

Succession impraticable en cet état à cause du mouvement ascendant de la dissonance. Mais au chapitre XXXV nous verrons des cas particuliers où l'harmonie étant modifiée, des successions de tierces de fondamentales procédant par tierces majeures ascendantes sont praticables.

8° La basse descendant de tierce mineure:

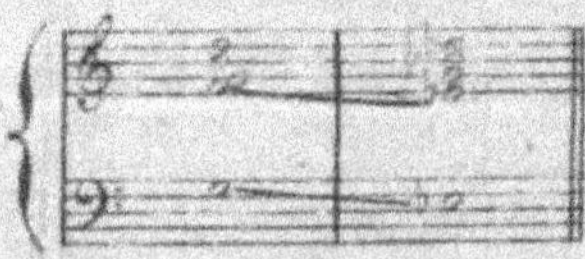

Succession inusitée à l'état fondamental à cause des octaves cachées produites par la résolution de la dissonance, mais d'un usage fréquent à l'état de renversement.

renversements

Point de progressions continues.

9° La basse descendant de tierce majeure:

Cette succession ne se pratique pas à l'état fondamental par la raison énoncée ci-dessus, mais elle est très-praticable par les renversements, quoique d'un effet un peu dur.

renversements.

10° Enfin, la basse procédant par quarte descendante:

impraticable en cet état. Voyez l'observation du 7°. Elle s'applique entièrement à cette succession.

D. On peut encore résoudre le troisième renversement de la septième sur le premier renversement d'une quinte mineure. Cette résolution n'est pas sans élégance. Elle est quelquefois employée avant la cadence parfaite.

DÉMONSTRATION.

E. Remarquez que dans les exemples ci-dessus, marqués *B, C, D, E,*[1] la dissonance du premier accord, bien que passant à l'état de consonnance dans le second, fait toujours sa résolution en descendant d'un degré, cependant on pourrait aussi la faire monter. Mais il est des cas où la note dissonante, sans passer dans le second accord, peut, et doit même, par exception, prendre une marche ascendante:

DÉMONSTRATION.

Cette résolution exceptionnelle est tolérée parce que l'impression produite

(1) Page 115.

par le second accord, laissant détourne l'attention de la marche véritable que
devrait avoir la dissonance, et que, d'ailleurs, sa note de résolution, qui est une
sensible, et qu'elle doublerait si elle descendait, est entendue dans la basse[1].

F. On trouve quelquefois ce passage écrit de la manière suivante.

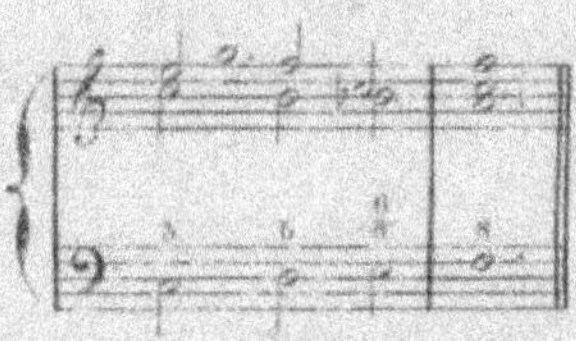

Mais c'est moins bien que dans le précédent exemple, parce qu'ici la dissonnance saute de quarte au lieu de monter diatoniquement. On évite toute irrégularité en ne plaçant point l'harmonie dissonnante sur la seconde note de basse,
comme dans les exemples ci-dessous.

(Écrivez les progressions qui suivent le N° 50 et ensuite le N° 51.)

CHAPITRE XVII

DES ÉCHANGES DE NOTES ENTRE LES PARTIES

180 A. On peut suspendre la résolution nécessaire de la septième dominante en passant de l'accord fondamental à l'un de ses renversements, ou d'un
renversement à un autre, ou enfin d'un renversement à l'accord fondamental. Ces
diverses permutations produisent presque toujours des échanges de notes entre
les parties.

B. Il peut arriver alors que la dissonnance change de place, et que sa résolution ait lieu dans une autre partie que celle où d'abord elle avait été entendue.

---

[1] A cinq parties la sensible peut se doubler pour un moment, comme on le voit dans l'exemple
marqué A page 113, parce que l'accord est déjà complet; mais à quatre parties le redoublement de
la sensible dans un pareil cas l'harmonie et produirait un mauvais effet.

DÉMONSTRATION

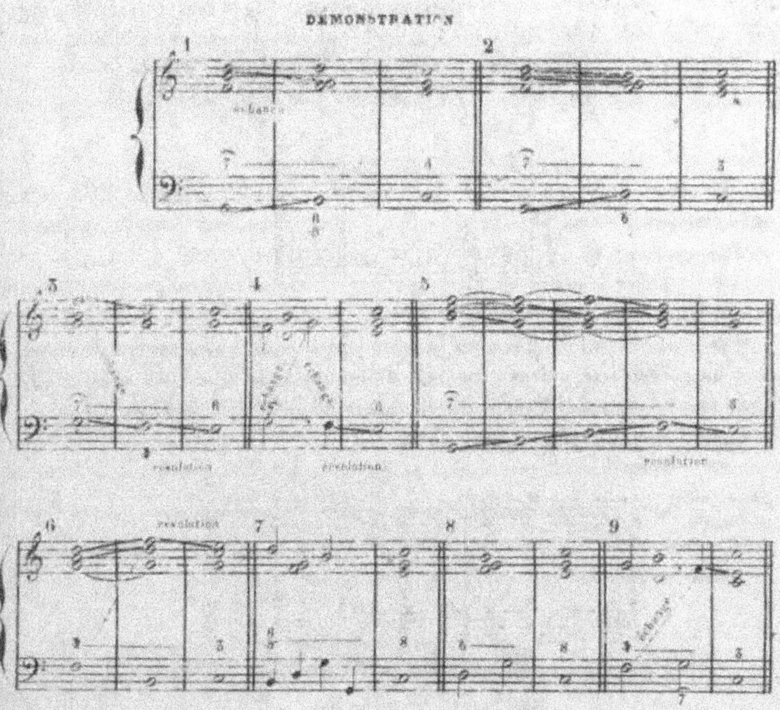

C. Dans les deux parties où s'opère l'échange, on remplit souvent par u-
ne note de passage répétée à l'octave, l'intervalle qui existe entre les notes é-
changées:

DÉMONSTRATION.

Les notes marquées d'une + sont les notes de passage

181 A. On donne généralement pour règle que *la dominante ne peut
porter septième lorsqu'elle descend de tierce*, parce que la dissonnance en
se résolvant ferait avec la basse deux octaves cachées, et que, dans cette circonstance, ces octaves ne sont jamais tolérées:

DÉMONSTRATION.

En effet, cette manière d'écrire est fautive, mais la règle est mal formulée, et l'on trouve dans les auteurs les plus estimés, et qui font autorité, quantité de faits qui sont en contradiction avec l'énoncé de cette règle.

B.   La dominante, quoique descendant de tierce, peut porter septième, si, dans son passage à la tierce inférieure, elle est suivie de la dissonance.

Dans ce cas, la dissonance entendue d'abord dans une partie supérieure doit descendre sur la quinte de l'accord, ou monter à l'octave de la dominante pour faire *échange* avec la basse, où la résolution se fait régulièrement (Voyez les N.ºˢ 3 et 4 parag. 480 B. ci dessus.)

C.   Toutefois, comme l'échange des deux sons formant la dissonance, $\dfrac{fa\ \text{—}\ sol}{sol\ \text{—}\ fa}$ *offre quelque dureté, il est bien de faire monter la dissonance dans la partie supérieure un temps avant que la basse ne la reprenne. On doit donc écrire comme au N.º 4 indiqué ci dessus, et non comme ci-après:*

D.   A l'appui de ce que nous venons d'énoncer voici quelques exemples tirés de Méhul et Cherubini.

Méhul. Solfège du conservatoire 1.ʳᵉ partie leçon 123.ᵉ

On voit, à la seconde mesure, la dissonance *ré* descendre sur la quinte de la dominante, et se résoudre dans la basse.

(1) Méhul a ajouté une autre harmonie à cette septième, mais comme cette harmonie ne nous

Dans le premier de ces deux exemples de Cherubini, la dissonance n'est même pas entendue à la basse, mais l'oreille la sous-entend.[1] Dans le second elle apparaît réellement, et la résolution est très régulière.

182 *A* — Le N° 9, paragraphe 180 *B*, est le renversement de l'échange N° 4, mais son emploi est moins fréquent, et l'on n'en trouve que de rares exemples. Pourtant l'échange est aussi régulier dans ce cas que dans l'autre.

B — Tous les harmonistes sont d'accord sur la manière suivante d'écrire la basse du troisième renversement :

est pas encore connue, et que d'ailleurs elle n'influe en rien sur le point en question, nous l'avons retranchée.

[1] Nous l'avons indiqué par une note noire.

Eh bien? quelle différence y a-t-il entre l'exemple ci-dessus et celui du N.° 9 qui nous occupe? Les deux cas sont presque identiques, et l'effet produit à l'oreille est pour ainsi dire le même: la seule différence, c'est que, dans le N.° 9, la dissonnance après avoir monté à la dominante, au lieu de revenir sur elle-même, se fait entendre dans une partie supérieure où elle opère sa résolution. Cet échange est donc aussi bon que les autres, mais puisque l'usage ne l'a point consacré, nous engageons les élèves à ne pas s'en servir, du moins pour le moment.

C.   Mais ce mouvement ascendant de la dissonnance serait vicieux, si la dominante portait quarte-et-sixte, comme dans l'exemple suivant:

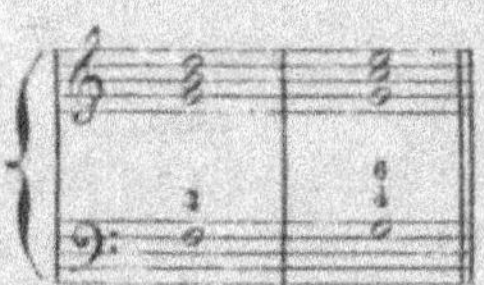

Parce que la marche ascendante de la dissonnance sur la dominante, avec changement d'harmonie, ne satisfait pas aux exigences du sentiment tonal, qui veut que la dissonnance se résolve dans l'harmonie de la tonique *en descendant d'un degré*, et non pas en montant. Il faut, pour que la succession soit tolérable, que la même harmonie soit conservée, et qu'il y ait échange de la dissonnance entre la basse et une des parties supérieures.

(Écrivez les leçons N.ºs 52 et 53).

183 *A*.   L'accord parfait, majeur et mineur, l'accord de septième de dominante, et leurs dérivés, composent toute l'harmonie naturelle. Ils fournissent à tous les degrés de la gamme des harmonies propres et spéciales, suivant les diverses circonstances d'enchaînement de ces degrés les uns avec les autres.

B.   L'accord de septième, par ses rapports dissonnants et attractifs, détermine positivement la tonalité principale, ou le passage d'une tonalité à une autre.

C.   Toutes les autres agrégations harmoniques, ainsi que nous l'avons déjà dit, dérivent de ces deux accords fondamentaux; elles n'en sont que des modifications, et elles remplissent, dans la période harmonique, les mêmes fonctions que les accords naturels dont elles tiennent la place.

C'est ce que nous allons démontrer dans les chapitres suivants.

TROISIÈME SECTION

DES MODIFICATIONS DE L'ACCORD DISSONNANT

Substitution de la sixième note à la cinquième dans l'accord dissonnant — Retard, Retardement, Suspension, Prolongation — Retard de la tierce dans l'accord de 7ᵉ de dominante — Retard de la quinte — De l'emploi simultané des deux retards — De la réunion de la substitution au retard de la tierce — De la réunion de la substitution au retard de la quinte — De la réunion des deux retards à la substitution.

CHAPITRE XVIII

DE LA SUBSTITUTION DE LA SIXIÈME NOTE A LA CINQUIÈME
DANS L'ACCORD DISSONNANT.

184 *A* Nous avons démontré (166 *C* et *D*) qu'en écrivant l'accord de septième, soit à quatre, soit à cinq parties, on pouvait doubler la dominante dans une des parties supérieures, et que cette disposition était la plus favorable au complément de l'accord consonnant qui suit la septième dans la cadence parfaite. Or, il est un fait que l'expérience démontre, c'est que l'on peut toujours substituer la sixième note de la gamme à cette dominante, octave de la note fondamentale. Cette note substituée forme une nouvelle dissonnance de septième avec la sensible, et de neuvième avec la basse.

L'accord ainsi modifié apparaît sous la forme suivante:

Constitué de cette nouvelle manière, nous le désignons par la dénomination de septième *dominante avec substitution*. Il se chiffre par $\frac{6}{7}$.

B Cette substitution se fait également dans le mode mineur; mais, dans ce mode, la sixième note étant plus basse d'un demi-ton elle produit avec la dominante une neuvième mineure, et avec la sensible une septième diminuée.

DÉMONSTRATION.

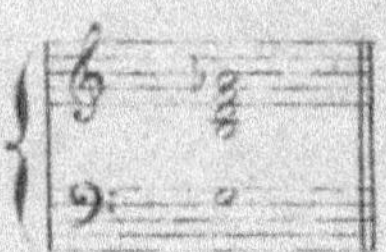

C.   La septième dominante dans son état naturel détermine la tonalité (164); mais modifiée par la substitution, elle caractérise en outre la modalité, puisque la note substituée change de nature selon le mode.

D.   La substitution est *facultative*, elle n'est qu'un accent mélodique qui donne à l'accord une expression plus énergique ou plus passionnée, suivant le sentiment qu'éprouve et que veut peindre l'artiste.

E.   On emploie quelquefois la substitution mineure dans le mode majeur, mais le contraire ne peut avoir lieu.

F.   Dans le mode majeur, la note substituée doit toujours être *placée au dessus de la sensible*, et, autant que possible, à la partie supérieure, à cause de son accent mélodique. Cependant elle est tolérée à la seconde partie, surtout si la dissonnance naturelle occupe la première.

G.   Si la dissonnance de septième, produite par la sensible et la sixième note, se présentait sous le renversement de seconde majeure, il en résulterait une dureté que l'oreille repousse, parce que le sentiment harmonique n'admet la substitution dans le mode majeur qu'en rapport de septième avec la sensible, comme il ne l'admet qu'en rapport de neuvième avec la dominante, dont elle remplace l'octave.

DÉMONSTRATION

H.   Mais dans le mode mineur, cette obligation de faire entendre la note substituée au dessus de la sensible n'existe plus, parce que la sensible et la sixième note produisent une septième diminuée, dont le renversement est une seconde augmentée, et que cet intervalle sonnant à l'oreille comme une tierce mineure, il n'en résulte aucune dureté.

DÉMONSTRATION

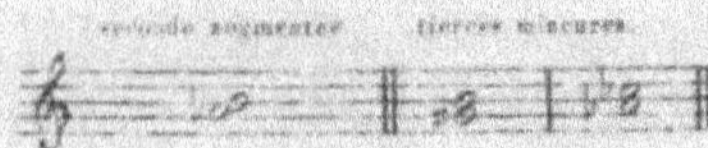

D'où il suit , que, dans le mode mineur , la substitution peut être entendue indifféremment dans une partie quelconque , soit au-dessus , soit au-dessous de la sensible , mais toujours à distance de *neuvième* de la dominante et jamais à celle de
seconde , parce qu'elle remplace , comme nous venons de le dire plus haut , l'octave
de cette dominante.

DÉMONSTRATION

pour le mode mineur

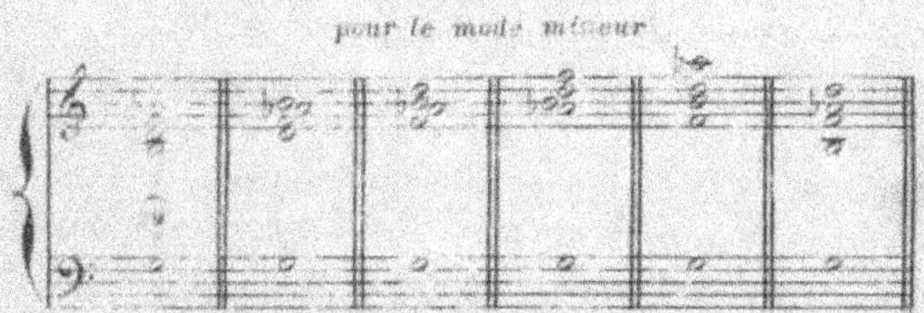

185 *A.* La résolution la plus naturelle de la substitution, majeure ou mineure, est de descendre dans l'accord même sur la dominante dont elle tient la
place. Néanmoins on la prolonge souvent pendant toute la durée de l'accord; elle
fait alors sa résolution conjointement avec la septième, et descend sur la quinte de la tonique.

B. On peut aussi suspendre la cadence en résolvant l'accord sur la quarte-et-sixte.

DÉMONSTRATION.

des deux résolutions de la substitution.

186 *A.* L'accord complet ne peut s'écrire qu'à cinq parties, à quatre on

(1) Il est aisé de se rendre compte en jouant ces exemples sur le piano, de la différence qui
existe entre la résolution de la dissonance naturelle et celle de la note substituée: la septième fait
partie intégrante de l'accord, et elle ne demande d'autre résolution que celle qu'elle doit avoir en descendant dans l'harmonie de la tonique; la note substituée, au contraire, demande plus particulièrement
à se résoudre dans l'accord même sur la dominante dont elle tient la place; ce qui démontre qu'elle n'est
qu'une dissonance *accidentelle*. Ceci explique ce que nous avons dit dans la note placée au commencement du chapitre XX. (Voyez cette note)

retranche la quinte, comme dans l'accord naturel, à trois parties l'accord est très-
incomplet, car il faut supprimer ou la sensible ou la septième. Si on supprime
la septième, il faut que la substitution se résolve dans l'accord même, et que la
septième succède à la dominante, comme dans l'exemple 3 ci-après:

DEMONSTRATION.

B. Il est toujours mieux, s'il y a possibilité, de faire précéder la note substituée de sa note inférieure, comme dans les deux exemples suivants:

DEMONSTRATION

187. Quand la basse fait cadence rompue, une difficulté se présente dans
la manière de résoudre l'accord avec substitution; il faut, 1° que la note substituée descende dans l'accord, la dominante sur laquelle elle fait sa résolution n'appartenant pas à l'harmonie du sixième degré; 2° cette résolution étant opérée, la
dominante se trouve doublée dans la partie supérieure, et l'on sait que l'accord,
ainsi disposé, n'est pas dans la condition prescrite pour la cadence rompue (166
E); il faut donc nécessairement échanger les parties, faire descendre la dissonnance d'une tierce, et la reprendre dans la partie qui a fait la résolution de la substitution, comme on le voit dans les exemples 1 et 2 ci-après. Cependant, si la disposition des voix le permet, on peut aussi écrire comme dans l'exemple 3, mais ce
dernier moyen n'est pas toujours praticable.

DEMONSTRATION.

188 *A.* La substitution peut également se faire dans la basse; mais à cause des motifs exposés dans le paragraphe 184 *F. G.* elle est inadmissible dans le
mode majeur sans la *préparation*, c'est-à-dire, sans avoir été préalablement entendue a l'état de consonnance dans l'accord précedent, et en se prolongeant, par
la syncope, sous les notes de l'accord de septième. (Voyez l'exemple 1.er paragraphe 189 *A*). Mais employée de cette manière elle perd son caractère de note
substituée, d'accent mélodique, et entre dans un autre genre de modifications que
nous exposerons plus loin, celui des retards. Néanmoins nous la plaçons ici, car,
bien qu'elle ne puisse avoir lieu sans la syncope, elle n'en remplace pas moins la
note fondamentale de l'accord, et que, d'ailleurs, dans une circonstance dont nous
parlerons bientôt, elle peut être employée sans la préparation. Elle conserve a-
lors son véritable caractère.

B. Dans le mode mineur, et d'après le paragraphe 184 *B*, la préparation
est inutile.

C. Lorsque la substitution est à la basse, le son fondamental ne peut *jamais être entendu dans une partie supérieure*, par la raison que l'octave etant
la limite du renversement la neuvième ne peut se renverser. En effet, si nous bais-
sons d'une octave la note produisant neuvième au-dessus de la basse nous aurons u-
ne seconde:

Or, lorsque deux notes sont en contact immédiat c'est la note grave qui est la
dissonnance, et qui doit se sauver, ce qui n'a pas lieu ici (26 *B*). Si nous faisons réellement passer la neuvième sous la basse, nous aurons une septième se sauvant
sur l'octave par la partie inférieure, résolution que l'oreille ni le sens musical
n'admettent; la septième doit toujours se résoudre par la partie supérieure:

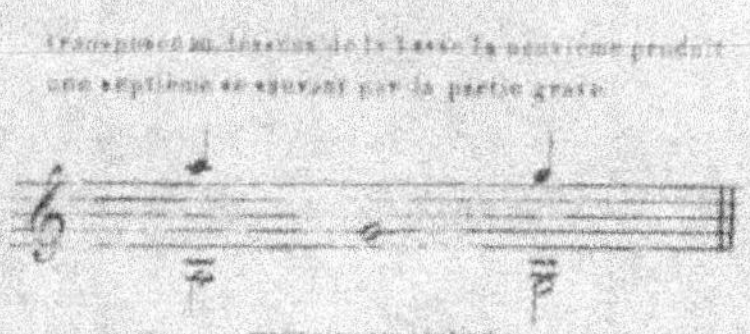

On voit donc que la neuvième n'est pas renversable, et que, pour cette raison, la note fondamentale ne peut exister au-dessus de la substitution.

189 *A*   L'accord modifié par la substitution inférieure doit s'écrire comme ci-après. Il se chiffre en majeur par $\widehat{2}$, en mineur par -2 [1]

DÉMONSTRATION.

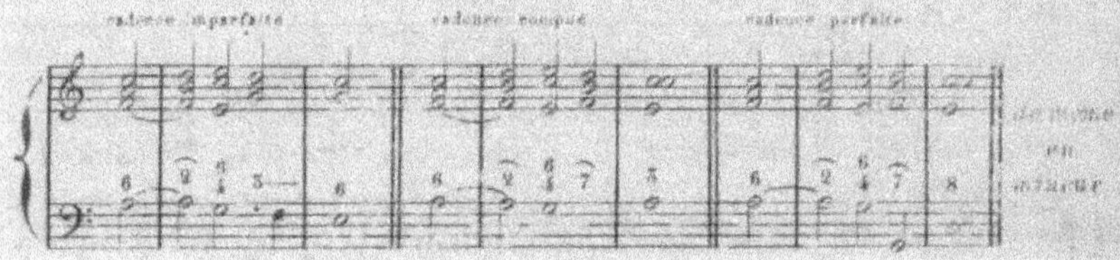

B   On a vu (185) que la substitution peut aussi se résoudre sur l'harmonie de la tonique, par conséquent, lorsqu'elle est à la basse sa résolution peut avoir lieu sur la quarte et la sixte:

DÉMONSTRATION.

Mais cette résolution n'est qu'une suspension de cadence, en supprimant la note substituée, on retrouve le troisième exemple du paragraphe 185 *B*, elle doit donc être suivie d'une cadence quelconque, comme dans les exemples ci-après:

(Faites la leçon N° 54).

190 *A*   Les renversements admettent également la substitution mais il faut que le son fondamental soit toujours à distance de neuvième de la note substituée.

B   La résolution de la substitution se fait, comme dans l'accord fondamental, ou dans l'accord même, ou sur l'accord de la tonique.

---

[1] Quelle que soit l'origine d'une agrégation harmonique représentée par 2, ce chiffre indique toujours seconde quarte et sixte

Voici les trois renversements avec leur double résolution, et leurs chiffres re
présentatifs dans les deux modes:

C   On peut employer d'autres dispositions, et placer le son fondamental
dans une autre partie que la quatrième, pourvu, toutefois, que la note substituée
en soit toujours à la distance de neuvième.

(1) Lorsque la substitution se rencontre sur l'harmonie de la tonique, il faut que la basse du second renversement monte, si elle descendait on ferait deux quintes.

DEMONSTRATION.

191 A.   A quatre parties on retranche toujours *la note fondamentale*, et conséquemment son chiffre représentatif, de sorte que les accords sont formés et chiffrés comme ci-dessous:

MODE MAJEUR.

MODE MINEUR.

B.   Quand la substitution se résout dans l'harmonie de la tonique, on chiffre comme dans les exemples suivants:

De même dans le mode mineur.
Sauf les modifications qu'exigent les chiffres dans ce mode.

C.   C'est généralement de cette manière qu'on emploie les renversements avec substitution. Le retranchement du son fondamental n'est point nuisible à l'effet de l'harmonie, parce que la note substituée reste en relation dissonnante

avec la sensible. L'accord en reçoit même plus de lucidité, car il n'y a plus qu'u
ne dissonnance au lieu de deux, aussi à cinq parties arrive-t-il souvent, pour
cette raison, qu'on supprime encore la note fondamentale, et qu'on double la tier
ce dans le premier renversement, la note de basse dans le second, et la sixte
dans le troisième.

D A trois parties on retranche la quinte de l'accord fondamental, comme
dans les renversements de l'accord naturel. Mais dans le second renversement
on ne peut faire autrement que de supprimer la dissonnance primitive, qui est la
tierce de ce renversement:

DÉMONSTRATION

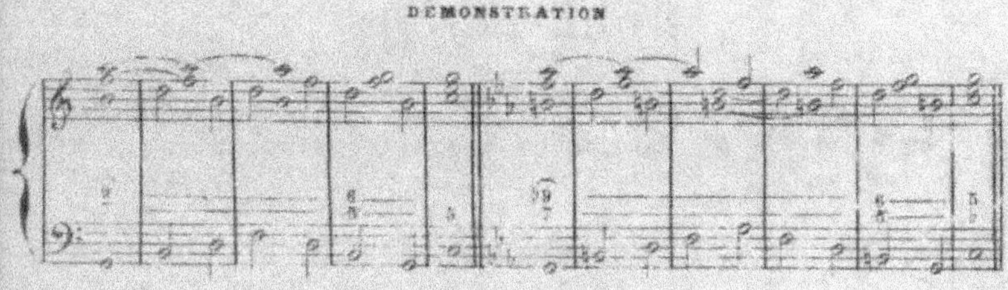

(Faites la leçon N.° 55).

ECHANGES.

192 *A*. Quand l'accord est modifié par la substitution, on peut échanger
les parties comme dans l'accord naturel, en faisant passer successivement dans
la basse chaque note de l'accord, excepté la substitution dans le mode majeur,
car nous savons qu'elle ne peut être placée dans la partie grave qu'avec le secours de la préparation.

DÉMONSTRATION

B Dans les différents cas que présentent les exemples ci-après, la
substitution et la dissonnance naturelle peuvent changer de parties, mais il faut que
la note substituée se résolve dans l'harmonie de la dominante immédiatement après
l'échange: sans cette précaution, il y aurait deux quintes insuffisamment évitées par
un saut de tierce.

DÉMONSTRATION.

On doit écrire comme dans les exemples suivants:

Ces échanges se font mieux en mineur, parce que la substitution, dans ce mode, peut se placer dans toutes les parties.

C. Le dernier exemple peut s'écrire comme ci-après, car l'harmonie étant renversée les quintes n'existent plus:

193 *A.* Les exemples ci-dessous montrent une manière fort usitée de résoudre la substitution:

DÉMONSTRATION.

B. Dans cette résolution, la sixte de la note substituée, c'est-à-dire la dis-

...sonnance naturelle, monte à la dominante, parce que cette dissonance est reprise par la basse: c'est l'échange N.° 4 (parag. 189 B.°) qui a lieu conformément à ce qui est prescrit 181.

Cet échange se fait également dans les renversements. Le N.° 1 ci-dessous est souvent employé:

DEMONSTRATION.

De même
en
mineur

RÉSOLUTIONS DIVERSES.

194 A. Lorsque la note substituée modifie l'accord fondamental, sa résolution peut avoir lieu sur le premier ou le second renversement:

DEMONSTRATION.

B. Mais la résolution sur le troisième renversement est inadmissible, car elle produit deux neuviemes de suite par le mouvement direct:

DEMONSTRATION.

(1) Dans les exemples précédents on met un 8 sur la dominante pour indiquer que la note substituée ne doit pas être reprise dans la partie supérieure. Si l'on tirait la barre de prolongation après le 9 sans autre chiffre, on indiquerait l'échange suivant qui d'ailleurs ne se fait bien qu'en mineur.

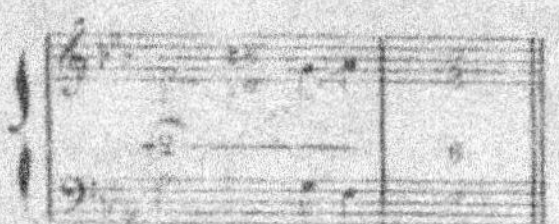

C.   D'un renversement à un autre, les résolutions suivantes peuvent toutes
se faire:

DÉMONSTRATION

De même en mineur.

La résolution N°. 5 est la moins satifaisante de toutes, parce que la seconde,
dans les parties, et la quarte par mouvement droit avec la basse, y sont attaquées
simultanément.

La résolution N°. 4 est très bonne, elle a lieu sur la sixte, et la dissonance
naturelle reste en place; on pratique souvent cette succession harmonique avec
la note de passage, la basse ayant la forme suivante

DÉMONSTRATION.

D.   La résolution peut également se faire en passant du second renversement à l'accord fondamental

DÉMONSTRATION.

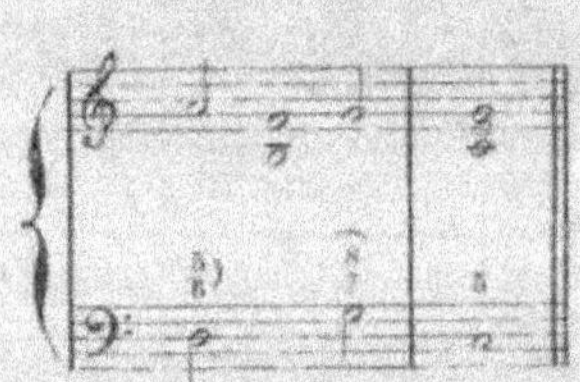

195 *A.*   Lorsque les renversements sont dans leur état naturel, on peut
passer à un autre renversement modifié par la substitution, ou à l'accord fondamental modifié dans sa basse par la substitution mineure:

DÉMONSTRATION.

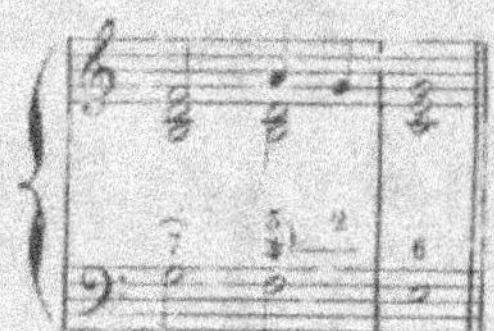

B   Enfin, on peut aussi de l'accord de septième passer a un renversement modifié:

DÉMONSTRATION

196 *A.*   Il est important de remarquer que dans les renversements employés sans la note fondamentale(ce qui a lieu le plus ordinairement), la substitution détruit le *contact de la dominante et du quatrième degré; que, par ce fait, la dissonnance primitive devient libre dans sa marche,* et que, dans certains cas, sa résolution peut être ascendante.

Mais comme elle reste, selon la position qu'elle occupe, en relation attractive ou répulsive avec la sensible, il est toujours mieux de la faire descendre.

B   Cependant, et nonobstant cette dernière circonstance, lorsque la basse du second renversement monte au troisième degré,[1] la dissonnance naturelle, qui est la tierce de ce renversement, peut monter diatoniquement, pourvu, toutefois, qu'elle soit au dessous de la sensible:

(1) Nous avons démontré par la note du paragraphe 195, qu'elle doit monter si la substitution se resout sur l'harmonie de la tonique.

DÉMONSTRATION.

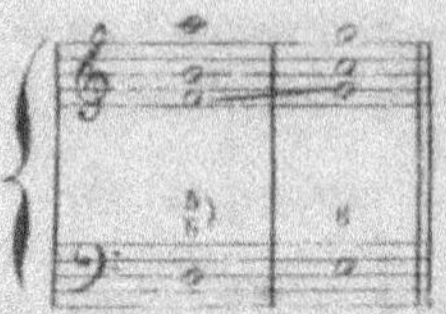

Si la dissonnance primitive (la tierce) était placée au-dessus de la sensible, il y aurait une succession de quintes dans les parties supérieures.

DÉMONSTRATION.

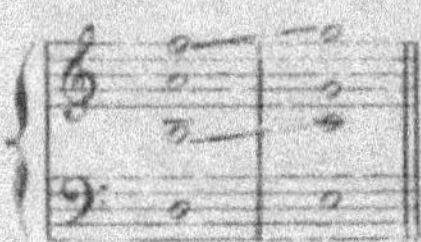

C — Conséquemment, la basse du troisième renversement, qui est cette dissonnance primitive, peut également monter à la dominante portant quarte et sixte. En voici un exemple extrait de la deuxième messe solennelle en ré majeur de Cherubini.

D — De même, lorsque la substitution inférieure se résout sur la quarte et sixte, la dissonnance (primitive) placée dans une des parties supérieures peut monter à la dominante, mais il est plus régulier de la faire descendre.

DÉMONSTRATION.

197   Il arrive quelquefois que dans une mélodie la note substituée n'a pas
de résolution; dans ce cas, elle passe par un mouvement descendant à une des autres notes de l'accord, mais le plus souvent à la sensible.

DÉMONSTRATION.

(Écrivez les progressions qui suivent la leçon N.° 55 et les leçons N.°° 56 et 57)

198   A.   Les cadences interrompues peuvent se faire avec les accords modifiés par la substitution. La substitution peut s'introduire dans le premier ou
dans le second accord, et même dans tous les deux; si elle est employée dans les
deux accords, l'harmonie est nécessairement à cinq parties:

DÉMONSTRATION.

158

B. L'emploi de la substitution dans une progression de fondamentales, ne peut guère avoir lieu que lorsque la basse descend de quinte ou monte de quarte, comme dans les ex. ci-dessus, mais son usage est plus étendu avec les renversements.

C. Nous avons vu précédemment (179 *C*) les différentes marches que la basse peut prendre pour effectuer les cadences interrompues ; nous avons vu aussi que quelques unes de ces successions étaient inusitées à l'état fondamental, mais qu'elles devenaient possibles par le renversement ; enfin, que d'autres ne pouvaient se faire d'aucune manière avec l'harmonie naturelle.

Nous allons maintenant reprendre ces dernières, et montrer qu'elles deviennent praticables, et même très usitées, quand l'harmonie est modifiée par la substitution et notamment par la substitution mineure, et que plusieurs d'entre elles fournissent alors des progressions continues.

Quant à celles qui sont praticables avec l'harmonie naturelle, elles le sont encore mieux avec l'harmonie modifiée.

DÉMONSTRATION

Succession par seconde majeure ascendante

Inusitée en cet état, mais praticable sans les fondamentales, ce qui produit des successions descendantes.

DÉMONSTRATION.

Les autres renversements sont également bons.

Remarquez que dans la plupart des cadences interrompues avec l'harmonie modifiée, toutes les parties descendent par demi-ton.

D. Les progressions chromatiques peuvent s'écrire de diverses manières c'est à dire que l'on peut écrire un dièse pour un bémol, ou un bémol pour un dièse, autrement dit prendre des notes synonymes, cela dépend de la marche que

l'on suppose aux fondamentales, et cette marche des fondamentales dépend elle-
même du ton dans lequel on veut terminer. Par exemple, si l'on voulait que la progression précédente se terminât en *fa* bemol au lieu de *sol* dièse, on supposerait
les fondamentales par quintes descendantes, et l'on aurait la progression chromatique ci-après, identique à la première quant à l'effet, mais différente quant à la conclusion

DEMONSTRATION.

fondamentales

Si, au lieu de conclure en *la* bemol, on voulait terminer en *fa* mineur, on chan-
gerait seulement (par la pensée) la fondamentale de la penultieme mesure, et l'on
aurait l'harmonie suivante:

Nota. La succession par seconde mineure ascendante ne peut pas s'harmoniser avec la substitution.

E ———————— *Succession par seconde majeure descendante*

Cette succession dure et inusitée avec l'harmonie naturelle, devient parfaitement bonne avec la substitution mineure, et peut se prolonger en progression.

DÉMONSTRATION

Tous les renversements sont praticables.

F_______________ *Même succession par seconde mineure*

Tous les renversements sont également bons.

G___________ *Succession par tierce mineure ascendante*

Peu usitée.

Renversements.

Ces successions ne fournissent pas de progressions continues.

Nota. Quant à la succession par tierce majeure ascendante, voyez parag. 179 C. le nota au 7.ᵉ

H___________*Succession par tierce mineure descendante.*

Peu usitée à l'état fondamental, mais fréquemment employée par renversements.

Renversements.

Pas de progressions continues.

i ______________ Même succession par tierce majeure.

Inusitée à l'état fondamental, mais les renversements sont très bons.

Renversements.

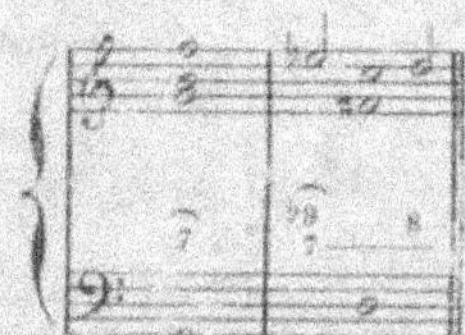

Pas de progressions continues.

Note. Si on faisait une suite de ces harmonies on obtiendrait dans les parties supérieures des progressions chromatiques fort singulières en ce qu'elles amèneraient la même note subissant successivement quatre modifications (par exemple Do ×, Do ♯, Do ♮, Do ♭) ce qui n'est pas usité. Au chapitre XXXV, nous verrons par quel moyen on peut ramener ces progressions à une forme plus naturelle et les faire dériver de la succession par quintes descendantes, laquelle est plus régulière sous le rapport de la relation des tonalités dont chaque dominante donne le sentiment.

j ______ Succession par quarte descendante ou quinte ascendante.

Inusitée, mais praticable par les renversements.

Renversements.

Néanmoins ces successions harmoniques ne doivent s'employer que rarement. Elles ne donnent pas de progressions.

K.   Voici maintenant plusieurs exemples des circonstances les plus usu
elles où l'on peut employer la substitution dans les cadences interrompues.

De l'accord fondamental naturel a un renversement modifie.

D'un renversement modifie a un accord fondamental naturel

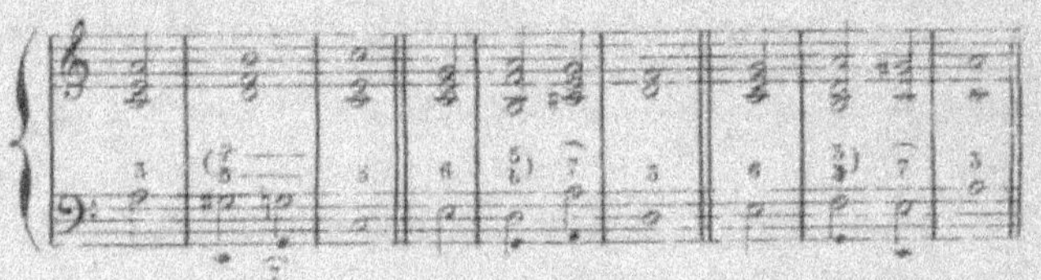

D'un renversement a un renversement tous deux modifies

(1) Remarquez que la dissonance du premier accord en passant dans le second perd son ca
ractere, et qu'elle peut monter.

Substitution inférieure

Remarques sur la manière de chiffrer les renversements modifiés par la substitution

1. Le chiffre qui représente la note substituée est toujours plus élevé d'une unité que celui qui représente la dominante. Ainsi dans le premier renversement chiffré par $\frac{6}{5}$, la dominante est représentée par 6, 7 sera donc le chiffre de la note substituée. Dans le second renversement chiffré 6, mais qui se chiffre aussi par $\frac{4}{3}$ et même $\frac{6}{4}{}_{3}$, le 4 représente la dominante, quand l'harmonie est modifiée, on met un 5 à la place du 4. De même dans le troisième renversement que l'on chiffre quelquefois $\frac{3}{2}$, on remplace le 2 par un 3.

2. Pour chiffrer logiquement le second et le troisième renversement, dans le mode majeur, il faut que le chiffre représentant la substitution soit au-dessus de celui qui rend que la note sensible, puisque celle-ci s'écrit toujours au-dessous de la note substituée. Il faut donc chiffrer ainsi $\frac{5}{6}, \frac{5}{4}$.

    Dans le mode mineur, où la position des deux notes dont il est question est indifférente, on est dans l'usage de mettre le chiffre supérieur au-dessus de l'inférieur $\frac{6}{3} \frac{3}{7}$.

3. A cinq parties, quand les renversements sont complets, c'est à dire sans retranchement du son fondamental, le chiffre qui représente cette note est toujours placé au-dessous des autres chiffres, comme on a dû le remarquer dans les exemples 190 *B*

4. On supprime souvent le 5 du premier renversement avec substitution mineure et l'on chiffre simplement 7, parce que la septième diminuée sous-entend toujours la quinte mineure

¹ Ecrivez les progressions qui suivent le N.° 37 et les écrits N.° 38 et 39.

CHAPITRE XIX.

RETARD, RETARDEMENT, SUSPENSION, PROLONGATION

192 *A* — Avant de passer à de nouvelles modifications de l'accord dissonnant, il est nécessaire de prendre une idée exacte du sens qu'on doit attacher à ces quatre mots: *retard, retardement, suspension et prolongation*.

B — Pour se faire une idée précise de la signification de ces mots, il faut considérer que dans la succession de deux accords, toutes les fois qu'une ou plusieurs notes du premier accord descendent diatoniquement sur celles du second et peuvent être prolongées dans ce dernier, et *retarder, suspendre* momentanément par l'effet de cette prolongation, les notes du second accord dont elles tiennent la place, et sur lesquelles elles doivent faire leur résolution en accomplissant le mouvement retardé.

DÉMONSTRATION.

C — Dans le premier exemple, l'*ut*, tierce du *la*, descend diatoniquement sur le *si*, tierce du *sol*, dans le second exemple, l'*ut*, par le moyen de la syncope, se prolonge sur le *sol*, et produit sur cette note un intervalle de quarte qui suspend momentanément l'audition de la tierce *si*.

D — Dans le troisième exemple, les parties marchent également en tierces, dans le quatrième la basse se prolonge, et retarde la seconde tierce par la partie grave. Cette prolongation produit avec la note supérieure une dissonance de seconde.

E. Les retards des autres exemples ont lieu par le même procédé: ainsi, dans l'exemple 6, on voit, par la prolongation du *mi*, la sixte retardant la quinte; dans l'exemple 8, on voit encore par la prolongation du *mi*, la septième retardant la sixte; enfin, dans l'exemple 10, la prolongation du *ré* retarde l'octave par la neuvième.

F. Il est facile, d'après ces exemples, de comprendre que les trois mots, *retard, retardement et suspension* sont synonymes, qu'ils signifient exactement la même chose, et que le mot *prolongation* indique le moyen nécessaire pour produire le retard; il ne faut donc pas confondre sa signification avec celle des trois premiers.

G. En résumé, *le retard est un effet produit, la prolongation le moyen employé pour produire cet effet.*

280. A. Tout retard doit généralement faire naître un intervalle dissonant, soit avec la basse, soit avec l'une des autres parties.

B. Les dissonances qui naissent des retards reçoivent le nom d'*artificiel*; car ces intervalles n'ont d'existence que par le fait même de la prolongation; la prolongation cessant, l'accord doit apparaître dans son état normal.

C. Il est quelques circonstances où le retard ne cause aucun intervalle dissonant; mais il faut alors qu'il amène, sur le degré où il est placé, une harmonie qui ne soit pas tonale. Ainsi, dans les exemples suivants,

le sentiment de la tonalité fait parfaitement comprendre qu'il ne s'agit point ici sur la tonique et la dominante des accords de *la* mineur et de *mi* mineur, mais que la sixte, sur ces deux notes, n'est qu'une prolongation qui retarde et qui laisse désirer l'audition de la quinte.

D. Les retards que nous venons de démontrer sont nommés retards supérieurs, parce qu'ils suspendent l'audition de la note qui leur est inférieure. Il en est d'autres qui retardent la note supérieure, et que l'on nomme retards inférieurs. Mais ceux-ci ne peuvent avoir lieu que par des intervalles consonnants[1]; en voici un exemple:

(1) Excepté quelques cas particuliers qui seront déterminés au chap. XXIX, ou par la prolongation des altérations ascendantes des intervalles naturels, ainsi que nous le verrons au chap. XXXIII.

Retard consonnant

Quinte retardant la sixte

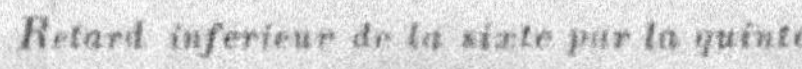

E.   Ce que nous venons de dire au sujet de la sixte retardant la quinte sur la tonique et la dominante, s'applique encore à l'exemple ci-dessus: la quinte retarde la sixte parce qu'elle n'est point l'harmonie tonale du troisième degré.

F.   Lorsque la quinte est placée sur un degré auquel elle appartient *tonalement*, sur le quatrième par exemple, elle peut bien être suivie de la sixte, mais elle ne produit pas l'effet d'un retard, et l'oreille n'attend pas plus la succession de la sixte que celle de tout autre intervalle.

DÉMONSTRATION.

Quinte suivie de la sixte   Quinte suivie de l'octave
sans effet de retard

G.   Mais lorsque la gamme est transformée en progression par l'emploi successif de la quinte et de la sixte, la symétrie de mouvement fait alors sentir que la quinte retarde la sixte sur tous les degrés; et l'effet en est plus sensible encore si, au commencement de la progression, la quinte n'est point l'harmonie tonale du degré qui la supporte.

DÉMONSTRATION.

Retard inférieur de la sixte par la quinte
sur tous les degrés

Il en est de même dans toute autre progression.

201   4.   Toute note prolongée produisant un intervalle dissonnant ne peut avoir de résolution ascendante; car la loi de résolution des dissonnances serait violée: *toute dissonnance doit descendre d'un degré.* Ainsi les prolongations suivantes sont inadmissibles:

B.   La note sensible se prolongeant sur la tonique, ou sur le sixième degré dans une cadence rompue, fait exception à cette règle; parce que la force de son attraction vers la tonique absorbe la sensation de la dissonance qui résulte de sa prolongation sur cette dernière, ou sur la sixième note du ton: sa marche ascendante satisfait donc parfaitement à la loi des tendances tonales:

DÉMONSTRATION

C.   Nous verrons plus loin comment, et dans quelles circonstances, cette prolongation et plusieurs autres qu'on lui assimile, peuvent s'employer.

202   *A.*   On appelle *préparation de la dissonance* la note qui sert à opérer la prolongation, et toute dissonance qui résulte d'une prolongation est dite préparée.

B.   La dissonance naturelle de la dominante et la substitution, sont les seules dissonances que l'oreille admet de prime abord, et qui n'ont point besoin de préparation; toutes les autres sont produites par des retards, et doivent toujours être préparées.

C.   La préparation des retards peut se faire par une note entendue d'abord à l'état de consonance ou à celui de dissonance:

DÉMONSTRATION.

D.   La note de préparation doit avoir une valeur au-moins égale à celle de la note préparée; elle peut en avoir une plus grande, comme dans les exemples ci-dessus, mais elle ne doit jamais en avoir une plus petite.

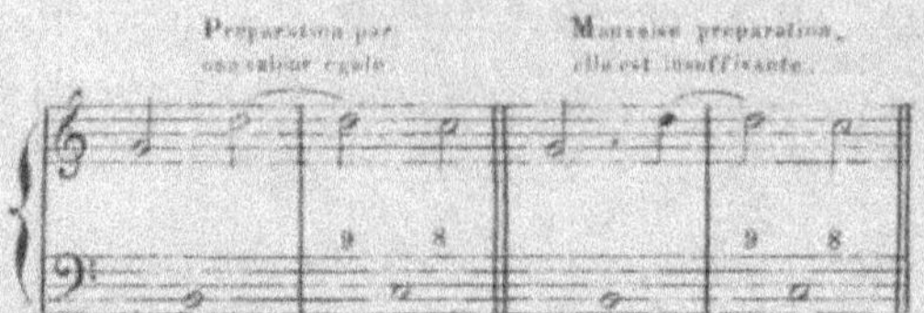

Cependant cette règle n'est pas toujours observée en composition libre,et notamment lorsqu'il y a répétition de la note sans liaison:

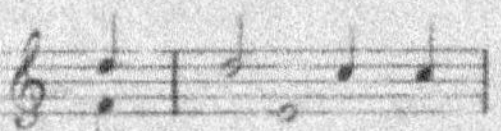

E.	Le retard doit être placé sur un temps *fort* ou sur la partie *forte*
d'un temps. Sa résolution peut se faire sur un temps aussi fort que celui qu'il
occupe, ou sur un temps plus faible, mais non sur un temps plus fort.

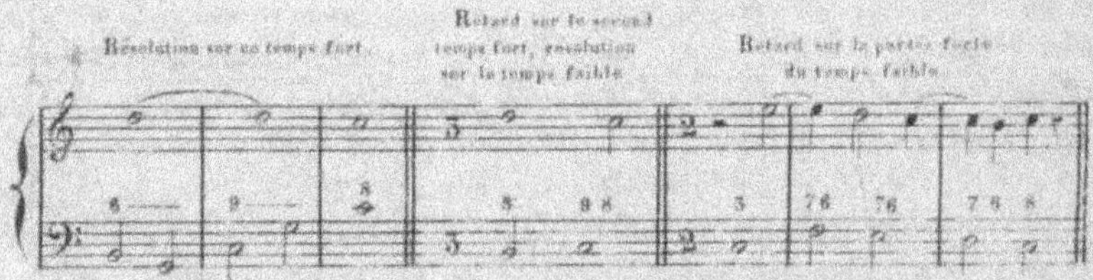

F.	Entre le retard et sa note de résolution,on peut intercaler une ou
plusieurs notes de l'accord, et même y introduire des notes étrangères.Voici des
exemples de ces sortes de broderies:

G.   Le retard, avant de se résoudre, peut se prolonger dans l'accord suivant, soit comme consonnance, soit comme dissonnance nouvelle:

DÉMONSTRATION.

se prolonge comme consonnance   comme dissonn. nouvelle

H.   Nous croyons avoir démontré clairement, par tout ce qui précède, le mécanisme des retards; nous allons maintenant en faire l'application à l'accord dissonnant, afin de ne point séparer les différentes modifications qu'il est susceptible de recevoir. Nous reprendrons ensuite l'accord consonnant, et nous verrons quelles sont les nouvelles agrégations harmoniques qui naissent de l'emploi des retards dans cet accord.

I.   En terminant ce chapitre, nous ferons remarquer d'une manière positive que la substitution majeure, employée dans la basse, appartient, puisque la préparation lui est nécessaire, au genre de modification que nous venons d'exposer, et qu'elle n'est autre chose que le retard de la basse dans l'accord de septième de dominante.

CHAPITRE XX

RETARD DE LA TIERCE DANS L'ACCORD DE SEPTIÈME
DE DOMINANTE.

205   *A.*   La tierce de la septième de dominante peut être retardée par la quarte, lorsque cette quarte est préparée par une des notes de l'accord précédent. On chiffre l'accord avec retard de tierce par $\frac{7}{5}_{4}$. [1]

(1) Dans tous les accords avec retard, on substitue toujours au chiffre qui représente l'intervalle retardé, le chiffre qui représente l'intervalle retardant.

B.   Nous avons dit (200 A) que tout retard devait généralement produire
un intervalle dissonnant; on voit dans les exemples ci-dessus que la note prolongée, qui n'est point dissonnante avec la basse, est néanmoins en relation dissonnante de seconde ou de septième avec la quinte de l'accord. Si la quinte était retranchée, le retard n'en existerait pas moins, mais il ne serait pas dissonnant, et il n'aurait plus la même énergie; aussi vaut-il mieux ne pas supprimer la quinte lorsque
la tierce est retardée.

C.   Le retard de la tierce peut être placé dans une partie quelconque.

204   La résolution peut se faire sur un renversement ou sur la substitution mineure.

DÉMONSTRATION.

205 *A.*   Le premier renversement donne une agrégation composée de se-
conde, quarte et quinte. Le retard est nécessairement placé à la basse, puisque la
tierce de l'accord fondamental occupe cette partie dans le premier renversement.

Il se chiffre:

en majeur $\begin{smallmatrix}5\\4\\2\end{smallmatrix}$)

en mineur ($\begin{smallmatrix}5\\4\\2\end{smallmatrix}$

DÉMONSTRATION.

B.   Il n'y a point d'échange possible, à moins que ce ne soit entre les parties
supérieures, car le retard ne peut jamais changer de place.

C.   La résolution peut se faire dans l'harmonie modifiée par la substitution:

DEMONSTRATION

206 A   Dans le second renversement c'est la sixte qui est retardée, et l'agrégation se compose de *tierce, quarte et septième*. On chiffre $\frac{7}{4}{}_{3}$

DEMONSTRATION

B   Comme dans le premier renversement, on peut faire entendre la substitution en faisant la résolution.

C   La résolution peut avoir lieu sur l'accord fondamental et sur le troisième renversement. La note substituée peut encore s'employer dans ces deux résolutions

DEMONSTRATION.

MODE MAJEUR.

MODE MINEUR.

207 A   La sensible étant toujours la note retardée, nous aurons dans le troisième renversement la quarte majeure retardée par la quinte. L'agrégation sera donc formée de *seconde, quarte et sixte*. On chiffre $\frac{6}{5}{}_{2}$

DEMONSTRATION.

(1)

B   Toutes les resolutions suivantes sont egalement praticables

★ Voyez pour ce dernier exemple le paragraphe 183 A et B

C   Dans une suspension de cadence la septieme se resout sur la quarte et sixte, dans ce cas, le retard, qui est formé par la tonique, peut se prolonger et ne faire sa resolution que dans l'accord de septieme qui suit la quarte et sixte pour parfaire la cadence :

DEMONSTRATION.

A cinq parties   A quatre parties

D   Voici les renversements de cette suspension de cadence :

(Ecrivez les N.os 40, 41 et 42)

(1) On designe les trois renversements modifiés par le retard de la sensible de la maniere suivante, *premier, second, troisième renversement avec retard de la sensible.* On peut aussi les

CHAPITRE XXI

RETARD DE LA QUINTE DANS L'ACCORD DE SEPTIÈME DE DOMINANTE

208 A. La quinte de la septième de dominante peut être retardée par la sixte, lorsque cette sixte est préparée par une des notes de l'accord précédent. L'accord ainsi modifié se chiffre par $\frac{7}{6}$.

B. Ce retard produit une dissonance artificielle de septième avec la dissonance naturelle de l'accord; il doit de préférence être placé à la première partie.

DÉMONSTRATION

Mode majeur.   Mode mineur.

C. Cependant dans l'accord fondamental, on peut quelquefois le faire entendre dans une partie intermédiaire; mais si l'on écrit à cinq parties, la dominante étant toujours doublée, il faut éviter de superposer à distance de seconde le retard, la dissonance naturelle, et la dominante, il résulterait du choc simultané de ces trois notes une dureté détestable.

DÉMONSTRATION

désigner par l'énoncé de leurs intervalles, et dire: quinte, quarte, et comme septième, quarte et tierce, sixte, quinte et seconde; mais les premières dénominations valent mieux, elles expriment clairement ce dont il s'agit.

D.   Son emploi est le même dans le mode mineur.

E.   Lorsque l'harmonie est à cinq voix la substitution peut être entendue au moment de la résolution.

209   *A*   Dans le mode majeur, le premier renversement donne une agrégation de *quinte mineure, sixte mineure et quarte mineure.* Il se chiffre par $\frac{4}{6}$.

B.   Dans le mode mineur la quarte est diminuée, et l'on chiffre $\frac{4}{6}$.

C.   Dans l'un et l'autre mode le retard doit toujours occuper la partie supérieure. Cependant on peut quelquefois s'affranchir de cette règle, et particulièrement dans le mode mineur, où le retard placé dans une partie intermédiaire est plus doux que dans le mode majeur.

DÉMONSTRATION.

210   *A*   Le second renversement amène le retard à la basse. L'agrégation qui en résulte dans le mode majeur est formée de *seconde mineure, tierce mineure, et quinte majeure.* Ses chiffres représentatifs sont : $\frac{5}{2}$.

B   Dans le mode mineur *la seconde est majeure, la tierce majeure, et la quinte augmentée.* On chiffre : $\frac{5}{2}$.

C   Toutes les combinaisons peuvent se faire dans les deux modes, mais il faut préférer la suivante :

D.   Néanmoins ce retard est très-dur, et il ne doit être employé qu'avec précaution.

211. *A.*   Le troisième renversement produit dans le mode majeur une agrégation de *seconde majeure, quarte majeure, et septième majeure.* Ses chiffres représentatifs sont: $\frac{7}{4}\!_2$.

B.   Dans le mode mineur la *septième est mineure,* et l'on met devant le 7 l'accident nécessaire: $\frac{7}{4}\!_2$.

C.   Toutes les combinaisons sont praticables dans les deux modes, mais on doit toujours préférer les suivantes.

D.   De même que dans l'accord fondamental, on peut dans les renversements faire entendre la substitution au moment de la résolution du retard. Mais

(1) Les agrégations produites par les trois renversements peuvent se désigner par l'énoncé de leurs intervalles, mais nous avons fait remarquer dans la note précédente que cette manière de s'exprimer ne présentait rien de clair à l'esprit. Il vaut mieux dire: *premier renversement avec retard de la tierce, second renversement avec retard de la basse, troisième renversement avec retard de la sixte.* Ou bien encore: *premier, second, troisième renversement avec retard de la quinte de la fondamentale,* ou simplement *de la quinte,* parce qu'ici on ne peut comprendre que la quinte de l'accord fondamental, attendu qu'il n'y a point de quinte dans les renversements de la septième dominante, excepté dans le premier où la quinte mineure est la dissonnance naturelle, mais cette dissonnance ne peut pas se retarder, car on aurait l'accord consonnant, et l'harmonie dissonnante n'existerait plus. Il est nécessaire de se rappeler cette observation, car la seconde manière de s'énoncer sera toujours celle-ci et nous nous servirons ainsi, lorsque nous dirons, *retard de la quinte,* que l'accord soit sous l'une ou l'autre de ses faces, il faudra toujours comprendre la quinte de la fondamentale.

dans le mode majeur il est mieux d'employer la substitution mineure, parce que le retard occupant la première partie empêche d'y placer la note substituée.

Il nous paraît inutile d'en donner des exemples.

E.   La suspension de cadence ne se fait point lorsque la septième est modifiée par le retard de la quinte; car ce retard, formé par la tierce de la tonique, devrait se prolonger dans la *quarte et sixte*, et il serait nécessairement doublé par la résolution de la septième: or, ce redoublement, bien qu'entendu à l'état consonnant, produit un mauvais effet, non seulement parce que le retard est doublé, mais encore parce qu'il en résulte une septième se sauvant sur l'octave par la partie inférieure, et nous savons que cette résolution n'est pas admissible (26 *B* et 188 *C*.)

(Écrivez les N.º 43, 44 et 45.)

CHAPITRE XXII.

DE L'EMPLOI SIMULTANÉ DES DEUX RETARDS

212   *A.*   Les trois modifications de la septième de dominante (la substitution et les deux retards) sont indépendantes l'une de l'autre. Elles peuvent être employées isolément ou simultanément, parce que, si elles sont réunies, le jugement ne les confond pas, et que chacune de son côté, accomplit sa mission sans nuire à l'effet de l'autre.

B.   On peut donc réunir le retard de la tierce à celui de la quinte.

C.   Les retards peuvent se résoudre simultanément ou successivement. Si les résolutions sont successives, il faut toujours commencer par la résolution du retard de la quinte, en voici la raison:

La quarte n'est point par elle-même une dissonnance, si elle prend ce caractère comme retard de la tierce dans la septième de dominante, c'est parce qu'elle dissonne contre la quinte de cet accord avec laquelle elle se trouve en rapport de seconde ou de septième. Or, si l'on retarde la quinte par la sixte en même temps que la tierce par la quarte, on fait disparaître l'intervalle dissonnant qui existerait si la quinte n'était point retardée, mais la sixte, retard de la quinte, se trouve, elle, en rapport dissonnant de seconde ou de septième avec la dissonnance naturelle de l'accord et l'oreille demande tout d'abord sa résolution. Ce n'est qu'au moment où la quinte est entendue que la quarte prend son véritable caractère dissonnant.

Cette explication s'applique à tous les renversements.

D.   Toutes les combinaisons sont praticables, excepté, cependant, celles qui donnent trois sons superposés en secondes (Voyez parag: 208 *C*.) Mais le retard de la quinte à la première partie est toujours préférable.

E.   Voici l'accord fondamental et ses trois renversements avec les résolutions simultanées et successives des retards, et leurs chiffres représentatifs.

Résolutions simultanées

Résolutions successives

F.   Dans le mode mineur c'est exactement la même chose pour la disposition des retards et pour les chiffres, seulement on met, s'il est nécessaire, les accidents devant les chiffres.   (Écrivez les N°˙ 46 et 47).

CHAPITRE XXIII

DE LA RÉUNION DU RETARD DE LA TIERCE
A LA SUBSTITUTION

213 *A*   D'après le paragraphe **212** *A*, la substitution peut également se combiner avec les retards. Sa réunion au retard de la tierce produit des agrégations d'un usage fréquent, et notamment dans plusieurs formules de la cadence parfaite.

B   Si la note substituée ne fait pas sa résolution dans l'harmonie de la tonique, mais dans l'accord même de la dominante, sa résolution et celle du retard peuvent être simultanées ou successives.

DÉMONSTRATION

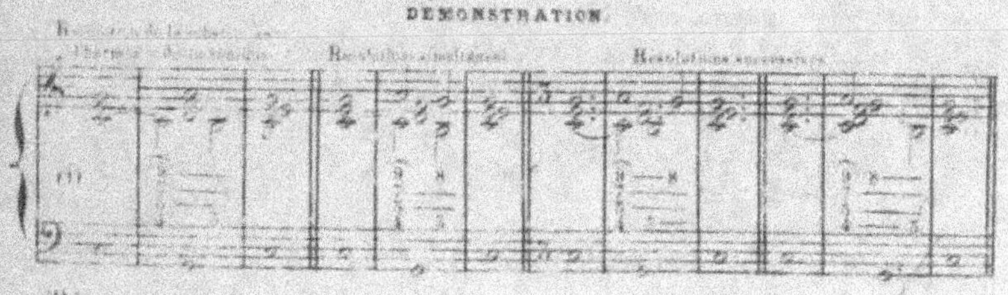

C.   La résolution de la note substituée peut se faire la première, mais il est mieux de commencer par celle du retard, parce qu'il est une dissonnance artificielle.

D.   Lorsque les résolutions se font simultanément, la substitution majeure n'a plus de position déterminée, et elle peut occuper une partie quelconque, parce que l'intervalle de seconde majeure que produit la sensible au-dessus de la sixième note est détruit par l'effet du retard:

DÉMONSTRATION

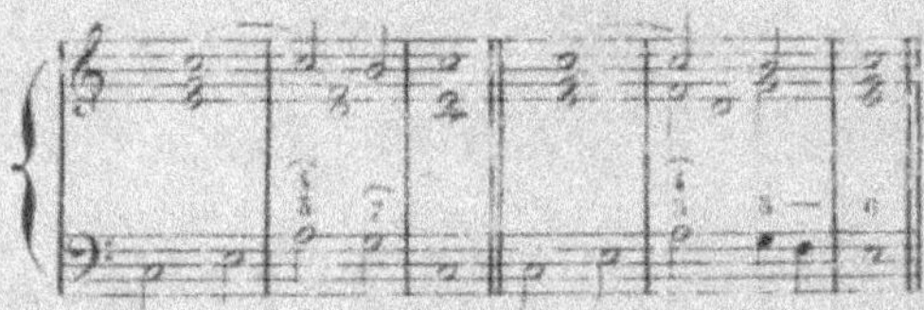

D.   Il résulte de cette circonstance que la substitution majeure peut être entendue à la basse sans être préparée lorsqu'elle est accompagnée du retard de la tierce:

DÉMONSTRATION.

Ses chiffres représentatifs sont, comme on le voit, $\frac{4}{3}$, mais dans le mode mineur la substitution et la seconde note du ton formant quarte majeure, on chiffre $\frac{4}{2}$

F.   La résolution du retard, dans le mode majeur, peut même se faire sur la note substituée, bien que la sensible y vienne produire l'intervalle de seconde majeure, parce que la substitution est préparée par le premier temps:

DÉMONSTRATION

Mais la substitution se résout souvent avant le retard, et cette résolution est très-bonne dans cette circonstance:

6.   Dans une suspension de cadence, la septième se résolvant sur la quarte
et sixte, la note substituée fait nécessairement sa résolution dans cette harmonie,
mais le retard, qui est toujours formé par la tonique, peut, au lieu de se résoudre de
suite, se prolonger et ne faire sa résolution que dans la septième ou l'accord parfait qui suit la quarte et sixte.

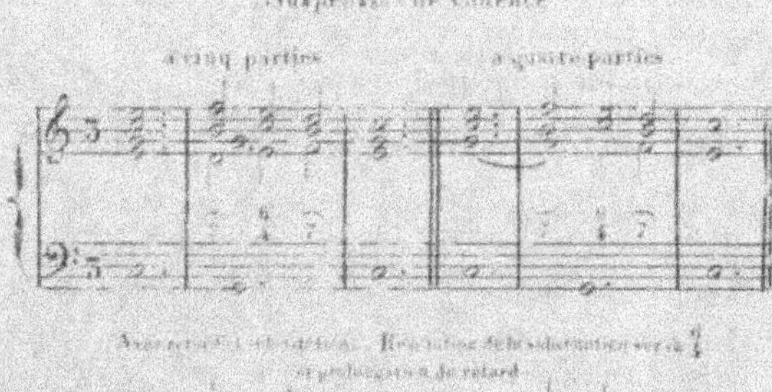

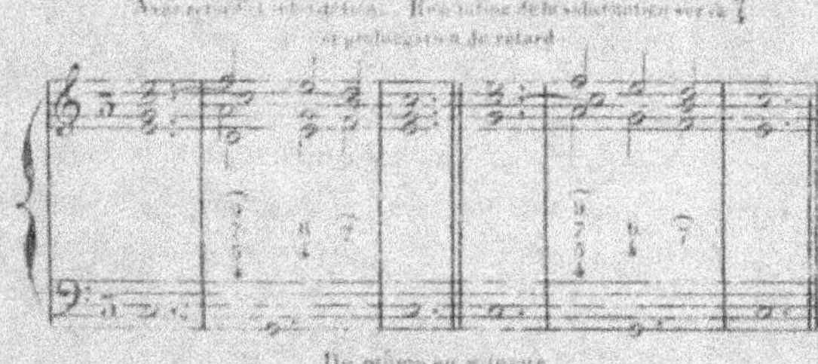

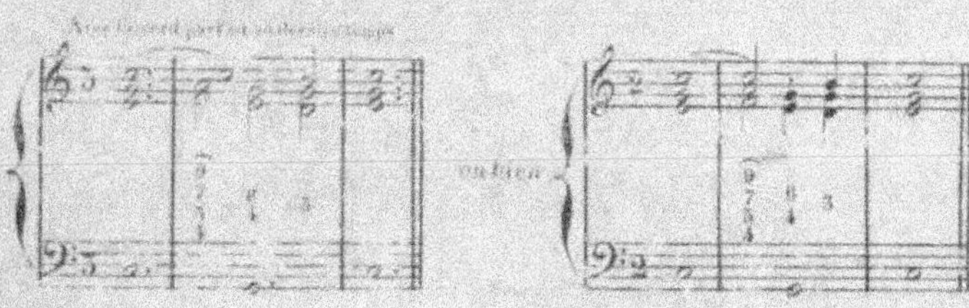

7.   La prolongation du retard a également lieu lorsque la note substituée
est inférieure et qu'elle se résout sur la quarte et sixte.

DÉMONSTRATION

i   Conformement a ce qui est énoncé 196 *A*, *C* et *D*, on voit dans l'exemple ci-dessus, la dissonnance naturelle monter a la dominante; et maintenant que, par l'effet du retard, elle n'est plus en relation attractive ou repulsive avec la sensible, sa marche devient *entierement libre*. Cette observation s'applique également aux renversements et notamment au troisième.

(Écrivez le N° 48.)

214   *A*   Le premier renversement avec retard de la sensible et substitution est composé de *seconde quarte et sixte*. Il se chiffre en majeur par $\frac{4}{2}$.

En mineur la sixte est mineure, et l'on chiffre par $\flat 2^{\natural}$

B   De même que dans l'accord fondamental, les resolutions dans les renversements peuvent se faire simultanément ou successivement.

DÉMONSTRATION.

Du premier renversement et des differentes résolutions
du retard et de la substitution.

En majeur   En mineur

Résolutions simultanées   Résolutions successives

De même en mineur et avec toutes les combinaisons

(1) Nous avons déja fait remarquer au sujet de la substitution inférieure qui se représente par $\overline{7}$, que toutes les agrégations formées de *seconde quarte et sixte*, étaient toujours chiffrées par un 2, mais ici

C.   Les renversements donnent lieu aux renversements de la suspension de cadence.

DÉMONSTRATION

Les harmonies qui ... que très bonnes sont peu usitées

215   A.   Le second renversement produit, dans le mode majeur, une agrégation de tierce mineure, quinte majeure et septième mineure. Il se chiffre par $\frac{6}{5}$ ou $\frac{6}{5}$.

B.   Dans le mode mineur la quinte est mineure, et il se chiffre $\frac{7}{5}$.

DÉMONSTRATION.

*Du second renversement et des différentes résolutions
du retard et de la substitution.*

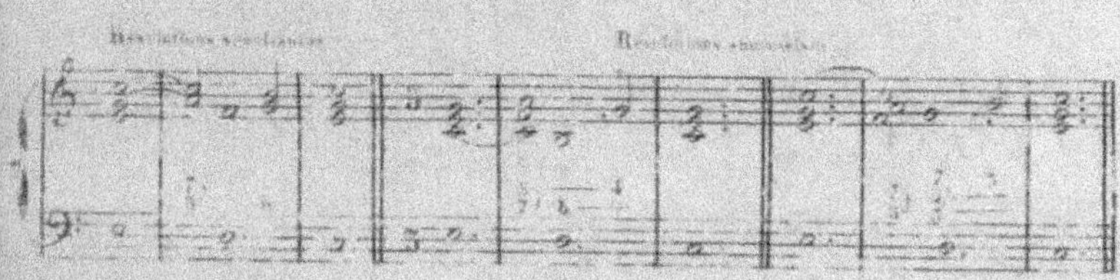

(Remarque) *On voit que dans le mode majeur, lorsque le retard se résout avant la substitution cette dernière est toujours placée à la partie supérieure*

Le signe désignatif de l'harmonie de la dominante ne surmonte point le chiffre, il est placé à droite ou à gauche, ce qui indique un renversement, et ces deux positions du signe font connaître que la substitution est majeure ou mineure. Le 9 tout seul n'indiquerait pas la nature de cette note.

C.   Nous avons vu (194 *D* et 206 *C*) que le second renversement modifié peut passer à sa fondamentale, sur laquelle se font les résolutions; cette succession, lorsque le second renversement est doublement modifié, devient une formule de cadence des plus usitées.

DÉMONSTRATION.

De même en mineur.

On peut n'employer que l'accord parfait sur la dominante, comme dans le dernier exemple, mais la septième est préférable.

D.   Les résolutions peuvent aussi se faire sur le troisième renversement, comme ci-dessous.

De même en mineur.

E.   *Renversements de la suspension de cadence.*

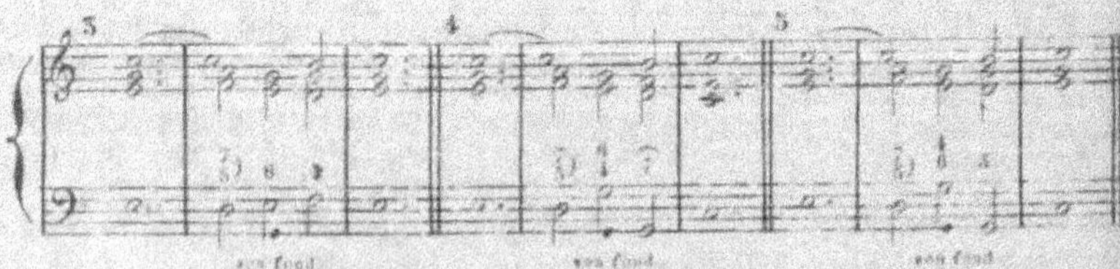

Les exemples 4 et 5 sont encore des formules de cadence parfaite très usitées.

216   *A.*   L'agrégation produite par le troisième renversement se compose, dans le mode majeur, *de tierce majeure, quinte majeure et sixte majeure.*
Elle se chiffre par $\frac{6}{5}$.

   B.   Dans le mode mineur *la tierce est mineure*, et l'on chiffre par $\frac{6}{5}$ ou
simplement $\frac{6}{5}$.

DÉMONSTRATION.

Du troisième renversement et des différentes résolutions
du retard et de la substitution.

C. La remarque que nous avons faite 215 *B* s'applique également au troisième renversement.

   D.   On a vu 182 *A.B* que l'échange N° 9 (180 *B*) était peu utile, et qu'il fal-
lait s'abstenir de son emploi; mais lorsque le troisième renversement est modifié
par la substitution et le retard de la sensible, et d'après le paragraphe 215 *J*, cet é-
change devient une formule de cadence d'un fréquent usage.

DÉMONSTRATION.

★

   ★   Nous avons fait observer au second renversement, qu'il est toujours mieux d'employer la septième sur la dominante.

E.   *Renversements de la suspension de cadence*

*   Le dernier exemple est la formule de cadence parfaite la plus usitée

F.   On peut prolonger la suspension de cadence durant plusieurs mesures, de la manière suivante, ou de toute autre analogue:

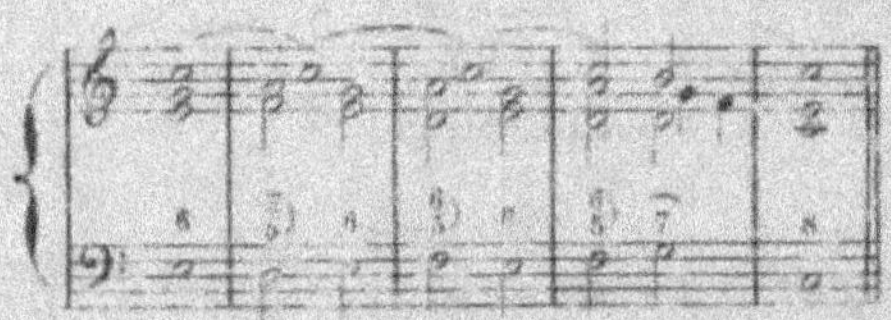

G.   Suivant la règle énoncée 202 *E*, *le retard doit se placer sur un temps fort et se résoudre sur un temps faible etc.*, le second et le troisième renversements modifiés par la substitution et le retard de la sensible font exception à cette règle, car ils peuvent s'employer au temps faible ou à la partie faible du temps. Il en est de même quand la note substituée accompagnée du retard est à la basse.

DÉMONSTRATION

H   Mais il est souvent mieux de prolonger le retard en donnant d'abord quarte et sixte à la dominante, le retard se sauve alors sur un temps faible.

DÉMONSTRATION

De même pour les autres exemples ci-dessus.

217   En écrivant à cinq parties, on peut dans les renversements faire entendre le son fondamental.

DÉMONSTRATION.

Mais alors la dissonance naturelle de l'accord ne peut plus monter; c'est pourquoi on est dans l'usage de retrancher le son fondamental afin de pouvoir pratiquer les formules de cadences où cette dissonance prend une marche ascendante.

218 A   Nous avons démontré (72) comment la gamme majeure et mineure s'accompagne par les harmonies consonnantes, la voici maintenant accompagnée par les harmonies dissonnantes.

Harmonie naturelle

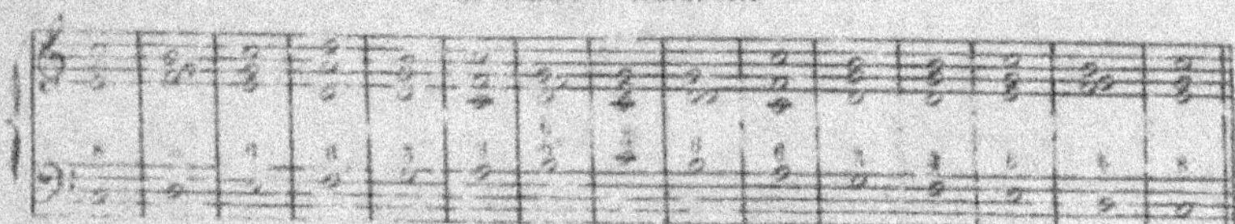

Harmonie modifiée par la Substitution.

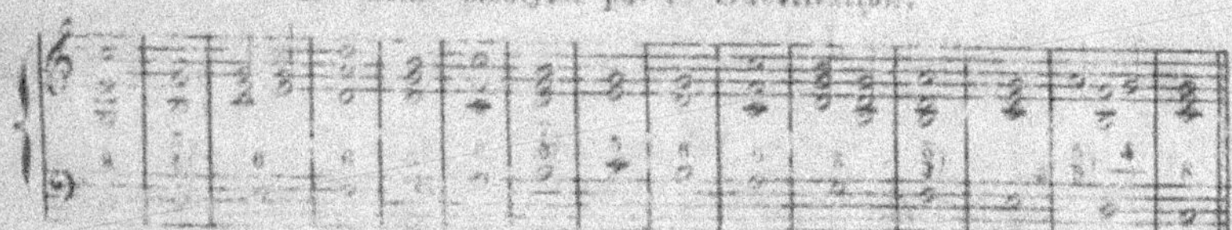

Harmonie modifiée par la substitution et le retard
de la sensible

★   La gamme mineure s'accompagne de la même manière, mais lorsque l'harmonie de la sensible est modifiée par la substitution, il faut conserver la sixte mineure dans la gamme ascendante.

B.   Il est encore une autre formule de gamme harmonique, mais dans laquelle l'unité tonale n'est pas conservée. Dans l'échelle descendante on considère
la dominante comme tonique; en conséquence, on place le second renversement
de la septième sur la sixième note, qui devient, par cette harmonie, second degré
de cette nouvelle tonique, puis on rentre dans le ton principal par le troisième
renversement. Cette formule est généralement en usage, on la nomme *règle d'octave.*

DEMONSTRATION.

Règle d'octave dans le mode majeur

C.   Dans le mode mineur, la sixième note étant plus basse d'un demi ton que
dans le mode majeur, ne peut être prise pour second degré du ton de la dominante,
et elle s'accompagne simplement par la sixte, qui lui conserve son caractère tonal.

DEMONSTRATION.

Règle d'octave dans le mode mineur

D.   Cependant on place habituellement une autre harmonie sur le sixième
degré du mode mineur, nous la donnerons au chapitre des altérations.

(Écrivez les N.ºs 49, 50 et 51.)

CHAPITRE XXIV.

DE LA RÉUNION DE LA SUBSTITUTION AU RETARD
DE LA QUINTE

219 *A.* Ainsi que nous l'avons dit (213), la substitution se combine aussi avec le retard de la quinte.

B. L'accord fondamental ne peut s'écrire qu'à cinq parties, puisque la quinte, qui est retardée, ne peut être retranchée.

C. On chiffre l'accord ainsi modifié par $\frac{9}{7}$ $_6$.

D. Dans le mode majeur, la note substituée devant occuper la première partie, le retard ne trouve sa place que dans une partie intermédiaire. Cependant on peut quelquefois, mais avec réserve, le faire entendre à la partie supérieure :

DÉMONSTRATION.

La dernière disposition ne doit s'employer que rarement

E. Dans le mode mineur toutes les combinaisons sont praticables ; néanmoins le retard est mieux placé à la première partie :

DÉMONSTRATION.

F. Les résolutions simultanées de la substitution et du retard doivent s'éviter, à cause des quartes consécutives qu'elles produisent entre les parties supérieures, mais les résolutions successives sont bonnes, en commençant toutefois par la résolution du retard.

DÉMONSTRATION.

II. — Le retard peut également se pratiquer quand la substitution... se... Cette combinaison se chiffre, en majeur par $\frac{\overline{6}}{\frac{5}{2}}$, en mineur, par ...

DÉMONSTRATION.

I. — Dans cette dernière combinaison de l'harmonie doublement modifiée, les résolutions simultanées sont impraticables, car elles produisent des quintes consécutives. Quant aux résolutions successives, elles amènent inévitablement des quintes retardées; mais ces quintes retardées ne sont pas d'un mauvais effet, et on les tolère en cette circonstance.

DÉMONSTRATION.

Ces harmonies sont peu usitées.

RENVERSEMENTS

220 - Les renversements donnent des harmonies fort douces, et notamment dans le mode mineur. On suit, pour la position du retard et de la note substituée, et pour les resolutions, tout ce qui est dit dans le paragraphe 219.

DEMONSTRATION

Dans les exemples suivants le son fondamental est indiqué par un point noir parce qu'habituellement on le supprime; cependant à cinq parties on pourrait le conserver.

Mode majeur.

Ces dispositions ne doivent s'employer qu'avec réserve.

Dans le mode majeur, on chiffre chaque renversement comme on le voit ci-dessus.

Mode mineur

Dans le mode mineur on chiffre comme ci-dessus.

(Ecrivez les leçons 52, 53 et 54).

CHAPITRE XXV.

DE LA RÉUNION DES DEUX RETARDS A LA SUBSTITUTION

221   *A.*   Tout ce que nous avons dit sur chaque modification en particulier, et sur leurs combinaisons deux à deux, s'applique en tous points à leur triple réunion.

B.   L'accord fondamental triplement modifié s'emploie fort rarement, à cause de la multiplicité des dissonnances qui en rendent l'effet confus. Mais les renversements sont d'un usage assez fréquent, car le son fondamental étant retranché, il n'y a plus réellement qu'un intervalle dissonnant.

Voici les différentes résolutions des retards et de la substitution dans l'accord fondamental, et dans ses dérivés.

Accord fondamental.

Il se chiffre par, $\begin{matrix}9\\7\\6\\4\end{matrix}$

De même dans le mode mineur.

C.   On peut faire l'une ou l'autre des résolutions précédentes, mais le plus ordinairement on fait conjointement les résolutions des deux retards, et on résout en dernier lieu la note substituée; ou bien, on résout d'abord le retard de la quinte, puis ensuite, et simultanément, la substitution et le retard de la tierce.

Voyez ci-dessus les exemples 4 et 5, et pour les renversements, ci-après, les exemples N.ˢ 2 et 3.

Substitution inférieure.

D.   Cette agrégation se chiffre par $\frac{6}{5}$

(Écrivez la leçon N.º 55)

Premier renversement.

E.   Il se chiffre par $\frac{4}{3}$.

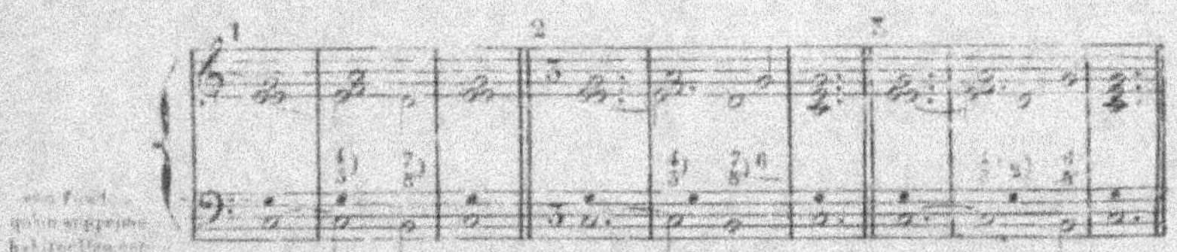

De même dans le mode mineur, en mettant le signe à gauche des chiffres.
Pour les autres résolutions comme aux exemples de l'accord fondamental.
(Écrivez la leçon N.º 56)

Second renversement.

F.   Il se chiffre par 2♭ [1]

De même, en mineur, en mettant le signe à gauche du chiffre.
Ces quatre résolutions sont fort usitées. Pour les autres résolutions voyez l'accord fondamental.
(Écrivez la leçon N.º 57)

___

[1] Ce renversement se chiffre de même que le premier avec retard de la seconde et substitution, mais il est placé sur la troisième note de la ... et l'autre sur la tonique, ce qui les distingue.

Troisieme renversement.

G   Il se chiffre par 7.

De même en mineur, en chiffrant (7).

Les autres resolutions comme à l'accord fondamental.

222   *A*   Nous savons que la suspension de cadence ne se fait pas lors que la septième est accompagnée par le retard de la quinte (211 *E*), mais quand cet accord est modifié par les deux retards et la substitution, la suspension de cadence devient possible, parce que la dissonnance primitive est libre, et qu'elle peut prendre une marche ascendante (215 *I*).

DÉMONSTRATION.

Suspension de cadence.

De même en mineur.

B   Le premier et le second renversement de cette suspension de cadence ne se font point, mais le troisieme est praticable.

Troisieme renversement.

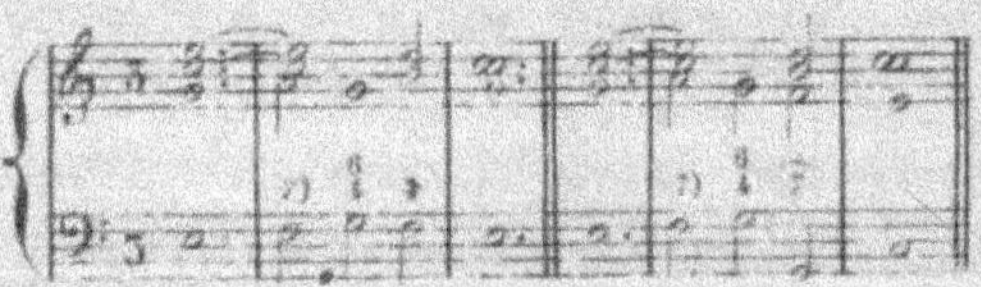

De même en mineur.

(Ecrivez les leçons 58, 59 et 60)

C   Nous avons epuisé toutes les combinaisons que peuvent produire les trois modifications de la septième de dominante, nous allons maintenant faire l'application de la theorie des retards à l'accord consonnant.

QUATRIÈME SECTION

DES MODIFICATIONS DE L'ACCORD CONSONNANT

Du retard de la tierce et de la quinte dans l'accord parfait. —— Du retard de l'octave par la neuvième, et du retard de la fondamentale dans l'accord parfait —— Septièmes simples —— Des prolongations dissonnantes dont la résolution doit, ou peut être ascendante

---

CHAPITRE XXVI.

DU RETARD DE LA TIERCE ET DE LA QUINTE DANS L'ACCORD PARFAIT.

225 *A.*   La tierce de l'accord parfait peut se retarder par la quarte, lorsque cette quarte est préparée dans l'accord précédent

B.   La note de préparation peut être une consonnance, une dissonnance naturelle, ou même une dissonnance artificielle qui se prolonge et en produit une nouvelle.

Cette agrégation se chiffre par $\frac{5}{4}$, et on la désigne par l'énoncé de ses intervalles: *quinte - et - quarte.*

DÉMONSTRATION.

Préparation de la quarte par une consonnance.

Préparation par une dissonnance.

C.   La résolution naturelle de la quarte se fait sur la tierce qu'elle retarde, comme on le voit ci-dessous, mais elle peut aussi se faire sur un autre intervalle, et

dans une autre harmonie que celle de l'accord qu'elle modifie. Elle peut encore avant de se résoudre se prolonger dans l'accord suivant, soit comme consonnance, soit comme dissonnance nouvelle.

DÉMONSTRATION.

D		La resolution ne doit pas produire de quintes cachées, car elles ne sont jamais tolérées dans la *resolution des dissonnances* :

DÉMONSTRATION.

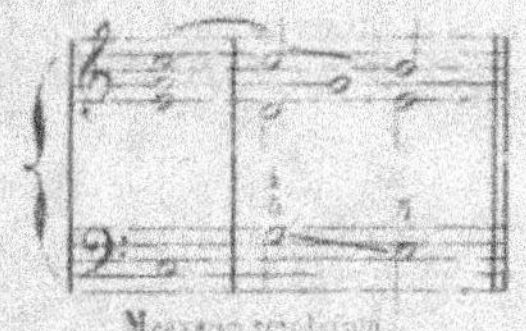

Mauvaise résolution.

Mais la résolution est bonne si la quinte est mineure (Voyez l'exemple 5, ci-dessus.)

E. La quarte et quinte trouve son emploi dans un grand nombre de progressions. La marche de basse montant de quinte et descendant de quarte peut recevoir cette suspension sur chacune de ces notes. On la nomme alors marche de quinte et quarte.

DÉMONSTRATION.

Harmonie naturelle.

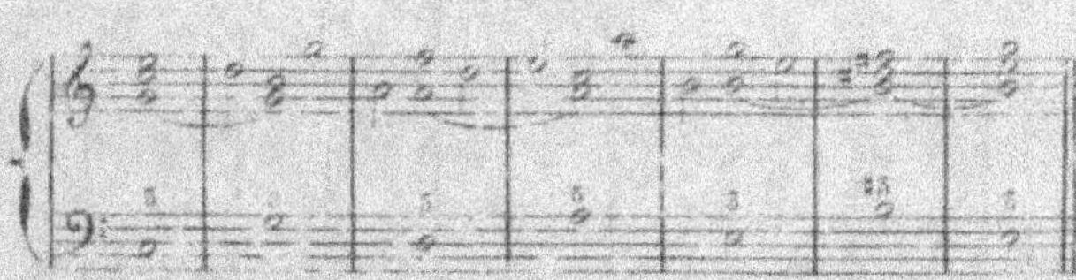

Harmonie avec retard.

Cette progression s'écrit, comme on le voit, en imitation.

F. Lorsque la progression se continue jusqu'à la septième note du ton, comme ci-dessus, elle entraîne presque toujours la modulation; parce que le retard de la tierce, bien que praticable avec la quinte mineure, est d'un meilleur effet avec la quinte majeure, et que cette quinte majeure placée sur la septième note demande la tierce majeure; sans quoi le vague dans la tonalité se prolonge trop longtemps. On peut cependant, après avoir fait la quinte majeure au premier temps, prendre la quinte mineure au second, alors la tierce mineure arrive bien:

(1) Marche ou progression, ces deux mots sont synonymes; mais progression est le véritable mot. On dit aussi une suite.

DEMONSTRATION.

G. — Néanmoins, on rencontre quelquefois la progression se prolongeant comme ci-après:

Mais l'incertitude tonale dure trop et devient fatigante.

Nous écrirons bientôt les principales progressions dissonantes, et nous verrons les autres emplois de la quinte-et-quarte.

224 *A.* — Le premier renversement de la quinte-et-quarte produit le retard de la basse dans l'accord de sixte.

Il se chiffre par $\frac{5}{2}$, et se nomme seconde-et-quinte.

DEMONSTRATION

B. — Les divers exemples que nous avons donnés (225 C) peuvent se renverser pour obtenir les différentes résolutions de la seconde-et-quinte.

Voici le renversement de l'exemple 5:

225 **A.**   Le second renversement résulte du retard de la sixte par la septième dans la sixte-et-quarte. Il se chiffre par $\frac{7}{4}$, et il se nomme *septième-et-quarte*

DÉMONSTRATION.

B.   Il faut, pour les différentes préparations et les différentes résolutions, renverser les exemples de l'accord fondamental. Voici le 3ᵉ ex. renversé (223 C):

C.   La septième-et-quarte peut se résoudre sur son accord fondamental:

DÉMONSTRATION.

D.   La cadence finale se fait quelquefois de la manière suivante:

DÉMONSTRATION.

RETARD DE LA QUINTE.

226   *A*   Nous avons démontré (200 *C*) que la sixte peut retarder la quinte dans l'accord parfait lorsqu'elle produit une harmonie qui n'est point tonale.
D'où il suit, que le retard de la quinte par la sixte ne peut avoir lieu que sur la tonique et la dominante, puisque ces deux notes sont les seules de la gamme auxquelles
la sixte n'appartient pas.

B   Le premier renversement donne la tierce de l'accord de sixte retardée
par la quarte; le second, une agrégation de tierce et quinte dont la note grave retarde la basse de la sixte et quarte, mais ce dernier retard est nul d'effet.

DEMONSTRATION.

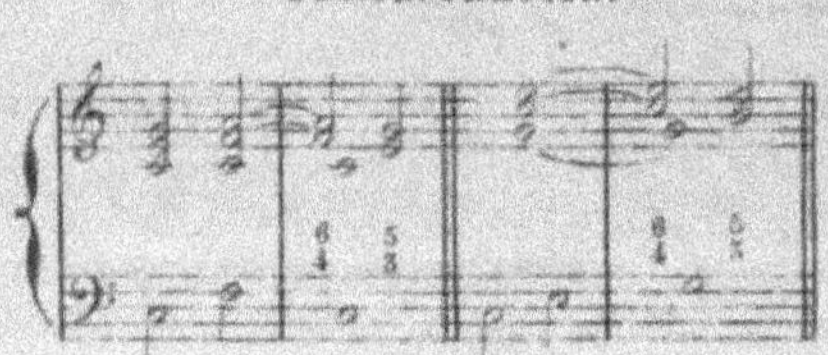

C   Souvent on accompagne la sixte par la quarte, de sorte que la tierce et
la quinte sont retardées:

DEMONSTRATION.

Mais, comme la sixte accompagnée de la quarte produit une harmonie tonale
sur la tonique et la dominante, le retard de la quinte perd son énergie.

Nous ne donnons point de leçons spéciales pour l'emploi de ce retard, attendu qu'il est d'un usage
peu fréquent, excepté quand il est accompagné de la quarte, et de cette manière nous l'avons déjà employé
bien des fois.

(Écrivez les leçons N°s 61 et 62)

CHAPITRE XXVII.

DU RETARD DE L'OCTAVE PAR LA NEUVIÈME,
ET DU RETARD DE LA FONDAMENTALE DANS L'ACCORD PARFAIT.

227 *A.*   La prolongation de la note diatoniquement supérieure à l'octave de la basse, dans toute harmonie où la basse peut se doubler, produit le retard de l'octave par la neuvième.

B.   La neuvième peut se préparer par une consonnance ou par une dissonnance.

228 *A.*   L'accord parfait modifié par la neuvième se chiffre par 9, qui sous-entend la tierce et la quinte. Cette agrégation se désigne simplement par le nom de neuvième.

DÉMONSTRATION.

B.   La position de la neuvième n'est pas plus déterminée que celle de l'octave, elle peut se placer dans toutes les parties.

C.   Si la basse descendait diatoniquement, la suspension ne pourrait avoir lieu, car il y aurait succession d'octaves retardées :

DÉMONSTRATION

D.   Pour s'assurer si une succession retardée est bonne, il faut supprimer le retard, cette suppression étant faite, si la succession est vicieuse, elle l'est également avec le retard, la faute n'est que retardée: ainsi, en ôtant la neuvième dans l'exemple précédent, on trouve deux octaves.

E.   La résolution naturelle de la neuvième se fait sur l'octave qu'elle retarde, mais elle peut aussi se résoudre sur la sixte lorsque la basse monte de tierce (ex: ci-après N.° 1); sur la tierce d'un accord parfait ou d'un accord de sixte, la basse descendant de tierce, et cette basse prise à la tierce inférieure peut même recevoir d'autres harmonies (voyez N.ᵒˢ 2, 3, 4 et 5), la neuvième peut encore se résoudre sur la quinte d'un accord parfait, quand la basse monte de quarte (N.° 6), enfin, la neuvième est susceptible de plusieurs autres résolutions, comme on le voit dans les exemples N.ᵒˢ 7, 8, 9 et 10.

EXEMPLES DE DIVERSES RÉSOLUTIONS

DE LA NEUVIÈME.

229   A.   La suspension de neuvième peut s'employer dans beaucoup de progressions, les plus usitées sont les suivantes:

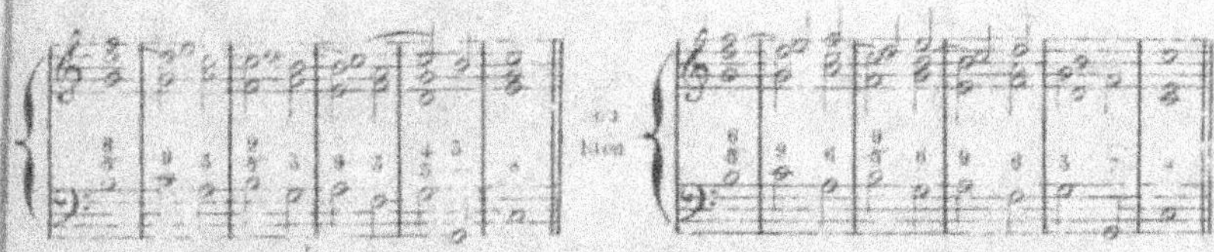

On donne à la progression ci-dessus le nom de *marche de neuvièmes.* Elle a lieu, comme on le voit, lorsque la basse descend de tierce du temps fort au temps faible, et monte de seconde du temps faible au temps fort.

B. Lorsque la basse est en progression de quartes ascendantes, ou, ce qui est la même chose, lorsqu'elle monte de quarte et descend de quinte, on peut placer la neuvième sur chaque note.

DÉMONSTRATION.

On donne souvent à la basse la forme ci-après, la neuvième se résout alors sur la sixte. Cette marche s'écrit presque toujours en imitation.

DÉMONSTRATION.

C   Une marche de cadences, dont les fondamentales sont à la basse, s'harmonise fort souvent en donnant quarte-et-quinte à la dominante, et neuvième à la tonique. Cette progression donne encore lieu à une imitation. On la nomme marche
de cadences avec quarte-et-quinte et neuvième.

DÉMONSTRATION.

On voit, dans l'exemple ci-dessus, les voix supérieures se croiser; ce croisement
est permis, et il est même nécessaire, car si le Soprano ne descendait pas d'une octave
il sortirait de son diapason. On pourrait même renverser les deux parties supérieures, et, dans ce cas, le croisement aurait lieu alternativement de deux en deux mesures.
Le début du Stabat de Pergolèse offre un admirable exemple de cette manière d'écrire.

Stabat de Pergolèse.

D.   Lorsque la basse descend de quarte et monte de seconde, on donne encore quarte et quinte à la note provenant du mouvement de quarte, et neuvième à
celle qui provient du mouvement de seconde. Cette progression se nomme marche
de quarte et quinte et neuvième.

DÉMONSTRATION.

La basse s'écrit souvent de la manière suivante:

230 *A*.   La substitution dans l'accord de septième de dominante est quelquefois préparée, dans ce cas elle n'est plus que le retard de l'octave, et elle peut se
placer au dessous de la sensible, mais dans l'accord fondamental seulement.

DÉMONSTRATION.

B.   La basse du second renversement de la septième pouvant se doubler
(172 *C*), à cinq parties on peut en retarder l'octave par la neuvième.

DÉMONSTRATION.

C . On peut y joindre aussi le retard de la sensible :

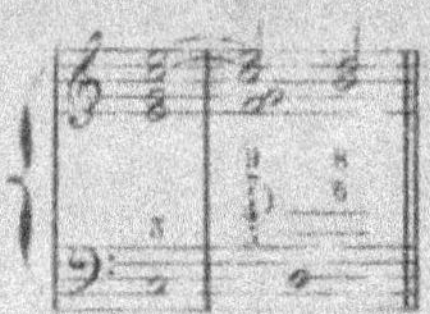

251 *A .* Attendu que la basse peut se doubler dans l'accord de sixte la neuvième peut s'y introduire.

DÉMONSTRATION

La neuvième est ici préparée par la dissonance naturelle.

B . Ce retard trouve sa place sur tous les degrés ou la sixte peut s'employer, excepté cependant sur la sensible, car on sait que cette dernière ne doit pas être doublée : or, la résolution de la neuvième se ferait précisément sur l'octave de cette note.

C . Mais lorsque le septième degré se rencontre dans une marche harmonique, et qu'il ne remplit pas la fonction de sensible, il admet sans inconvénient cette prolongation de neuvième.

D . La neuvième peut encore retarder l'octave de la basse dans la quarte et sixte, ce qui produit *quarte et sixte et neuvième.*

DÉMONSTRATION.

E . On peut joindre à cette neuvième le retard de la sixte, et l'on a septième et quarte et neuvième.

DÉMONSTRATION.

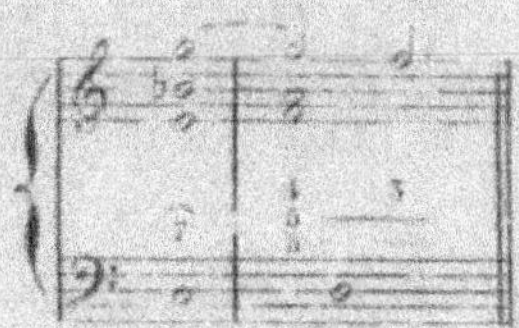

Le emploi de la neuvième dans les différentes circonstances démontrées à partir de 230 B. n'a lieu qu'accidentellement. On rencontrera ces circonstances dans le cours des leçons.

(Écrivez les leçons N° 63, 64, 65 et 66.)

RENVERSEMENTS DES INTERVALLES DE L'ACCORD PARFAIT
ACCOMPAGNÉ DE LA NEUVIÈME

232. A. La neuvième ne peut se renverser; mais rien ne s'oppose à la transposition des autres intervalles de l'accord. Il faut simplement, dans les renversements, avoir toujours soin de placer le retard à distance de neuvième du son fondamental.

DÉMONSTRATION.

Ces renversements sont peu usités. Ils se chiffrent comme ci-dessus.

B. On peut encore sur le sixième degré, dans une cadence rompue, faire entendre la neuvième entre les parties:

DÉMONSTRATION.

C.   Si, dans l'exemple précédent, on prolonge la septième en même temps que la quinte, on obtient un double retard. La basse de la septième peut monter chromatiquement:

DÉMONSTRATION

D.   Cette seconde manière d'employer la neuvième entre les voix supérieures est aussi d'un usage peu fréquent. Son premier renversement donne simplement l'accord de sixte accompagnée de la neuvième; mais il a cela de particulier, que le mouvement de cadence rompue s'opère dans une des parties hautes, et qu'il place la sixte sur la tonique:

DÉMONSTRATION.

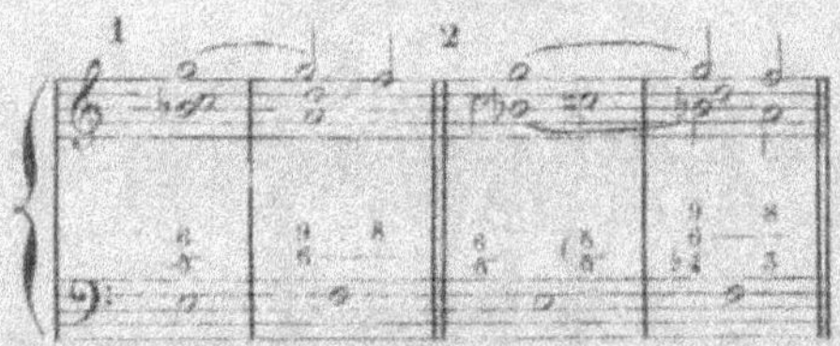

Or, la sixte sur la tonique détruisant la tonalité amène la modulation, et la conclusion se fait dans un autre ton, comme ci-après:

E.   Dans l'exemple N.° 2 la modulation est immédiate, parce que le premier renversement de la dominante de *fa* se changeant en second renversement de la do minante de ré, le fa devient troisième degré de ce ton, et que la sixte est son harmonie tonale.

F   Le premier renversement s'emploie quelquefois, mais le second est presque inusité. Il donne la quarte-et-sixte dont la sixte est entendue simultanément avec son retard. Cependant il n'est pas inadmissible, mais pour l'employer d'une manière plus convenable, on doit préférer l'harmonie qui détermine la modulation immédiate, comme dans les exemples suivants:

Nous ne donnons point de leçons spéciales pour ces renversements de neuvième.

RÉUNION DU RETARD DE L'OCTAVE
A CELUI DE LA TIERCE.

233   *A*   Le retard de l'octave et celui de la tierce peuvent se réunir, ils produisent la *neuvième-et-quarte*, qui est toujours accompagnée de la quinte lorsque l'harmonie est complète. On chiffre par $\frac{9}{4}$

DÉMONSTRATION.

B.   Cette agrégation a deux renversements:

DÉMONSTRATION.

C.   On retranche ordinairement le son fondamental, et l'on écrit de la ma
nière suivante:

DÉMONSTRATION.

Le premier de ces renversements se rencontre rarement, on le nomme *secon
de et sixte*;[1] le second est souvent employé, il porte le nom de *septième et
quinte*.

D.   On peut ajouter à ce double retard de la sixte et de la quarte le retard
de l'octave, et l'on obtient *neuvième septième et quinte*.

DÉMONSTRATION.

234. Nous avons dit que les renversements de la neuvième étaient peu usités;
mais si l'on en retranche le son fondamental, ils deviennent alors d'un emploi fréquent.
Dans ce dernier cas, ils dérivent du retard de la basse dans l'accord parfait, retard qui
n'est que la transposition de la neuvième dans la partie grave en supprimant la no
te fondamentale de l'accord, laquelle ne peut être reportée dans une partie haute, puis
que la neuvième ne se renverse pas.

(1) On trouve cette harmonie dans la 134.ᵉ leçon du Solfége du Conservatoire, 1.ʳᵉ partie. Cette
leçon est de Méhul

RETARD DE LA FONDAMENTALE DANS L'ACCORD PARFAIT

235 *A.* Cette agrégation se nomme *seconde et quarte*, et se chiffre $\frac{4}{2}$.

DEMONSTRATION.

Les renversements chiffrent comme on le voit ci-contre.

B. Si l'on compare les renversements ci-dessus avec ceux de la neuvième (232 A), on verra qu'ils sont exactement les mêmes, moins le son fondamental qui n'existe pas dans les parties.

C. La seconde-et-quarte n'étant qu'un accord parfait dont la basse est retardée, ne se compose réellement que de trois sons; mais en écrivant à quatre parties, on est dans l'usage d'y introduire la sixte comme retard inférieur de l'octave. Cette sixte doit être préparée; cependant on peut aussi l'employer sans la préparation, c'est une licence que l'usage a consacrée; mais il est toujours mieux de la préparer.

DEMONSTRATION.

Lorsque la sixte n'est pas préparée, elle doit arriver diatoniquement, comme ci-dessus.

D. La sixte, ajoutée à la seconde-et-quarte, produit dans le premier renversement un second retard de la sixte par la quinte:

DEMONSTRATION.

E.   Lorsque la quinte est introduite dans la septième, on doit disposer les parties comme dans les exemples ci-dessus, de manière que la résolution de la septième et de la quinte n'ait pas lieu sur l'unisson: sans cela, cette double résolution serait mal appréciée.

F.   Le second renversement ne s'emploie que sur la tonique et la dominante, mais le plus souvent sur cette dernière; et il faut bien se garder d'y introduire la tierce comme retard inférieur de la quarte, ainsi qu'on le voit ci-dessous:

DEMONSTRATION.

L'effet de cette tierce est détestable, et l'on doit toujours doubler la dominante, suivant l'exemple *A* que nous avons donné plus haut. (Page 189)

236. On peut joindre la neuvième à la septième retardant la sixte, et même y ajouter aussi la quinte, lorsqu'on écrit à cinq parties.

DEMONSTRATION.

237. En retardant la basse de l'accord parfait, on peut aussi en retarder la tierce; c'est la conséquence de la *neuvième et quarte*; aussi les renversements de cette agrégation sont-ils les mêmes que ceux de la neuvième et quarte.

DÉMONSTRATION.

(Voyez les renversements de la neuvième et quarte, 255 B., deuxième démonstration, ou le son fondamental est retranché.)

258   A.   La progression suivante,

que nous avons écrite dans les marches consonnantes, peut donner lieu à l'emploi de la seconde-et-quarte et de son premier renversement :

DÉMONSTRATION.

B.   Le second renversement s'emploie le plus ordinairement à la cadence finale, comme ci-dessous :

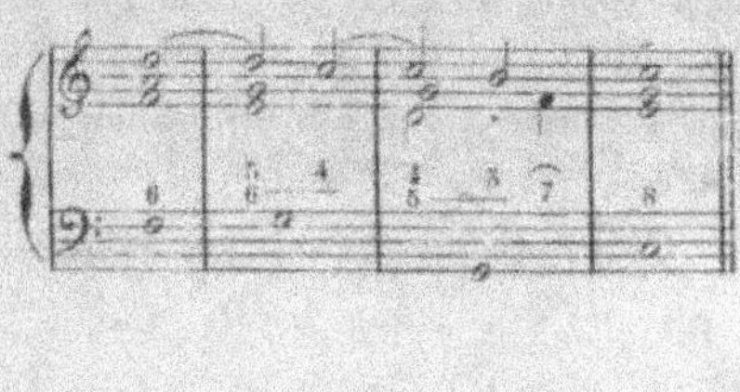

*

C   Lorsque la gamme, ascendante et descendante, est transformée en progression par l'accord de sixte placé sur tous les degrés, on peut retarder les sixtes par les septièmes:

DÉMONSTRATION.

Gamme ascendante.

Si l'on écrit à cinq parties, on introduit la quinte dans la septième, comme on le voit par la partie de ténor qui n'est pas achevée.

Gamme descendante.

Cette progression ne s'écrit habituellement qu'à trois parties, le ténor est insignifiant. [*]
(Écrivez les leçons N°s 67, 68 et 69.)

239   **A.**   Nous savons que la neuvième peut se résoudre sur la quinte de l'accord suivant (228 *E*, ex: 6); nous savons aussi qu'une basse en progression de quartes ascendantes peut porter neuvième sur chacune de ses notes (229 *B*), en conséquence, nous pouvons établir la progression suivante:

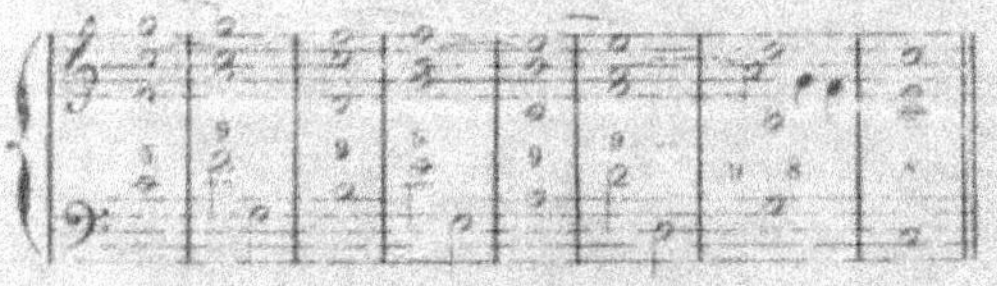

____

(1) Cependant on peut l'écrire en canon alors toutes les parties sont intéressantes. (Voir tome 5, page 172.)

B   Maintenant, si nous renversons les deux parties inférieures, autrement dit, si nous prenons pour basse la tierce de chaque accord, nous aurons une autre progression dont la forme mélodique sera semblable à celle de la première, et qui nous donnera une suite de renversements de neuvième comme on le voit ci-dessous.

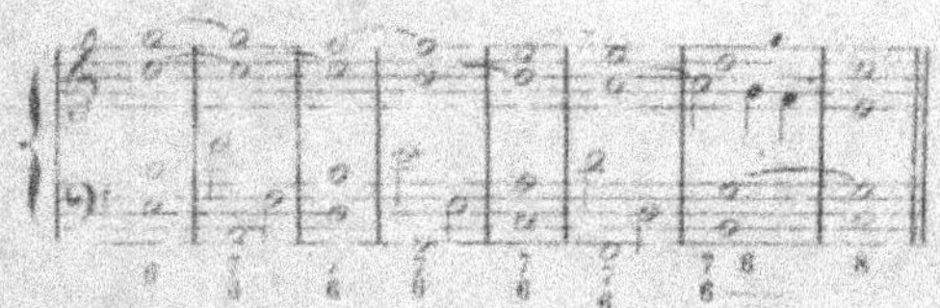

C   Ces deux progressions sont peu usitées, et surtout la seconde, à cause des renversements de neuvième qui s'emploient rarement. Mais si, dans cette dernière nous retranchons les sixtes, c'est à dire le son fondamental de chaque neuvième, elle deviendra une des progressions le plus en usage. C'est une suite de sixtes retardées par des septièmes qui se prolongent et dont la résolution n'a lieu que dans l'accord suivant.

DÉMONSTRATION

Harmonie consonnante, suite de sixtes.

Septièmes retardant les sixtes
et se résolvant dans l'harmonie suivante

D   En commençant cette progression par le second degré et la dominante, comme ci-dessous.

la septième du second degré reçoit naturellement l'accompagnement de la quinte, car cette septième est le retard de la sensible dans le second renversement de l'accord dissonant modifié par la substitution; or les anciens harmonistes, trompés par l'analogie du mouvement des autres notes de la progression avec celui des deux premières, de plus, ignorant la véritable origine de cette agrégation de *tierce, quinte et septième* placée sur le second degré, et entraînés par la symétrie dans les mouvements des notes supérieures, se sont imaginé que la quinte devait accompagner toutes les septièmes. Ils y ont donc introduit cet intervalle, lequel est libre dans sa marche,[1] et ils ont considéré ces septièmes comme des accords fondamentaux, susceptibles de trois renversements.

E.   Cette quinte ajoutée est une erreur, une véritable anomalie; elle rend l'accord dur, et il vaudrait mieux, à quatre parties, la supprimer et doubler la tierce, ou alternativement la tierce et la basse.

F.   Dans la pratique, ces septièmes sont appelées *septièmes simples*, ou *septièmes majeures et mineures*, car leur nature varie suivant le degré de la gamme où elles sont placées.

CHAPITRE XXVIII.

SEPTIÈMES SIMPLES, OU SEPTIÈMES MAJEURES ET MINEURES.

240 *A.*   Ces accords sont composés de *tierce, quinte et septième*. Ils se chiffrent par 7. La septième qui est un retard doit être préparée.

B.   La nature de la tierce est toujours semblable à celle de la septième majeure, si la septième est majeure; mineure, si la septième est mineure; excepté sur la cinquième note (mode majeur), où la tierce est majeure et la septième mineure.

C.   La quinte, dans l'une et l'autre septième, est toujours majeure, hors sur le septième degré (mode majeur), où elle est mineure.

D.   Ces septièmes s'emploient sur tous les degrés de la gamme lorsque la basse procède par quarte ascendante et par quinte descendante.

E.   Dans le mode majeur, la tonique et le quatrième degré reçoivent la septième majeure; la septième mineure trouve sa place sur les autres degrés.

(Dans la pratique on ne fait aucune différence entre les deux espèces de septièmes, elles se traitent de la même manière; c'est pourquoi on les désigne généralement par le nom de septièmes simples).

F.   Plusieurs de ces septièmes offrent des agrégations analogues soit à la septième de dominante, soit à ses renversements modifiés; telles sont celles du cin-

----

(1) Par analogie aussi avec la quinte de la septième de dominante.

quième, du second, du quatrième et du septième degré ; mais leur origine étant différente, leurs sons constitutifs n'ont pas les mêmes tendances tonales, et suivent dans le cours d'une progression la marche symétrique.

G   D'ailleurs, nous savons que dans toute progression non modulante les degrés de la gamme perdent leur caractère spécial, et que le sentiment de la tonalité s'efface momentanément (109 *A* et *B*.)

H   Les notes essentielles ou *bonnes notes*, qui doivent occuper la première partie, sont la dissonnance et la tierce.

A quatre parties, on met alternativement la quinte dans une septième et l'octave de la basse dans l'autre. On peut aussi, au lieu de l'octave, doubler la tierce.

EXEMPLES DE LA PROGRESSION DE SEPTIEMES

DANS LE MODE MAJEUR

On voit que chaque septième est préparée par la tierce de l'accord précédent, et qu'elle se résout sur la tierce de l'accord suivant.

241   Lorsque cette progression est écrite avec deux notes par mesure, il y a une dissonnance à chaque temps, et la résolution de la seconde dissonnance se fait nécessairement sur le temps fort de la mesure suivante. Ce retard au second temps, et sa résolution sur le premier, font exception à la règle énoncée 202 *E*, mais cela ne peut avoir lieu qu'autant que le premier temps est lui-même affecté d'un retard.

DÉMONSTRATION.

242 *A* L'harmonie de ces accords est plus agréable si l'on en suppri me la quinte: on double alors la tierce, ou alternativement, la tierce et la basse, com me on le voit dans les exemples suivants:

Doublement de la tierce.

Doublement alternatif de la tierce et de la basse.

B Cependant le diapason des voix, ou la valeur des notes, ne se prête pas toujours a ces arrangements, et l'on est souvent obligé d'écrire comme dans les premiers exemples; dans ce cas, la meilleure disposition est celle qui amène la quinte dans la septieme du second degre au moment de la cadence (Voyez le premier exemple *A*, page 195)

C A cinq parties, on met la quinte dans toutes les septiemes, et l'on double dans l'une la tierce, et dans l'autre la basse

DÉMONSTRATION.

243 *A* Dans le mode mineur, le troisieme et le sixieme degre reçoi vent la septieme majeure; la septieme mineure se place sur les autres degres, mais

sur le second elle est accompagnée de la quinte mineure.

B   Dans la plupart des progressions non modulantes du mode mineur, le septième degré, ne remplissant plus la fonction de sensible, est baissé d'un demi-ton (voyez 116), c'est pourquoi, et contrairement a ce qui a lieu dans le mode majeur, la septième du cinquième degré a la tierce mineure, et que celle du septième degré est accompagnée de la tierce majeure. Au surplus, n'oublions pas ce que nous venons de rappeler 240 *G*.

Progression de septièmes dans le mode mineur.

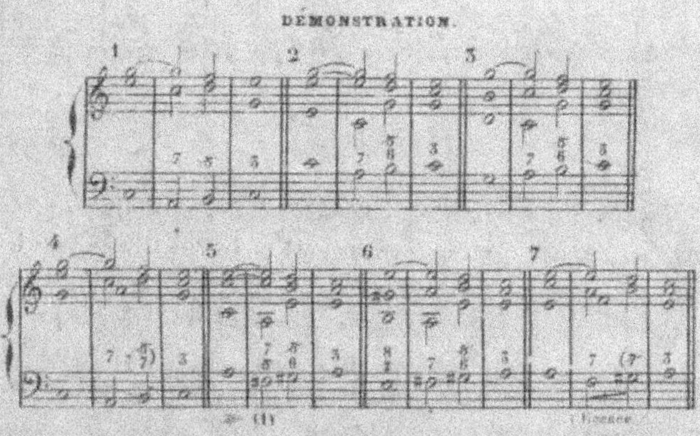

+ Le septième degré baissé d'un demi-ton.

244   *A*.   On donne souvent l'harmonie de *septième* à la sixième note lorsqu'elle monte à la sensible, la dissonnance se sauve alors sur la quinte mineure:

DÉMONSTRATION.

B   Bien que la septième ainsi employée admette la quinte, il est cependant mieux de la supprimer, et de doubler la tierce ou la basse si rien ne s'y oppose, comme on le voit ci-dessus N.ᵒˢ 3, 4, 6 et 7. Néanmoins la quinte est très-bonne quand, par suite d'une altération de la basse, elle se trouve mineure, comme au N.ᵒ 5. [2]

(Ecrivez la leçon N.º 70)

(1)   Sixième degré élevé d'un demi-ton pour éviter la seconde augmentée.

(2)   Quand la quinte est retranchée, cette 7ᵐᵉ est le premier renvi de la seconde et quarte.

PREMIER RENVERSEMENT

245 *A.* Le premier renversement est composé de *tierce, quinte et sixte.* On le désigne par l'énoncé des intervalles qui produisent la dissonnance: *quinte-et-sixte,* il se chiffre $\frac{6}{5}$

B La quinte et la sixte sont les notes essentielles, et doivent, autant que possible, occuper les parties supérieures. A trois parties, on retranche la tierce

C. Le plus ordinairement, la dissonnance se resout sur la tierce d'un accord parfait dont la basse est à un degré au-dessus de la note qui porte sixte-et-quinte

DÉMONSTRATION.

D. Lorsque la basse est en progression de seconde ascendante et de tierce descendante, on donne sixte-et-quinte à la note qui monte de seconde, et accord parfait à celle qui descend de tierce

DÉMONSTRATION.

Cette progression se nomme *marche de sixte-et-quinte*

E. La basse est souvent écrite avec deux notes par mesure; dans ce cas, le mouvement ascendant a lieu du temps fort au temps faible.

DÉMONSTRATION.

&

F .   Cependant la basse peut aussi descendre de tierce du temps fort au temps
faible, et monter de seconde du temps faible au temps fort, la dissonnance fait alors
sa resolution sur une sixte:[1]

DÉMONSTRATION.

Mais cette dernière manière de résoudre la sixte-et-quinte est peu usitée.[2]
(Écrivez la leçon N° 71)

SECOND RENVERSEMENT.

246   *A* .   Le second renversement est composé de tierce, quarte et sixte
On le nomme *tierce-et-quarte*; il se chiffre par $\frac{4}{3}$.

B .   Ce renversement est peu usité. Son effet est dur, parce que c'est la quinte ajoutée à l'accord qui est à la basse.[3] Il est rarement employé en progression.

C .   La dissonnance se résout sur la tierce d'une septième ou d'un accord parfait, la basse descendant d'un degré:

(1) Voyez le solfege du conservatoire, première partie, la leçon 113° elle est de Cherubini

(2) Lorsque nous avons traité des différentes resolutions de la 9° nous en avons omis une, parce que
l'harmonie de sixte-et-quinte ne nous était pas encore connue, elle est d'ailleurs peu en usage. La voici

La 9° peut se résoudre sur une $\frac{6}{5}$ placée à la tierce inférieure, mais il faut que la quinte de la 9° occupe la première partie

dem

Si la quinte de la neuvième n'était pas à la partie supérieure,
il y aurait des quintes consécutives entre les parties intermédiaires.

(3) N'oublions pas que la quinte est un son etranger à l'harmonie naturelle fondamentale
relisez le paragraphe 232.

DÉMONSTRATION.

D. La tierce et la quarte sont les notes essentielles. Bien que la sixte soit la tierce de l'accord fondamental, néanmoins, à trois parties, on retranche cette note, car si l'on supprimait l'une des deux autres il n'y aurait plus de dissonance.

247 *A.* L'emploi alternatif de la quinte et de l'octave de la basse, dans la progression fondamentale, présente deux combinaisons: l'une, en mettant la quinte dans la première septième et l'octave dans la seconde; l'autre, en adoptant la disposition inverse.

B. Il résulte de cette différence dans le placement de ces deux intervalles, deux manières d'employer la tierce-et-quarte, car elle peut se placer au premier ou au second temps de la mesure.

DÉMONSTRATION

Progression fondamentale
avec la quinte dans la 1re septième
et l'octave dans la seconde.

Progression fondamentale
avec l'octave dans la 1re septième
et la quinte dans la seconde.

Renversement
de la progression ci-dessus,
tierce-et-quarte au premier temps.

Renversement
de la progression ci-dessus,
tierce-et-quarte au second temps.

Presque inusité.

Mieux dans la réalité.

(Nous ne donnons pas de leçon spéciale pour ce renversement)

TROISIÈME RENVERSEMENT.

248   A.   Le troisième renversement se compose de seconde, quarte et six
te. On le nomme accord de *seconde*. Il se chiffre par 2

B   Ce renversement est d'un usage fréquent. La dissonnance étant à la par
tie grave, il s'emploie sur une basse syncopée et en progression de secondes descendan
tes. La résolution se fait sur la *quinte - et - sixte*, premier renversement de l'accord

DÉMONSTRATION.

C   La seconde et la quarte sont les notes essentielles. A trois parties on
retranche la sixte, quinte de l'accord fondamental.

Remarque

sur les renversements de la progression de septièmes

249   A.   Nous avons vu (245 D) que la basse qui sert à l'emploi successif de la quinte-et-sixte monte de seconde et descend de tierce, et que la dissonnance
se résout sur un accord parfait. Cette progression n'est point exactement un renver
sement de la progression fondamentale, car dans la progression de septièmes chaque
note porte un accord dissonnant, au lieu que dans celle de quinte et sixte la seconde
note a une harmonie consonnante.

B   Pour que cette progression de quinte-et sixte et d'accords parfaits dé
rive de la progression fondamentale, il faut que cette dernière porte alternativement
septième et accord parfait. Autrement la quinte-et-sixte se résout sur l'accord de
seconde, la basse restant en place.

C.   Les deux autres renversements ont aussi deux manières de se résoudre,
suivant l'harmonie que porte la marche fondamentale, ainsi que le démontrent les
exemples ci-après

MARCHE FONDAMENTALE
ET SES RENVERSEMENTS

Nota. La quinte-et-sixte est plus ordinairement suivie de l'accord *parfait* que de l'accord de seconde, et la résolution de l'accord de seconde est plus usitée sur la sixte que sur la sixte-et-quinte

(Écrivez la leçon N.º 72)

(1) Les deux progressions fondamentales sont écrites à cinq parties, parce qu'à quatre elles ne fournissent pas toutes les parties nécessaires à l'harmonie complète de chaque renversement

Observations sur l'emploi de la septième simple
dans la mesure à trois temps

250   *A.*   La basse qui reçoit la progression de septièmes ne s'harmonise
pas exactement de la même manière dans la mesure à trois temps que dans celle à
deux temps

B.   Dans la mesure à trois temps, la basse est ordinairement composée de
notes d'inégales valeurs, une brève et une longue, ou une longue et une brève. Dans
le premier cas, la première note porte septième et la seconde accord parfait; car si
l'on donnait septième à chaque note, la préparation de la seconde septième serait d'u
ne valeur insuffisante; on harmonise donc la progression comme dans l'exemple sui
vant:

C.   On peut aussi donner à la basse la forme ci-dessous, en mettant un ac
cord parfait au troisième temps:

D.   Dans le dernier cas (une longue et une brève), la seconde note peut rece
voir la septième; mais alors la première septième doit se résoudre sur la sixte dont el
le tient la place, et pour cette raison on évite d'y mettre la quinte:

DÉMONSTRATION.

E   Elle peut aussi faire sa résolution sur la tierce et quarte, second renversement de la septième placée au dernier temps; et bien que la dissonnance qui en
résulte soit mal préparée, elle se tolère ici dans la partie intermédiaire, à cause du
mouvement de la basse qui occupe l'attention et qui semble, en quelque sorte, produire une harmonie nouvelle.

DÉMONSTRATION.

F   Les renversements s'écrivent presque toujours en donnant à la première note moins de valeur qu'à la seconde, comme on le voit dans les exemples ci-dessous.

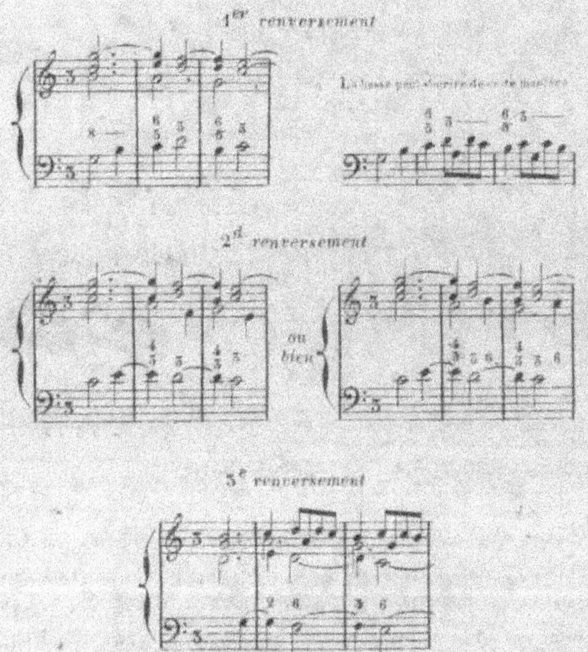

G   Si la mesure comporte trois notes d'égale valeur, chaque note peut alors porter septieme, bien qu'il se produise dans les parties supérieures des irrégularités rhythmiques:

II.   Cette progression, quoique praticable, se rencontre rarement. Mais ses renversements sont hors d'usage, à cause du rhythme boiteux de *toutes les parties*, et parce que le retour des accords n'a pas lieu symétriquement aux mêmes temps de chaque mesure.

(Écrivez les leçons N.ᵒˢ 73 et 74, et toutes les progressions qui suivent, ainsi que les leçons se rapportant à ces progressions N.ᵒˢ 75, 76, 77, 78, 79, 80 et 81).

CHAPITRE XXIX.

DES PROLONGATIONS DISSONNANTES DONT LA RÉSOLUTION DOIT, OU PEUT ÊTRE ASCENDANTE.

251   *A.*   L'accord dissonnant naturel peut se prolonger en entier ou en partie sur la tonique; c'est dans cette circonstance que la note sensible, bien que formant une dissonnance de septieme sur la tonique, conserve, néanmoins, sa résolution ascendante, parce que son attraction vers cette dernière note absorbe la sensation de la dissonnance. Le second degré produit une dissonnance de neuvième qui se résout le plus ordinairement en descendant.

DÉMONSTRATION.

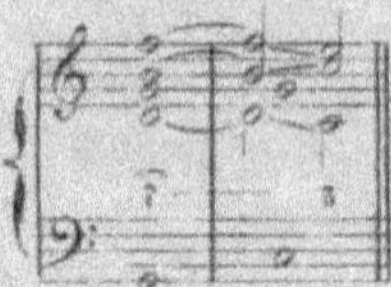

L'accord ainsi prolongé, se chiffre, comme on le voit, par la barre de prolongation.

B.   Cependant la résolution descendante du second degré n'est pas rigoureusement obligatoire, surtout dans le mode mineur, où, n'étant séparé du troisième degré que par un demi-ton, il peut se résoudre en montant à ce dernier.

C.   Il peut arriver aussi que le second degré au lieu de se trouver en neuvième sur la basse n'y produise qu'une seconde, dans ce cas, il monte à la tierce de la tonique:

DÉMONSTRATION.

D.   Quelquefois la note sensible seule se prolonge:

DÉMONSTRATION.

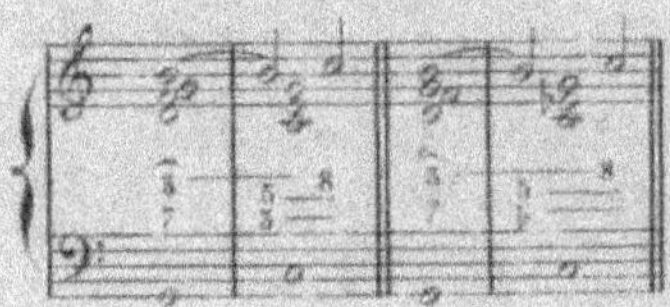

Mais il est toujours meilleur de prolonger la dissonnance naturelle avec la sensible, le rapport attractif ou répulsif de ces deux notes détermine encore mieux la résolution ascendante de la sensible.

E.   La prolongation peut aussi se faire avec le second renversement:

DÉMONSTRATION

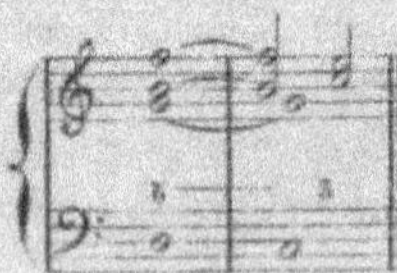

F.   Le troisieme degre admet egalement cette prolongation de l'accord dissonnant, mais elle ne produit rien que nous ne connaissions déjà, c'est-a-dire la neuvieme retardant l'octave, et la quinte retardant la sixte. Si l'harmonie est à cinq parties, par le redoublement de la basse du second renversement, on a de plus le retard de la sixte par la septieme:

DÉMONSTRATION.

G.   La prolongation de la septieme peut egalement avoir lieu sur le sixieme degre, dans la cadence rompue. La note sensible y produit une neuvieme dont la resolution est ascendante:

DÉMONSTRATION.

252 *A.*   L'accord de septième modifié par la substitution peut, comme l'accord naturel, se prolonger sur la tonique:

DÉMONSTRATION.

B.   Dans le mode majeur, lorsqu'on ecrit a cinq parties avec l'accord complet, on doit faire monter le second degre: car cette note se trouvant placée au-dessous de la substitution, il y aurait une succession de quintes si son mouvement était descendant

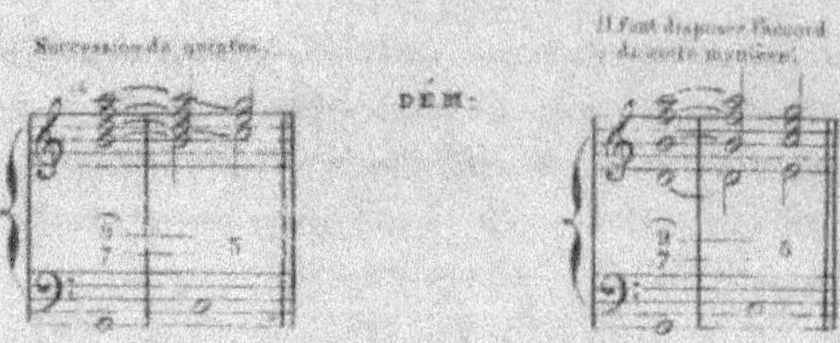

C.   Cependant on peut se servir de la disposition suivante:

D.   Mais si l'arrangement des voix permet de supprimer la quinte et de doubler la dominante, on pourra écrire comme ci-après:

E.   Dans le mode mineur aucune difficulté ne se présente, puisque la substitution n'a pas de place déterminée.

DÉMONSTRATION.

F.   La prolongation se fait aussi sur le troisième degré, en majeur et en
mineur:

DÉMONSTRATION.

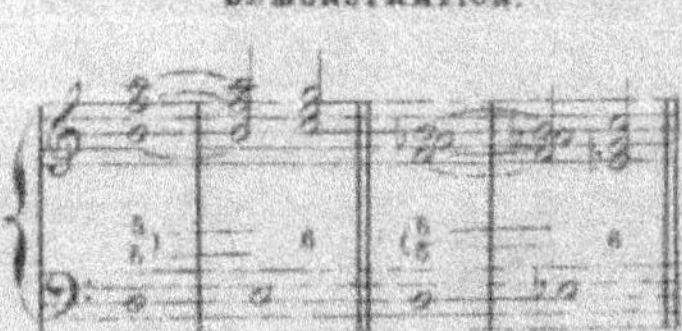

253 Il arrive fréquemment que dans la prolongation de l'accord de septième sur la tonique, quelques-unes de ses notes changent de partie, comme on le voit ci-dessous. Dans ce cas, la tonique se chiffre par un 7 précédé d'une +.

DÉMONSTRATION.

(1)

Dans le deuxième exemple, la barre de prolongation serait insuffisante, elle n'indiquerait pas la sensible sur la tonique.

254 A. Quelquefois la dominante ne perte que l'accord parfait, et la dissonance naturelle ne se fait entendre que sur la tonique:

DÉMONSTRATION.

(2)

De même en mineur.

B. La même circonstance peut se présenter avec l'accord modifie. On chiffre alors la tonique par $\widehat{6}_{+7}$ en majeur, et par $+\widehat{7}_{\flat 6}$ en mineur:

DÉMONSTRATION.

(1) Cette croix placée devant le 7 ne désigne pas la septième augmentée qui n'existe pas; elle indique que la septième est la note sensible et qu'elle doit monter. C'est d'ailleurs un cas unique; car dans toute autre circonstance la + est un signe d'augmentation.

(2) On verra au chapitre XXXVI que cette manière de faire entendre les notes de l'accord de septième sur la tonique peut les faire considérer comme des appoggiatures.

255   Lorsqu'on fait un repos sur la dominante, cette note peut être momen
tanément considérée comme tonique, et l'on peut, sans préparation, faire entendre
sur cette nouvelle tonique l'accord *naturel ou modifié de sa dominante*.

DÉMONSTRATION.

256   Dans les cadences interrompues où la basse procède par dominan
tes descendant de quinte, comme ci-dessous:

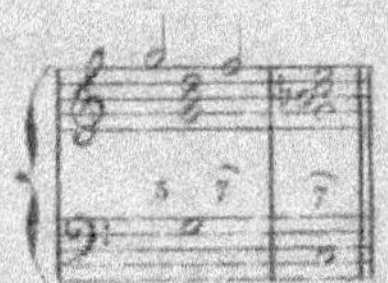

On pratique quelquefois les prolongations suivantes:

Dans ce cas chaque note de basse ne devient dominante qu'au second temps.

(Écrivez les leçons N°s 82 et 83.)

257 A.   Toute note qui n'est distante de sa note supérieure que d'un demi
ton a de l'analogie avec une sensible, et elle peut, dans certains cas, bien qu'elle se
trouve en relation dissonnante avec la basse ou avec quelqu'autre note, prendre une
résolution ascendante. La troisième note de la gamme majeure, la seconde et la cin
quième de la gamme mineure, sont dans cette condition.

DÉMONSTRATION.

B. Dans les exemples ci-dessus, c'est le sentiment de la marche mélodique et harmonique des parties qui fait comprendre la résolution ascendante de la prolongation. L'oreille admet plus volontiers encore cette résolution, si la note prolongée produit avec la basse, ou avec une des notes de l'harmonie, un intervalle dont le son supérieur a une tendance ascendante, comme, par exemple, la quinte augmentée, etc.

DÉMONSTRATION.

C. Néanmoins, on rencontre quelquefois cette espèce de retard à la distance d'un ton de sa note supérieure, mais alors il a une très-courte durée. En voici un exemple:

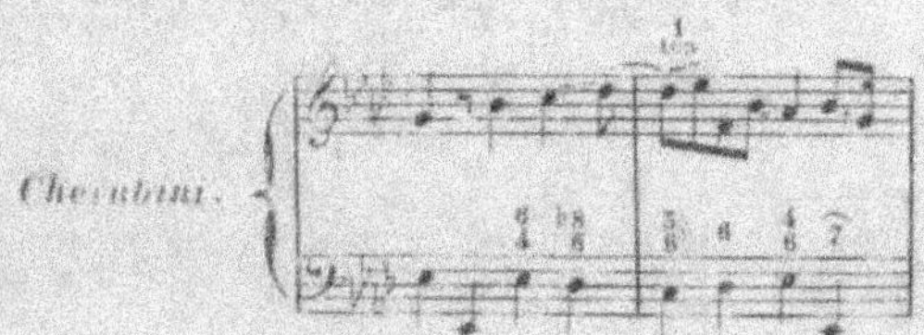

D. Au surplus, ce genre de retard n'est véritablement qu'un artifice mélodique[1] dont, fort souvent, on ne tient pas compte dans l'harmonie instrumentale qui accompagne, laquelle frappe alors les accords dans toute leur intégrité, comme on le voit dans l'exemple précédent et dans le suivant:

____

[1] Objet dont nous nous occuperons plus loin chapitre XXXVI.

EX:

Nota. Ces dernières prolongations n'étant, comme nous venons de le dire, que des artifices mélodiques, on en trouvera l'emploi dans les leçons données pour le chapitre XXXVI

CINQUIÈME SECTION.

ALTÉRATIONS. HOMOPHONIES. ENHARMONIES

Théorie des altérations —— Altérations des intervalles de l'accord parfait —— Altérations des intervalles de l'accord dissonnant —— Prolongation des notes altérées —— Homophonies —— Enharmonies.

CHAPITRE XXX

THÉORIE DES ALTÉRATIONS.

258 *A* Élever ou baisser accidentellement d'un demi-ton chromatique une des notes d'un accord, constitue une altération.

259 *A* L'altération n'est praticable qu'autant que la note sur laquelle elle doit porter franchit, en passant à une des notes de l'accord suivant, *l'intervalle d'union*.

B D'où il suit, que la *possibilité* de pratiquer l'altération prend son origine dans les rapports de succession.

C L'altération est facultative.

D Ce dernier genre de modification est applicable aux accords consonnants et dissonnants.

E L'altération peut simplement modifier les accords naturels, ou s'associer aux autres modifications que nous connaissons, c'est-à-dire aux retards et à la substitution.

260 *A* L'altération est *ascendante* ou *descendante*, suivant que la note qu'elle modifie a un mouvement ascendant ou descendant. La première a lieu par l'effet d'un dièse étranger à la tonalité, ou par celui d'un bécarre supprimant un bémol, la seconde, par l'effet d'un bémol étranger à la tonalité, ou par celui d'un bécarre supprimant un dièse.

B Toute altération ascendante n'étant que la modification du passage ascendant d'une note à une autre, a une *attraction ascendante*. D'ailleurs, toute note altérée de cette manière prend un caractère analogue à celui d'une sensible, mais plus énergique encore, et elle doit, par conséquent, se résoudre en montant.

DÉMONSTRATION.

C. Toute altération descendante n'étant que la modification du passage descendant d'une note à une autre, a une *attraction descendante*. D'ailleurs, toute note altérée de cette manière prend une tendance analogue à celle de la dissonnance naturelle de la dominante, ou à celle de la substitution mineure, mais ayant encore une plus grande énergie, et elle doit, par conséquent, se résoudre en descendant.

DÉMONSTRATION.

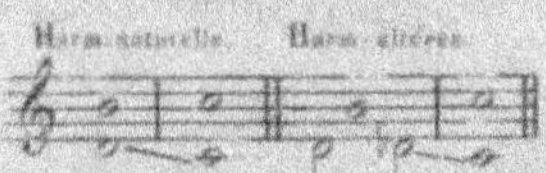

261 *A.* Lorsque dans la succession de deux accords plusieurs notes franchissent l'intervalle d'un ton, le premier accord peut être à la fois affecté de plusieurs altérations.

B. Si les mouvements de ces notes sont différents, autrement dit, ascendants et descendants, les altérations ascendantes et descendantes peuvent s'employer simultanément.

262 *A.* On ne considère comme de véritables altérations que celles qui sont produites par des notes étrangères à la tonalité et à la modalité; ainsi un simple changement de mode ne constitue pas une altération:

DÉMONSTRATION.

Il n'y a point ici d'altération, c'est le passage d'un mode à l'autre.

B. Cependant, quand la note modale, en changeant de nature, se trouve réunie à d'autres notes altérées, elle semble produire une véritable altération. C'est ce que nous ferons remarquer quand le cas se présentera.

CHAPITRE XXXI.

ALTÉRATIONS DES INTERVALLES DE L'ACCORD PARFAIT.

Altération de la quinte.

263 *A.* Dans la succession de deux accords dont le premier est parfait, si la quinte de celui-ci fait un mouvement ascendant d'un ton, cette quinte peut être accidentellement élevée d'un demi-ton, ce qui produit la *quinte augmentée*.

B. Cette altération se fait avec la tierce majeure ou avec la tierce mineure.

C. La quinte augmentée avec tierce majeure s'obtient, dans le mode majeur, sur la tonique, le quatrième et le cinquième degré.

DÉMONSTRATION

D.   Dans le mode mineur, on ne peut l'obtenir que sur le sixième degré:

DÉMONSTRATION.

E.   Le premier renversement donne sixte mineure et tierce majeure, le second, sixte mineure et quarte diminuée.

DÉMONSTRATION.

MODE MAJEUR.

Harmonie de la tonique

Harmonie du 4ᵉ degré   *Harmonie du 5ᵉ degré*

MODE MINEUR.

Harmonie du 6ᵉ degré

Le second renversement ne doit s'employer que très-passagèrement, à cause de la quarte... et-siste sur le troisième degré

264   *A.*   La quinte augmentée avec tierce mineure ne peut se pratiquer que sur le second degré du mode majeur, et sur le quatrième du mode mineur.

DÉMONSTRATION.

Mode majeur.   *Mode mineur.*

B.   Le premier renversement produit sixte majeure avec tierce augmentée; le second, quarte diminuée et sixte diminuée.

C.   Ces deux renversements appartiennent de préférence à la tonalité mineure. Cependant ils peuvent aussi s'employer dans le mode majeur, mais le second, plaçant la quarte-et-sixte sur le sixième degré, détruit la tonalité, et donne momentanément le sentiment de la tonalité mineure. On ne doit s'en servir que dans des harmonies de passage.

DÉMONSTRATION.

Mode mineur.

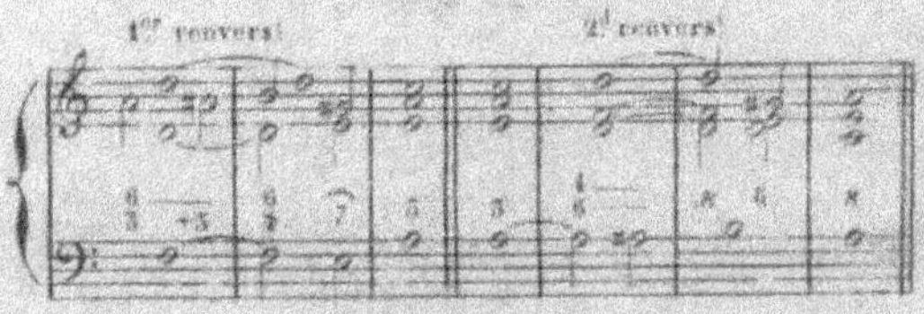

Mode majeur.

265   *A.*   Dans la succession de deux accords dont le premier est parfait, si la quinte de celui-ci fait un mouvement descendant d'un ton, cette quinte peut être accidentellement baissée d'un demi-ton. Il résulte de cet abaissement une *quinte mineure étrangère à la tonalité*, altération descendante de la quinte majeure.

B   Cette altération peut avoir lieu avec la tierce majeure ou avec la tierce mineure.

C   L'altération descendante de la quinte avec tierce majeure s'obtient sur la tonique du mode majeur, et sur la dominante des deux modes.

D   Dans cette quinte mineure accompagnée de la tierce majeure, il faut placer la tierce au-dessus de la note altérée, afin d'éviter la tierce diminuée dans les parties.[1]

DÉMONSTRATION.

E   Le premier renversement produit la sixte mineure accompagnée de la tierce diminuée, laquelle doit être au moins à la dixième de la basse; le second renversement donne quarte majeure et sixte augmentée.

DÉMONSTRATION.

266 *A*   L'altération descendante de la quinte avec tierce mineure se pratique sur le sixième degré du mode majeur, et sur la tonique du mode mineur.

B   Bien que cette altération soit produite dans le mode majeur par l'abaissement de la tierce du ton, elle n'en est pas moins ici une véritable altération, parce que, d'une part, elle fait partie de l'accord du sixième degré, et non de celui de la tonique, et de l'autre,

---

(1) Lorsqu'une note altérée produit tierce diminuée avec une autre note de l'accord, il faut toujours renverser cette tierce en sixte augmentée: l'effet de cette dernière est plus doux.

(2) Les renversements de ces dernières harmonies ne se font pas, parce qu'ils donnent un mauvais emploi de la sixte et de la sixte et quarte sur la tonique.

parce qu'elle présente une agrégation qui n'appartient ni au mode majeur ni au mode mineur relatif:

DÉMONSTRATION.

Sixieme degre du mode majeur.

C.   Le premier renversement se compose de sixte majeure et tierce mineure sur la tonique:

DÉMONSTRATION.

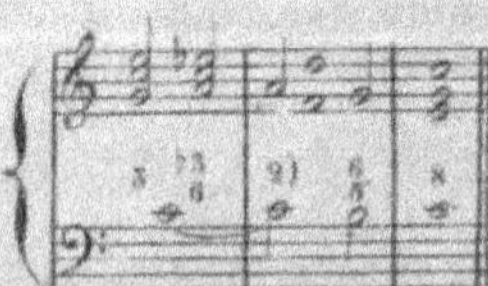

D.   Le second renversement donnant quarte-et-sixte sur le troisième degré, ne s'emploie bien qu'en faisant de suite l'accord altéré sans le faire entendre d'abord à l'état naturel Ce renversement produit quarte majeure et sixte majeure

DÉMONSTRATION

E.   Le premier renversement est même mieux employé de la manière suivante:

DÉMONSTRATION.

Accord de la tonique, mode mineur.

Le second renversement est ici précédé de l'accord naturel, parce que la quarte-et-sixte est une harmonie tonale de la dominante.

F.   On emploie fréquemment cette altération pour moduler, par exemple, en passant de *la* mineur en *sol* mineur: elle transforme alors la tonique du ton de *la* en second degré du ton de *sol*:

DÉMONSTRATION.

Le second renversement est très souvent employé.

G.   Cette altération conduit également en *si bémol*:

DÉMONSTRATION.

De même avec les renversements.

267 A.   La quinte mineure, sur la sensible des deux modes, peut être élevée d'un demi-ton lorsqu'elle monte à la dominante. Bien que ce changement ne donne qu'une quinte majeure, cette quinte est considérée comme une véritable altération, car elle est produite par un signe étranger à la tonalité.

DÉMONSTRATION

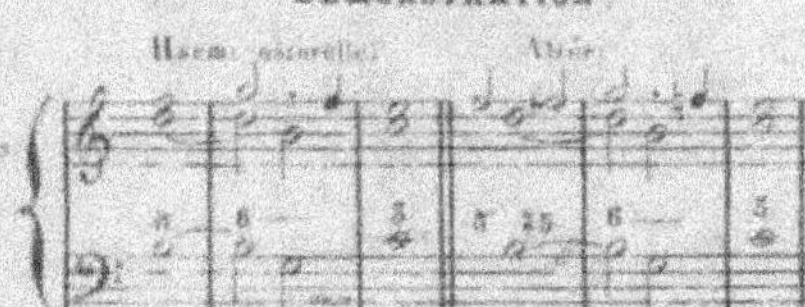

B.   Les renversements donnent les agregations suivantes.

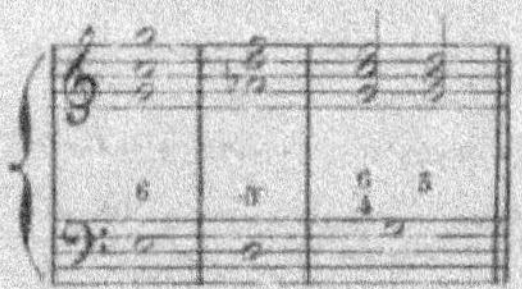

268   *A.*   On emploie quelquefois la quinte mineure sur le second degré du mode majeur, mais ce n'est point une altération réelle: c'est la transposition dans le mode majeur d'un accord appartenant au mode mineur.

B.   Cette harmonie est mieux et plus souvent employée dans ses renversements, comme on le voit ci-dessous:

269   Toute altération, en général, peut être entendue de prime abord, sans être précédée de sa note naturelle:

Mais l'effet en est toujours plus doux quand la note non altérée précède l'alteration

Altération de la tierce

270 A. L'altération ascendante de la tierce est fort peu usitée, à cause de
sa dureté. On l'obtient sur le quatrième degré du mode majeur; mais sa résolution ne se
fait bien qu'en passant à des harmonies déterminant une autre tonalité. Dans le mode
mineur elle a lieu sur le sixième degré, soit en restant dans le ton, soit en modulant.

DÉMONSTRATION

Cette altération doit toujours être précédée de sa note naturelle.

B. Le premier renversement de cette altération produit la tierce diminuée et
la sixte diminuée; le second, la quarte mineure et la sixte augmentée.

DÉMONSTRATION

MODE MAJEUR

Harmonie du 4e degré

MODE MINEUR

Harmonie du 6e degré

Le second renversement ne doit pas s'employer dans le mode mineur, à cause de la quarte et sixte
sur le troisième degré.

271 A. L'altération descendante, dans l'accord parfait majeur, donne l'accord mineur; ce n'est donc pas une altération, mais un simple changement de mode.

B. — Dans l'accord mineur, l'altération ne peut avoir lieu, puisque la tierce n'est séparée de sa note inférieure que par l'intervalle d'un demi-ton.

272   *A.*   La tierce de l'accord de quinte mineure, sur le second degré du mode mineur[2] est susceptible d'une altération ascendante; ainsi altéré, l'accord a la tierce majeure, et il conduit à la troisième note du ton, ou à la note sensible avec harmonie de sixte.

DÉMONSTRATION.

Accord de q^{te} min. altéré

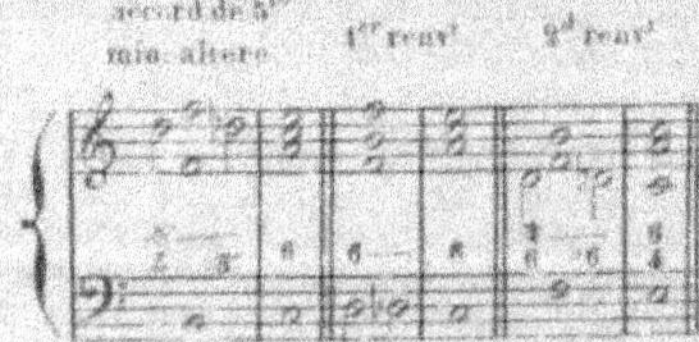

B. Le premier renversement donne tierce diminuée et sixte mineure; le second, quarte majeure et sixte augmentée. L'un et l'autre conduisent à la dominante.

DÉMONSTRATION.

1er renvers^t   2^d renvers^t

273   La tierce de la quinte mineure[2] peut aussi s'altérer en descendant. Le premier renversement est formé de tierce majeure et sixte augmentée; le second, de quarte majeure et sixte mineure:[3]

DÉMONSTRATION.

accord de 5te min. altéré   1er renv^t   2^d renv^t

---

(1) On peut faire cette altération dans la quinte mineure de la sensible du mode majeur, mais comme elle est mieux employée dans le premier renversement de l'accord dissonnant, nous n'en parlons pas ici.

(2) Toujours sur le second degré du mode mineur.

(3) Cette altération peut aussi se faire dans la quinte mineure de la sensible des deux modes, mais comme elle ressemble à une des altérations de l'accord dissonnant, nous la verrons aux altér. de cet accord.

Altération de la fondamentale.

274. **A.** La note de basse de l'accord parfait du quatrième degré (mode majeur) peut être élevée d'un demi-ton en passant à la dominante, mais elle ne produit pas d'altération réelle; ce n'est simplement que la sensible de la dominante entendue passagèrement, et la quinte mineure qu'elle fait naître est bien l'harmonie qui lui appartient.

B. Dans le mode mineur, au contraire, elle amène une véritable altération, car elle produit tierce diminuée et quinte mineure:

DÉMONSTRATION.

C. Le premier renversement donne tierce majeure et sixte augmentée sur le sixième degré. On la désigne par le nom de *sixte augmentée*; il est d'un fréquent usage, et il sert ordinairement à faire un repos sur la dominante.

D. Le second renversement se compose de quarte majeure et sixte mineure sur la tonique. Il mène à la note sensible portant l'harmonie de sixte.

DÉMONSTRATION.

(1) Nous avons dit (§18 D) qu'une autre harmonie que la sixte simple convenait encore, dans le mode mineur, au sixième degré descendant; cette harmonie est la sixte augmentée.

Gamme mineure descendante.

La sixte naturelle conserve mieux au sixième degré son caractère tonal, mais l'usage a fait prévaloir la sixte augmentée, et même on y ajoute fréquemment la quarte majeure; elle produit, dans ce dernier cas, du second renversement de la septième de dominante altérée dans sa basse.

ex.

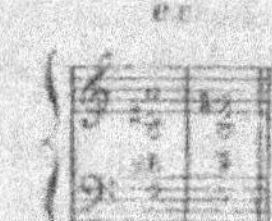

Voyez 287 C deux. N° 5 second renversement.

E.   Dans l'accord fondamental, on évite presque toujours la tierce diminuée, *quoique fort bonne en cette circonstance*, en élevant d'un demi-ton le sixième degré: on obtient alors, dans le mode mineur, le même accord que dans le mode majeur par l'altération du quatrième degré.

DÉMONSTRATION.

275   *A.*   La basse de l'accord parfait du sixième degré (mode majeur) dans son passage à la dominante, peut être affectée d'une altération descendante.

    B.   Cette altération produit tierce majeure et quinte augmentée.

DÉMONSTRATION.

Observation. Bien que la quarte et sixte ne soit pas l'harmonie tonale du troisième degré, elle est ici praticable, parce que la quarte est préparée, et qu'elle est le retard de la tierce dans l'accord de sixte; seulement le retard subit une altération avant de se résoudre. Cette observation s'applique également au premier renversement, la sixte sur la tonique est le retard de la quinte.

276   *A.*   La basse de l'accord parfait du quatrième degré (mode mineur), peut subir une altération descendante, en passant au troisième degré.

    B.   Cette altération donne encore tierce majeure et quinte augmentée.

DÉMONSTRATION.

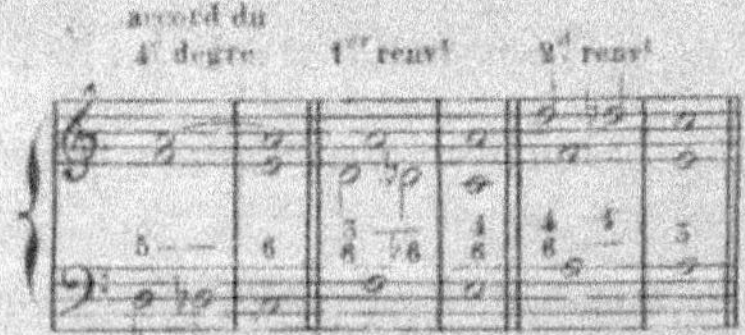

Observation. La quinte augmentée obtenue par l'abaissement de la fondamentale, diffère de celle que fait naître l'altération ascendante de la note supérieure, en ce que la résolution se fait en sens inverse. Cette double manière d'altérer l'accord parfait prouve que les altérations et leurs résolutions, comme nous l'avons dit 259 B et 260 B et C, dépendent des rapports de succession.

277 *A*.   La fondamentale de la quinte mineure, sur le second degré du mode mineur, est susceptible d'une altération descendante; mais l'emploi de cette altération n'a lieu que dans le premier renversement de l'accord, et, sous cette forme, elle est
souvent usitée dans l'acte de cadence du mode mineur:

DÉMONSTRATION.
(1)

B.   Cette agrégation peut aussi s'employer dans le mode majeur: on l'obtient
en réunissant à l'altération morale donnée 268 *B*, l'altération de la fondamentale.

DÉMONSTRATION.

Altération de l'octave

278 *A*.   L'octave peut s'altérer dans le passage d'un accord consonnant à
un accord consonnant, ou à un accord dissonnant, naturel ou modifié.

B.   Si l'altération est ascendante, et qu'elle ait lieu dans la partie supérieure,
elle produit l'octave augmentée; si elle est placée dans la partie grave, elle produit l'octave diminuée. Le contraire a lieu si l'altération est descendante.

C.   L'altération de l'octave peut se faire avec la tierce majeure ou avec la tierce mineure.

(1) La note altérée ne produisant pas d'intervalle dissonant attractif, sa marche descendante n'est
pas rigoureusement nécessaire, et l'on peut lui donner une autre direction:

dém.

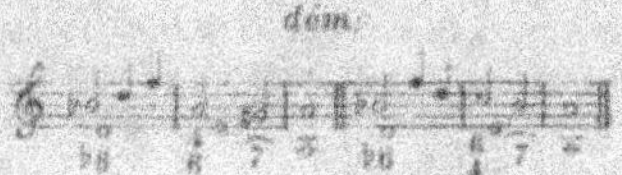

DÉMONSTRATION.

Altération ascendante dans la partie supérieure
avec tierce majeure

en passant

Altération dans la partie grave.

en passant

D.   L'altération ascendante avec tierce mineure ne s'emploie bien à quatre parties qu'en passant à un accord consonnant, parce que la tierce mineure et la note altérée produisent sixte augmentée dans les parties, et que la note grave de cet intervalle demande à descendre. Si on passait à un accord dissonnant, il faudrait faire monter cette note grave, ce qui serait contraire aux tendances résolutives des deux sons de la sixte augmentée. Mais à cinq parties, on peut, de l'accord altéré, passer à l'accord dissonnant en conservant aux sons leur véritable marche, comme on le voit ci-dessous:

DÉMONSTRATION.

Altération dans la partie supérieure

Altération dans la partie grave.

La dureté de cette altération ne permet pas de l'employer sans qu'elle soit précédée de sa note naturelle.

279 L'altération descendante est mieux employée avec la tierce mineure qu'avec la tierce majeure: elle est plus dure avec cette dernière.

DÉMONSTRATION.

Altération descendante dans la partie supérieure.

Altération dans la partie grave.

Comme l'altération ascendante, il faut que celle-ci soit précédée de sa note naturelle. Au surplus toutes ces harmonies sont peu usitées, et elles ne doivent s'employer qu'avec beaucoup de réserve.

280 A. Les deux altérations de l'octave peuvent aussi se pratiquer dans les renversements de l'accord parfait; mais elles y sont encore moins usitées que dans l'accord fondamental.

(1) La tierce à laquelle étant le son de la note majeure, sa note supérieure demande à descendre, et sa note grave à monter.

LIVRE SECOND

DÉMONSTRATION.

Altération ascendante dans les renversements de l'accord parfait, majeur et mineur

En passant à un accord consonnant

Faites l'altération avec les renversements de l'accord mineur

En passant à un accord dissonant

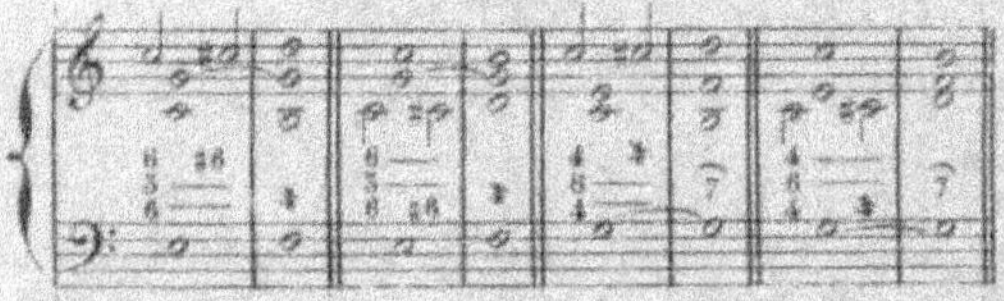

On peut introduire la substitution mineure dans le second accord

Altération descendante dans les renversements de l'accord parfait, mineur et majeur

Avec l'accord mineur

On peut faire la résolution de l'altération dans une harmonie dissonante comme dans l'exemple 2, paragraphe 279

Avec l'accord majeur

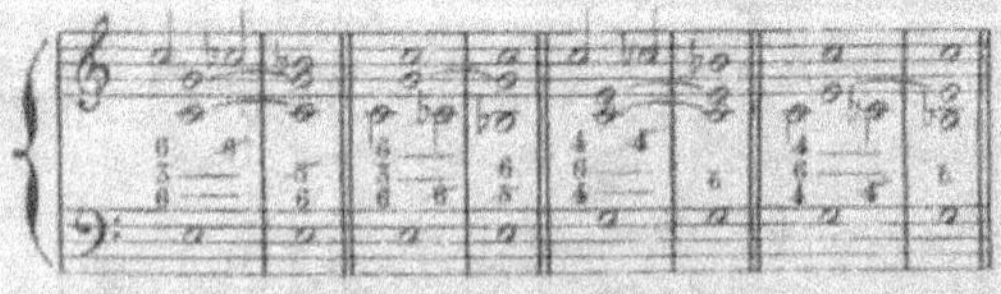

On peut introduire la substitution mineure dans le second accord

B   L'altération de l'octave de la basse dans les renversements de l'accord parfait est également praticable, mais, ainsi que les altérations de la fondamentale, elle est peu usitée. En voici cependant des exemples:

C.   Il paraît que l'altération ascendante de l'octave plaisait à Mozart, car on la rencontre dans plusieurs de ses ouvrages, et notamment au début de l'allegro de l'ouverture de D. Juan

Altérations doubles

281 *A*   Ainsi que nous l'avons dit (261 A), les accords peuvent être affectés de plusieurs altérations à la fois

B   La tierce et la quinte de l'accord parfait du quatrième degré du mode majeur, et du sixième du mode mineur, peuvent être simultanément augmentées:

DÉMONSTRATION.

C.   Ces mêmes altérations se pratiquent dans les renversements:

DÉMONSTRATION.

Le second renvt ne se fait pas dans le mode mineur, il donne quarte-et-sixte sur le troisième degré

282   L'altération descendante de la quinte peut s'accompagner de l'altération descendante de l'octave; mais ces deux altérations doivent être entendues successivement, en commençant par celle de la quinte; l'accord doit avoir la tierce mineure:

DÉMONSTRATION.

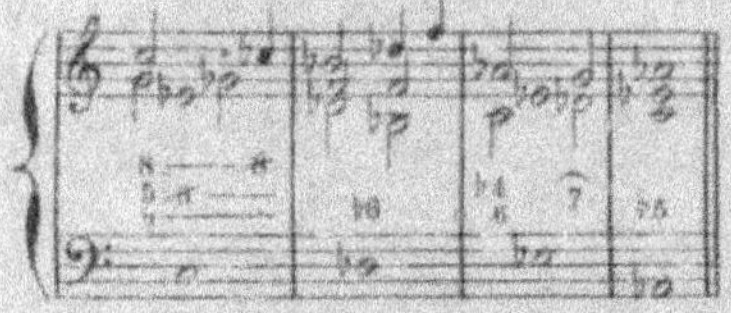

283   *A.*   L'altération ascendante de la quinte mineure (267 *A.B*), peut être réunie à l'altération ascendante de sa tierce (272)[1], mais dans son premier dérivé seulement:

DÉMONSTRATION.

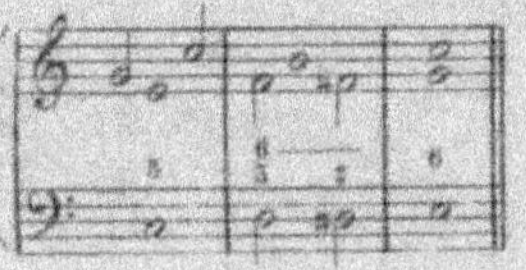

B.   L'altération descendante de la tierce de l'accord de quinte mineure (273), peut se réunir à l'altération descendante de la fondamentale (277), mais dans le premier dérivé seulement:

DÉMONSTRATION.

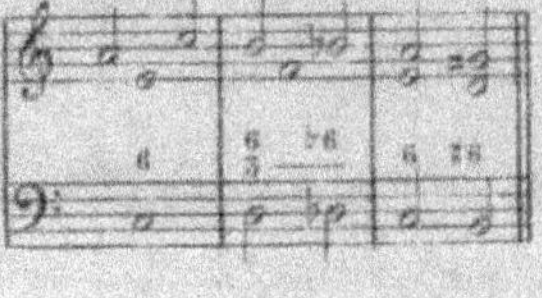

284   *A.*   Conformément à ce qui a été dit (261 *B*) on peut quelquefois dans l'accord parfait faire entendre simultanément des altérations ascendantes et descendantes; c'est ainsi que dans le mode majeur, on obtient, par l'altération ascendante du quatrième degré et par l'altération descendante du sixième, les mêmes harmonies que dans le mode mineur:

____

(1) Voyez la note du paragraphe 272

DÉMONSTRATION

B   On peut aussi avec la quinte augmentée sur la tonique et sur la quatrième note du mode majeur faire entendre la tierce mineure; et bien que la tierce abaissée ne soit qu'un changement de mode, elle produit néanmoins, une véritable altération de sixte diminuée ou de tierce augmentée avec la quinte:

DÉMONSTRATION.

Harmonie de la tonique

Harmonie de la quatrième note

C.   Ces altérations dans l'harmonie de la tonique, peuvent se résoudre comme ci-après:

De même avec les renv[ts]

La tonique est alors considérée comme quatrième degré du ton de *sol*.

285   A   Quelquefois, et contrairement à la règle énoncée **260** B et C, les altérations se résolvent en sens inverse: c'est-à-dire que l'altération ascendante, au lieu de monter, fait sa résolution en descendant chromatiquement sur la note naturelle qu'elle remplace; le contraire a lieu pour l'altération descendante.

B.   Ces résolutions se font le plus ordinairement dans l'harmonie même que les altérations modifient; cependant elles peuvent aussi se faire dans une autre harmonie: mais, dans l'une et l'autre de ces circonstances, si l'altération est ascendante, elle doit venir de sa note supérieure, et si elle est descendante, de sa note inférieure.

DÉMONSTRATION.

Altérations se résolvant dans l'harmonie
qu'elles modifient.

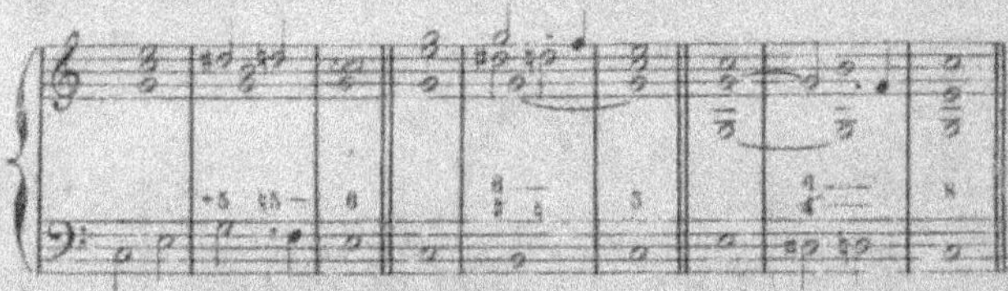

Altérations se résolvant dans une autre harmonie.

Combinaisons des retards et des altérations.

286   *A.*   Les altérations dans les accords consonnants, peuvent se combiner avec les retards des intervalles de ces accords.

B.   L'altération ascendante de la quinte est celle qui permet le plus grand nombre de combinaisons. L'altération descendante en offre aussi quelques-unes.

DÉMONSTRATION.

Altération ascendante de la quinte dans les deux modes combinée avec divers retards.

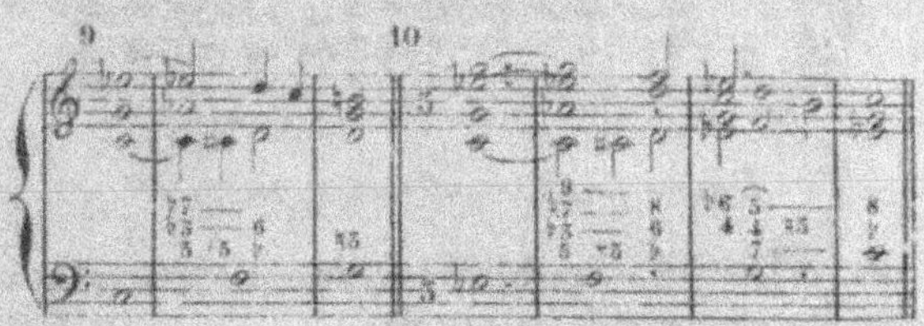

MODE MINEUR

Altération descendante de la quinte avec divers retards

Altération de la tierce de la quinte mineure du second degré

avec retard de septième dans son premier renversement

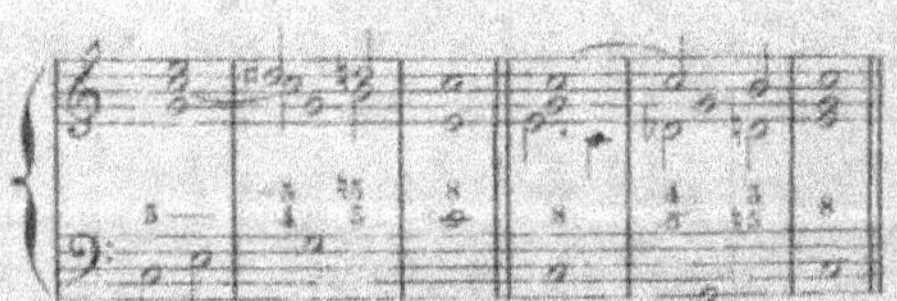

C.   Les retards s'emploient également lorsque les altérations se résolvent en sens inverse:

DÉMONSTRATION.

De même avec les renversements

(Écrivez les leçons N.ᵒˢ 84 et 86.)

CHAPITRE XXXII.

ALTÉRATIONS DES INTERVALLES DE L'ACCORD DISSONNANT.

287   A.   L'accord de septième de dominante peut être modifié par l'altération ascendante ou descendante de sa quinte.

B.   Si l'altération est ascendante, elle produit la *quinte augmentée* dans l'accord de septième. Il faut, dans l'accord fondamental, dans le premier et dans le troisième renversement, placer la note altérée à distance de sixte augmentée de la dissonance naturelle. Dans le second renversement on dispose ces deux notes à distance de dixième au moins.

DÉMONSTRATION.

Cette altération ne peut s'employer que dans le mode majeur, puisque dans le mode mineur l'intervalle qui sépare le second degré du troisième n'est que d'un demi-ton.

C.   Si l'altération est descendante, elle produit la *quinte mineure* dans l'accord de septième. Il faut, dans l'accord fondamental et dans le troisième renversement, placer la note altérée à distance de sixte augmentée de la note sensible,[1] dans le premier renversement on dispose ces deux notes à distance de dixième au moins.

DÉMONSTRATION.

Cette altération est praticable dans les deux modes.

(1) Cette règle n'est pas sans exception.

D   Les deux altérations de la quinte peuvent se faire sans que la note naturelle soit préalablement entendue :

DÉMONSTRATION.

Faites les renversements

E   De même que dans l'accord parfait, la résolution des altérations peut se faire en sens inverse :

DÉMONSTRATION.

288 *A.*   La dissonnance naturelle de l'accord est susceptible, dans le mode mineur, d'une altération descendante, mais elle doit toujours être précédée de sa note naturelle.[1]

B   Le second degré doit former sixte augmentée avec l'altération, excepté dans le second renversement où ces deux notes doivent être disposées en dixième. Il faut en outre, et dans toutes les combinaisons, que le second degré monte au troisieme

DÉMONSTRATION.

Cette altération est peu usitée

____

(1) Excepté lorsque cette altération résulte d'une transformation enharmonique, comme nous le verrons au chapitre XXXV

*Combinaisons des altérations et de la substitution
majeure et mineure. Altérations doubles.*

289   *A.*   L'accord de septième modifié par la substitution admet, comme
l'accord primitif, les deux altérations de la quinte

B   L'altération ascendante se combine avec la substitution majeure ou mineure.

DÉMONSTRATION.

Altération ascendante.

Substitution inférieure.

Renversements.

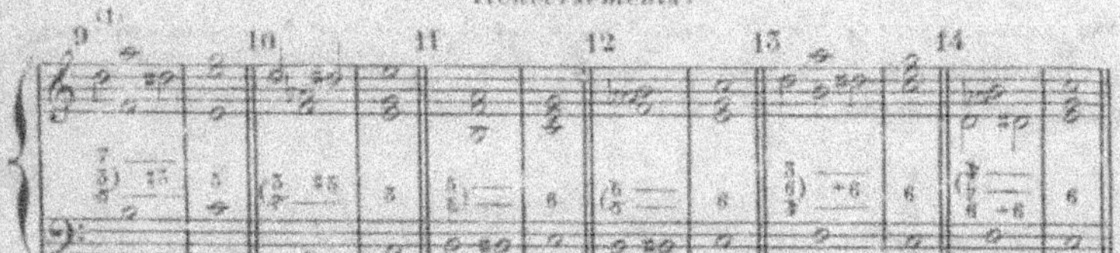

290   *A*   L'altération descendante ne s'emploie qu'avec la substitution mi_
neure

B.   Dans cette combinaison, on doit placer la note altérée au-dessus de la substitution; car, si le contraire avait lieu, ces deux notes en se résolvant produiraient deux
quintes. Il suit de cet arrangement, que la note sensible est souvent placée au-dessous
de la note altérée; la tierce diminuée qui résulte de sa position est ici fort douce, pourvu, toutefois, qu'elle soit présentée en dixième.

C.   Dans le second renversement, il faut, à cause des quintes, résoudre la substitution dans l'accord même.

(1) L'altération peut toujours être prise sans être préparée par la note naturelle.

DÉMONSTRATION.

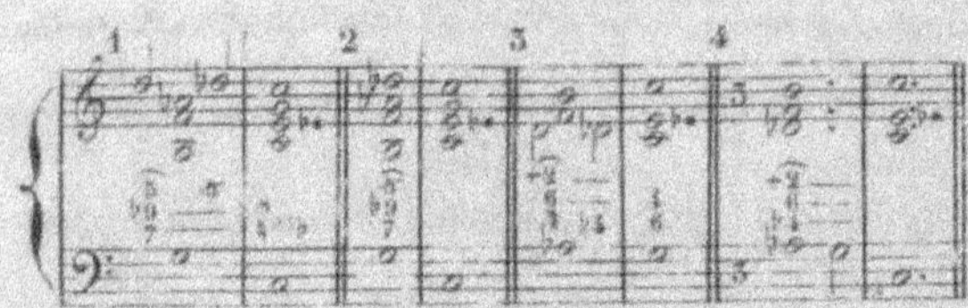

Renversements.

291   *A.*   L'altération descendante de la dissonance naturelle (288) se combine bien avec la substitution mineure :

DÉMONSTRATION.

Introduisez la substitution dans les renversements N.ᵒˢ 2, 3 et 4 paragraphe 288.

Voici un exemple de l'emploi de cette altération tiré de la deuxième messe de Requiem de Cherubini (Page 69).

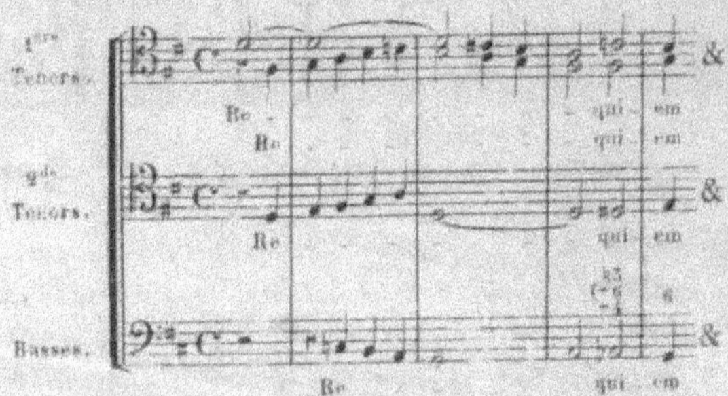

L'accord est ici employé dans son troisième renver.ᵗ

(1) L'altération peut se faire sans préparation comme au N° 2.

(2) Mozart, ce sublime Génie qui a enrichi l'art de tant de faits harmoniques inconnus à son époque, a employé cette harmonie de la manière la plus heureuse et la plus dramatique dans son Idoménée. Mais il l'a écrite sous une forme

B. On peut accompagner cette altération de l'altération descendante de la quinte. La substitution peut aussi se combiner avec cette double altération:

DÉMONSTRATION.

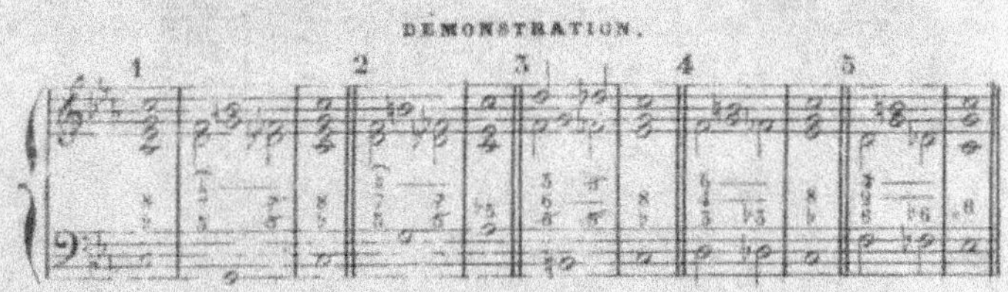

Accords substitués

292 *A.* Lorsque l'accord de septième est modifié dans sa basse par la substitution mineure employée dans le mode majeur, il est possible de faire entendre simultanément l'altération ascendante et descendante du second degré. Ce double emploi de la même note altérée en sens inverse pourra d'abord paraître étrange, parce qu'on n'en a pas l'habitude, mais il est néanmoins très-praticable si l'on dispose les parties comme dans l'exemple suivant:

Double altération
ascendante et descendante du 2ᵈ degré

B   Ces altérations peuvent également se faire dans le premier et dans le troisième renversement, mais non dans le second, a cause des quintes qui résulteraient des
mouvements de résolution du sixieme degre et de l'altération descendante, à moins, cependant, qu'on ne résolve la substitution dans l'accord

DÉMONSTRATION.

Combinaisons des retards et des altérations

293   *A.*   Aux altérations de la quinte on peut joindre le retard de la sensible

Altération ascendante avec retard

Renversements

Altération descendante avec retard

De même en mineur

(1) Ces mêmes altérations pourraient aussi se faire sans la substitution, mais l'effet en serait plus dur

(2) Pour abréger, dans plusieurs de nos exemples, nous donnons l'altération sans qu'elle soit préparée par sa note naturelle,
mais il est bien entendu qu'elle peut toujours se faire précéder, et que fort souvent cette dernière manière est préférable

Renversements

B. Le retard peut aussi s'employer avec la double altération descendante
de la quinte et de la septième:

DÉMONSTRATION

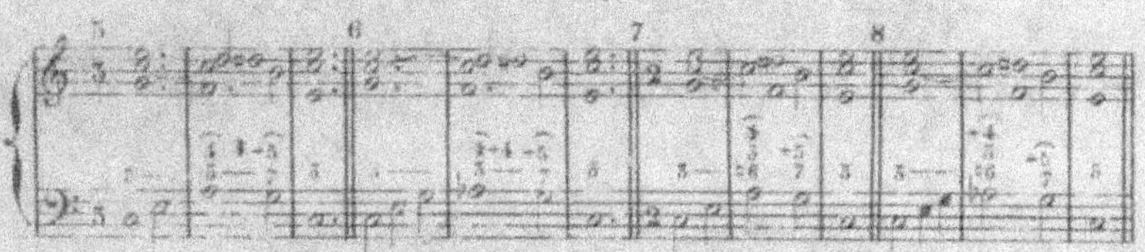

De même dans
les renv[ts]

294. *A.* Cette combinaison du retard et de l'altération s'emploie également dans l'accord déjà modifié par la substitution:

DÉMONSTRATION.

*Altération ascendante avec le retard
et la substitution majeure ou mineure*

Substitution inférieure

Renversements

Altération descendante avec le retard

et la substitution mineure

Renversements

Nota   Dans toutes les combinaisons données aux paragraphes 289, 290, 293 et 294 la résolution des altérations peut se faire en sens inverse, excepté 293 B

B   L'altération descendante du quatrième degré peut encore se faire enten-dre dans les combinaisons ci dessous:

DÉMONSTRATION.

De même dans les renversements

Observation   Il est sans doute inutile de faire remarquer que toutes ces harmonies se doivent s'employer qu'avec une extrême réserve

295   **A.**   Lorsque l'accord de septième de dominante est modifié par la substitution et le retard de la sensible, le quatrième degré, nonobstant son état dissonnant avec la basse, peut, momentanément, monter à la dominante, et, dans son passage à cette dernière, être affecté d'une altération ascendante. Mais en même temps le second degré monte au troisième, la substitution fait sa résolution et le retard se prolonge; il résulte de ces divers mouvements, un accord de quarte et sixte qui appelle immédiatement l'accord naturel de septième, pour parfaire la cadence qui est suspendue.

On voit dans les exemples ci-dessous l'emploi de cette altération, et comment on revient à l'accord naturel:

B.   Mais c'est surtout quand la note substituée est à la basse, et dans les renversements que cette altération est en usage.

DÉMONSTRATION.

C'est la suspension de cadence du paragraphe 213 H. Voyez aussi les alinéas G. et L. de ce parag.

En faisant échange et cadence parfaite :

Voyez les paragraphes 214 C, ex. 3° ; 215 E, ex. 1° ; 216 E, ex. 9° et 8°

En prenant de suite l'altération :

De même dans les renversements

C.   Dans le mode mineur, on place dans le premier et dans le second renver
sement, la substitution et la note altérée à distance de sixte augmentée, et dans le
troisième, à distance de dixième au moins :

DÉMONSTRATION.

D.   Le plus ordinairement on évite la tierce diminuée dans le troisième ren
versement, en élevant d'un demi-ton le sixième degré au moment de l'altération, com
me on le voit ci-dessous :

296   **A**   Dans le mode majeur, on peut réunir l'altération ascendante du second degré à celle du quatrième:

DÉMONSTRATION.

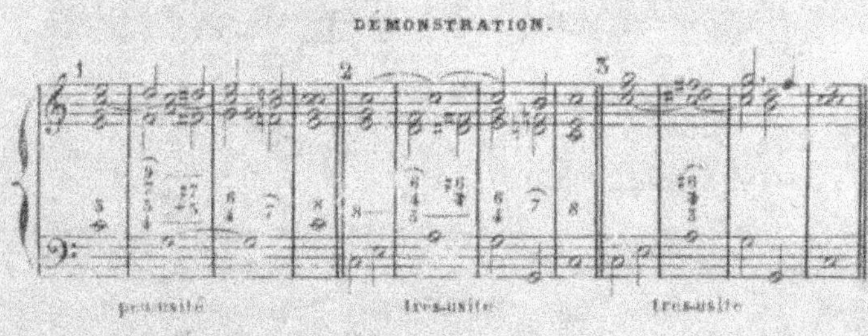

Renversements

(Les renversements sont très-usités en prenant de suite les altérations, comme au N.º 3)

B   On peut encore avec cette double altération du quatrième et du second degré faire entendre la substitution mineure, on obtient alors une triple altération.

C   Dans l'accord fondamental, il vaut mieux que l'abaissement de la sixième note ait lieu avant ou après les deux autres altérations. Mais dans les renversements, ou lorsque la substitution est au grave, on peut attaquer simultanément les trois altérations.

DÉMONSTRATION.

Renversements

D.   Dans le troisième renversement, l'effet des altérations est meilleur si l'on observe ce qui est prescrit ci-dessus (C) pour l'accord fondamental.

297 *A.*   Lorsque l'accord est modifié par la substitution et les deux retards, le quatrième degré peut encore recevoir l'altération ascendante. Les retards se prolongent alors simultanément et produisent la sixte-et-quarte, la meilleure disposition des parties est celle ci-dessous:

B.   L'accord ainsi modifié est peu en usage, mais lorsque la note substituée est à la basse il s'emploie assez fréquemment, il est d'un bon effet, pourvu que le retard de la quinte occupe, comme il le doit, la partie supérieure:

DÉMONSTRATION.

C.   Les trois renversements sont bons:

DÉMONSTRATION.

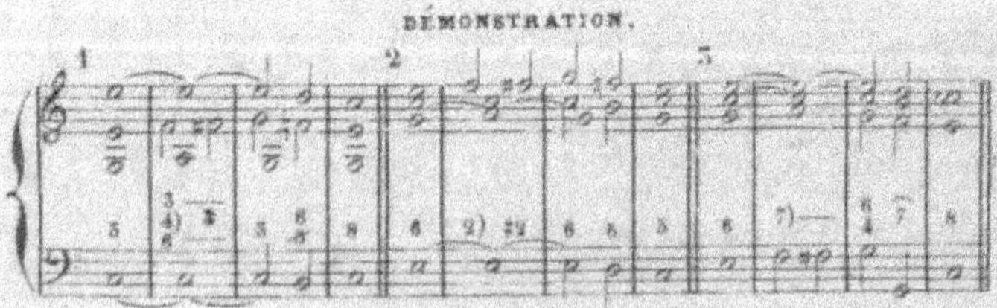

D.   On peut encore dans cette combinaison faire entendre la substitution mi
neure; mais, bien qu'elle puisse s'attaquer en même temps que l'altération du quatri
eme degré, il vaut mieux la faire entendre avant ou après cette altération:

DÉMONSTRATION.

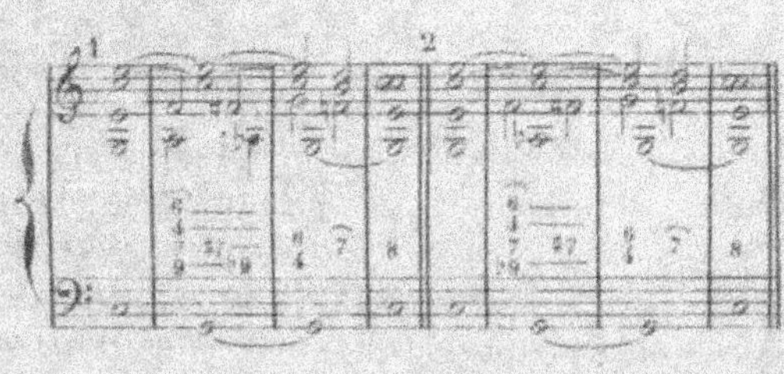

Peu usité

Très bon, ainsi que les renversements

Renversements

Pratiquez ces renversements en faisant entendre d'abord la substitution mineure, comme dans
l'exemple 4 ci-dessus. (Voyez le paragraphe 322 A et B où l'on trouve les mêmes harmonies sans al
térations)

298 *A*   Enfin, cette altération du quatrième degré avec la substitution
et les deux retards, se fait également dans le mode mineur. Elle produit, quand la substitution est inférieure, et dans les renversements, des agrégations fort usitées.

B.   Les retards n'ont aucune position déterminée, mais la substitution doit
toujours être au-dessous de l'altération.

DEMONSTRATION.

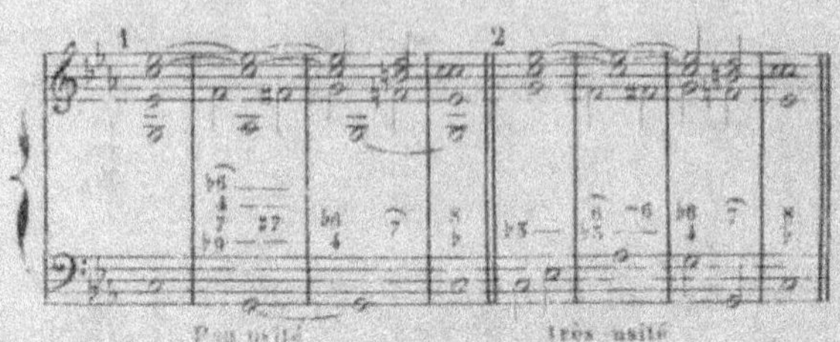

Faites les renversements

Remarques.

299   **A**.   Lorsqu'on arrive sur la dominante par les harmonies altérées
données aux paragraphes 295 *B*, N.ºˢ 1, 2 et 6; *D*, N.º 1; 296 *A*, N.ºˢ 2, 3 et 6; *C*, N.ºˢ 3,
4, 5 et 8, il peut se faire que le retard, prolongé dans la quarte-et-sixte (à la faveur
de cette harmonie consonnante), au lieu de se résoudre sur la sensible passe à une autre note de l'accord: dans ce cas, il faut reprendre la tonique (le retard) dans une autre partie, et lui donner sa véritable résolution:

DEMONSTRATION.

B   Le même fait peut se présenter avec le retard de la quinte: il faut alors le
reprendre dans une autre partie comme on le voit dans les exemples suivants, lesquels se rapportent aux exemples analogues du paragraphe 297 *B*; *C*, N.º 3; *D*, N.ºˢ
3, 4 et 7

C'est une manière d'abandonner la tierce est une licence.

(Écrivez ces leçons N.ᵒˢ 86 et 87)

CHAPITRE XXXIII.

PROLONGATION DES NOTES ALTÉRÉES

(Ce chapitre est le complément du XXIX.)

300   Nous avons expliqué et démontré (260 *B* et *C*, et 251 *A*) que la note sensible, en se prolongeant sur la tonique et le sixième degré, devait avoir une réso lution ascendante, et que certaines autres notes (257 *A*) dans leur prolongation, pou vaient lui être assimilées. Il en est de même, et à plus forte raison, des altérations ascendantes; car (260 *B*) toute note altérée de cette manière prend un caractère as cendant plus énergique encore que celui de la sensible: d'où il suit, que les altéra tions ascendantes peuvent se prolonger dans l'accord qui succède a celui qu'elles mo difient, et que, quelle que soit la dissonance qu'elles y produisent, elles doivent se ré soudre en accomplissant leur mouvement ascendant, retardé par la prolongation.

DÉMONSTRATION

301   Les altérations descendantes ne donnent lieu a aucune observation.

particuliere. Si, en se prolongeant, elles produisent des dissonnances, elles suivent la loi commune, et se resolvent en descendant, comme toute dissonnance provenant d'une prolongation:

DEMONSTRATION.

302. Si un accord contient plusieurs altérations, et qu'elles soient en même temps ascendantes et descendantes, chacune, dans sa résolution, suit la loi qui la régit:

DEMONSTRATION.

303 *A.* Les prolongations d'alterations, n'etant, en general, que des artifices mélodiques, ne sont pas toutes susceptibles de renversement.

B. La prolongation de l'altération ascendante, par exemple, ne convient réellement bien que dans les voix supérieures, placée a la basse, elle ne produit pas toujours un bon effet, parce que l'alteration a la partie grave a beaucoup moins d'attraction que dans les parties aiguës.

C. La prolongation de l'alteration descendante, suivant, comme nous venons de le dire (301), la loi commune, est toujours admissible dans la basse, si, toutefois, elle ne produit pas une septieme se resolvant par le mouvement descendant de la basse.

304 *A.* La prolongation des notes altérées peut être accompagnée de la prolongation de notes non altérées: ainsi, dans le passage de l'accord parfait de la tonique à l'accord parfait du quatrieme degré, et dans celui de l'accord parfait de la dominante à l'accord parfait de la tonique, la prolongation de la quinte augmentée peut se faire de deux manières, savoir: en prolongeant la note altérée seule, ou en l'accompagnant par la prolongation de la tierce de l'accord:

demonstration ci-après.

DÉMONSTRATION.

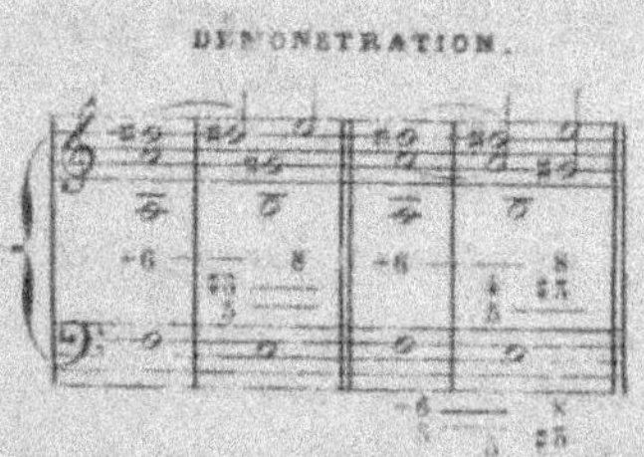

B.   Les renversements des exemples 1 et 3 donnent les agrégations suivantes ; ceux des exemples 2 et 4 ne se font pas : ils sont sans résultat pour la variété de l'harmonie.

Renversements

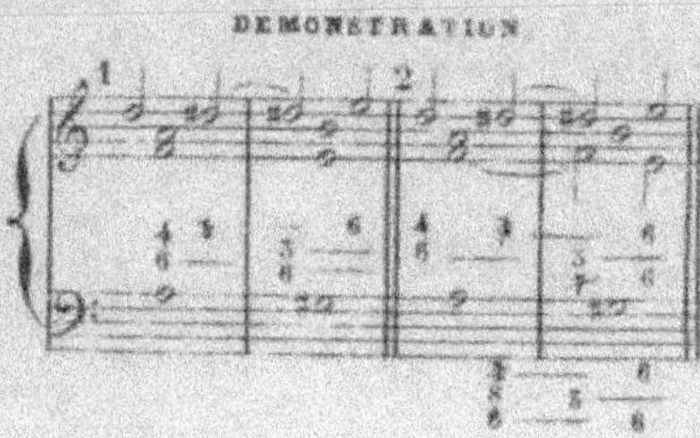

Les prolongations des exemples 2 et 4 sont moins bonnes que les autres, par la raison énoncée par. graphe 303 N. B.

C.   La prolongation, sur la dominante, de la sixte augmentée du sixième degré peut se faire en prolongeant la note altérée seule, ou en l'accompagnant de la prolongation de la tierce :

DÉMONSTRATION.

D.   La prolongation de cette même altération dans l'autre renversement, est également bonne sur la tierce de la dominante (ex 1.re ci-après); on peut même y joindre la prolongation du sixième degré, comme dans l'exemple deuxième :

DÉMONSTRATION

E. Quant à la prolongation de la basse altérée dans l'accord fondamental (274 B) d'où les harmonies ci-dessus sont dérivées, elle ne se fait pas, par la raison énoncée 303 B.

305 La quinte augmentée avec tierce mineure, que l'on obtient sur le second degré du mode majeur, peut se prolonger dans la septième de dominante: elle en retarde la tierce:

DÉMONSTRATION.

Les renversements n'offrent rien de satisfaisant.

306 *A* La prolongation sur la tonique, de la quinte augmentée dans la septième de dominante, peut se faire de diverses manières, savoir: 1°. en prolongeant la note altérée seule; 2°. en l'accompagnant de la prolongation d'une des autres notes de l'accord; 3°. enfin, en prolongeant l'accord entier:

DÉMONSTRATION.

B Il est toujours mieux de prolonger la septième avec la note altérée, comme dans les exemples 3, 4 et 5.

C La prolongation de la sensible dans la basse n'étant pas d'un bon effet, le premier renversement n'offre que les deux combinaisons suivantes:

DÉMONSTRATION.

D.   Le second renversement ne se fait pas par la raison énoncée ci-dessus (305

B). Quant au troisième, voici comment il peut être employé:

DÉMONSTRATION.

307.   L'accord modifié par la substitution(majeure ou mineure)et l'altération

ascendante de la quinte, peut également se prolonger sur la tonique, en entier ou en

partie:

DÉMONSTRATION

Avec la substitution majeure

Avec la substitution mineure

Substitution inférieure

Majeure

Substitution mineure

Renversements

Avec la substitution majeure

(1)

Renversements

Avec la substitution mineure

(2)

308   A   Quand l'accord dissonnant est modifié par la substitution et le retard de la sensible, la double altération ascendante du second et du quatrième degré peut amener, quand la note substituée est à la basse, une double prolongation sur la dominante:

DEMONSTRATION.

(1) Cette prolongation est toujours d'un effet douteux (365 B)
(2) Mieux avec la substitution mineure

B. Cette double prolongation est bonne avec le premier renversement:

DÉMONSTRATION.

C. Mais avec le second, l'altération du quatrième degré et la substitution sont les seules notes que l'on puisse prolonger:

DÉMONSTRATION.

D. Avec le troisième renversement, on ne peut prolonger que l'altération du second degré et la note substituée:

DÉMONSTRATION.

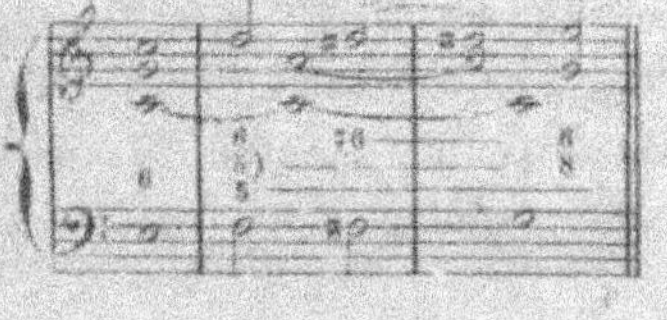

(Introduisez la substitution mineure dans les quatre exemples ci-dessus.)

309 *A.* La prolongation de l'altération descendante de la quinte, dans l'accord dissonnant, peut se faire sur la tonique de diverses manières: 1° en prolongeant l'altération seule, et dans ce cas elle n'y produit qu'une neuvième mineure retardant l'octave, 2° en prolongeant la dissonnance naturelle avec l'altération, ou enfin, en prolongeant l'accord entier; mais cette dernière manière n'est pas praticable dans les renversements. La prolongation peut aussi se faire sur le sixième degré dans la cadence rompue

DÉMONSTRATION.

Prolongation de la note altérée seule.

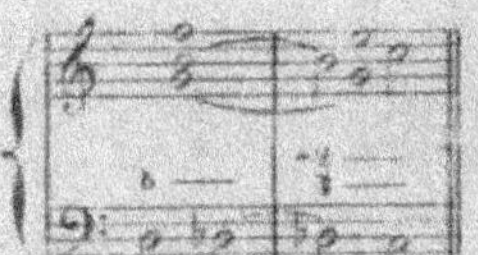

De même en mineur.

B.   A l'égard du second renversement, où la note altérée est à la basse, la prolongation n'est praticable qu'autant que la sensible se prolonge simultanément avec l'altération; sans cette précaution, il se produirait une septième se résolvant par la partie inférieure (303 *C*).

DÉMONSTRATION.

De même en mineur.

En prolongeant l'accord entier.

Avec le second renversement les prolongations ne peuvent se faire que de la manière indiquée ci-dessus *B.* D'ailleurs on doit remarquer que l'accord complet ne peut réellement se prolonger que dans la succession des fondamentales.

C.   Avec la substitution mineure l'accord peut également se prolonger sur la tonique:

DÉMONSTRATION.

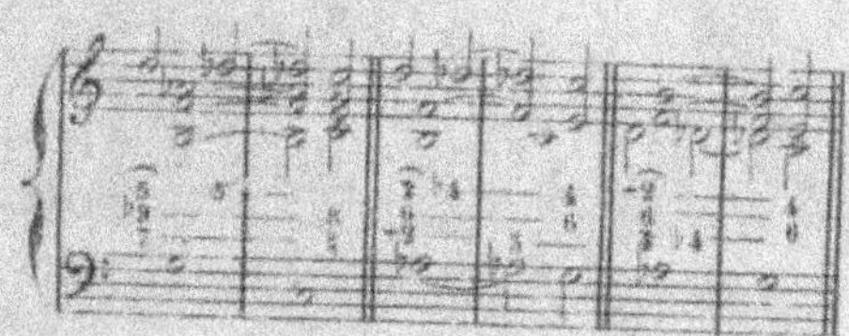

De même en mineur

D.   Ces prolongations sont bonnes avec le premier et le troisième renversement ; mais elles sont impraticables avec le second.

510   *A.*   L'altération ascendante de l'octave de la tonique peut se prolonger dans l'accord de la dominante: elle en retarde la quinte; mais elle n'est bien placée qu'à la partie supérieure, soit dans l'accord fondamental, soit dans les renversements.

DÉMONSTRATION.

(1)

B.   Cette prolongation peut aussi se faire dans l'accord avec substitution majeure ou mineure; mais mieux avec la substitution mineure: car, la prolongation devant occuper la partie supérieure, la note substituée ne peut se placer que dans la seconde partie: or ce n'est pas là la véritable place de la substitution majeure.

DÉMONSTRATION.

(1) La barre tirée diagonalement et précédant le chiffre, indique que l'harmonie de la seconde note porte sur la première.

C.   Si l'on employait la substitution majeure, il serait préférable de la résoudre dans l'accord, comme ci-après:

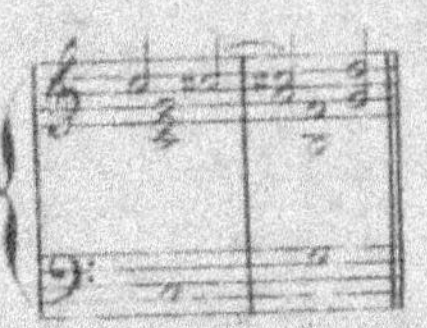

De même dans les renversements

D.   On peut encore avec l'altération prolonger la tonique non altérée, pour retarder la tierce de la dominante:

DÉMONSTRATION.

E.   Enfin, cette double prolongation peut encore s'effectuer dans l'accord
avec substitution:

DÉMONSTRATION.

Avec la substitution majeure, il faut observer ce que nous venons de dire ci-dessus C.

Beaucoup d'autres prolongations sont possibles: on les trouvera facilement

CHAPITRE XXXIV

HOMOPHONIES OU ACCORDS HOMOPHONES[1]

(Remarques sur les modifications de l'accord dissonnant)

311   *A*   On appelle accords homophones des agregations composées des
mêmes sons, mais dont l'origine et la résolution sont différentes.

DÉMONSTRATION

Dans la première agregation marquée A, *fa* est une dissonance qui retarde la
sensible, et dans la seconde marquée B, et qui est exactement composée des mêmes sons
que la première, ce sont au contraire les notes supérieures qui remplissent les fonctions
de retards, et qui doivent se resoudre en descendant: dans les deux cas l'agregation *ut, re,
fa, la♭* n'a donc ni la même origine ni la même resolution.

B   Les agregations homophones appartiennent souvent à des tonalités très
éloignées.

312   *A*   Les accords dissonnants modifiés, et particulièrement par la substitution et les alterations, présentent un fait remarquable: ils produisent des agregations
homophones à celles données par les harmonies dissonnantes de certaines autres tonalités. D'où il suit, que, dans la pensée du compositeur, et selon la manière dont il les considère, les accords dissonnants modifiés peuvent se transformer en d'autres accords dissonnants, naturels ou modifiés, et, conséquemment, se resoudre dans plusieurs tons. Il y a
donc, *quand les accords ne sont point dans leur état naturel, connexion entre diverses tonalités.*

B.   Cette faculte de pouvoir considerer une agregation harmonique sous des
aspects differents, est une richesse de la science, car elle ouvre la voie à des modulations
inattendues.

C.   A la faveur de ces homophonies, il arrive souvent qu'une agregation, qui, à
egard au ton dans lequel elle se resout, devrait avoir un ou deux sons prepares comme retards, s'attaque sans preparation. Cela vient, d'une part, que dans le ton où elle est d'a-
bord entendue elle n'a besoin, par sa nature, d'aucune préparation; et de l'autre, que l'o-
reille ne peut deviner la transformation qu'elle va subir, car nous n'avons conscience de

____

[1] Homophone et homophonie, derivés de deux mots grecs *omos* « semblable » et *phône* « son »

cette transformation que par la résolution.

    D.   Prenons pour exemple la succession des harmonies ci-dessous:

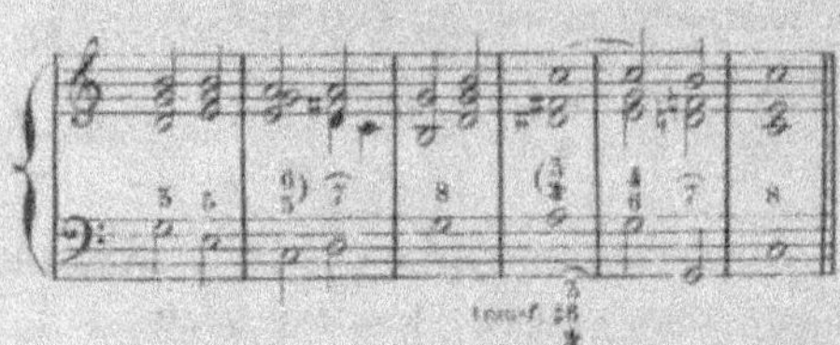

    A la troisième mesure le ton de *sol* est établi; à la quatrième, l'agrégation *la, ut, ré♯, fa♯,* donne le sentiment du ton de *mi* mineur, et l'oreille en attend tout d'abord et naturellement la résolution dans ce ton, qui est le relatif de *sol.* Mais cette agrégation *la, ut, ré♯, fa♯,* est homophone à celle produite dans le ton d'*ut* majeur par la substitution placée à la basse, accompagnée du retard de la sensible et de la double altération ascendante du second et du quatrième degré (296 A ex: 2). Or, l'agrégation étant d'abord entendue sous l'impression du ton de *mi*, aucun de ses sons n'a besoin d'être préparé; ce n'est qu'après cela qu'on la suppose appartenir au ton d'*ut*; dès-lors les sons changent de nature et de fonction, et la résolution s'opère naturellement et *régulièrement* dans ce ton. Voilà pourquoi l'*ut*, qui, d'après la résolution, remplit la fonction de retard, peut ne pas être préparé.

    E.   Ceci compris, nous allons passer en revue la plupart des altérations démontrées au chapitre XXXII, et voir quelles sont les homophonies qu'elles fournissent, et les diverses résolutions qu'elles sont susceptibles de recevoir, en raison de l'origine qu'on leur suppose.

Homophonies produites par les altérations ascendantes.

    315   *A.*   L'agrégation[2] 289 *B*, N°. 5, est homophone au troisième renversement de la septième de dominante du ton de *mi*, modifiée par l'altération descendante de sa quinte: on peut donc résoudre en *mi*. Il en est de même des autres combinaisons.

    (1) Quelques théoriciens ne considérant la plupart des agrégations harmoniques que sous une seule face, et paraissant, d'ailleurs, ignorer les tranformations homophoniques, ne voient dans l'agrégation ci-dessus qu'un accord appartenant au ton de *mi*. Ne pouvant alors en expliquer la résolution dans le ton d'*ut*, ils la qualifient (ainsi que certaines résolutions d'autres agrégations) de *résolution anormale*. S'ils avaient remarqué que la même agrégation de sons peut appartenir à plusieurs tonalités, et que, suivant la tonalité, l'origine et la résolution en sont différentes, ils n'auraient, certes, pas eu recours à ces résolutions anormales, car tout (sauf quelques rares exceptions) doit être parfaitement *régulier* dans la succession des harmonies.

    (2) Tous nos exemples sont pris en partant du ton d'*ut*: il est évident que si l'on prenait une autre tonalité pour point de départ, les homophonies se produiraient dans d'autres tons que ceux que nous indiquons. D'ailleurs nous conseillons aux élèves de transposer nos exemples dans tous les tons.

Voyez le tableau ci-dessous ex: B).

B   Cette même agrégation provient aussi de l'accord de dominante du ton de *la*, modifié par la substitution mineure, le retard de la sensible et l'altération ascendante du quatrième degré.

(Voyez le tableau ci-dessous ex: C).

TABLEAU SYNOPTIQUE

Des diverses résolutions de l'agrégation

du paragraphe 289 B

N.° 9

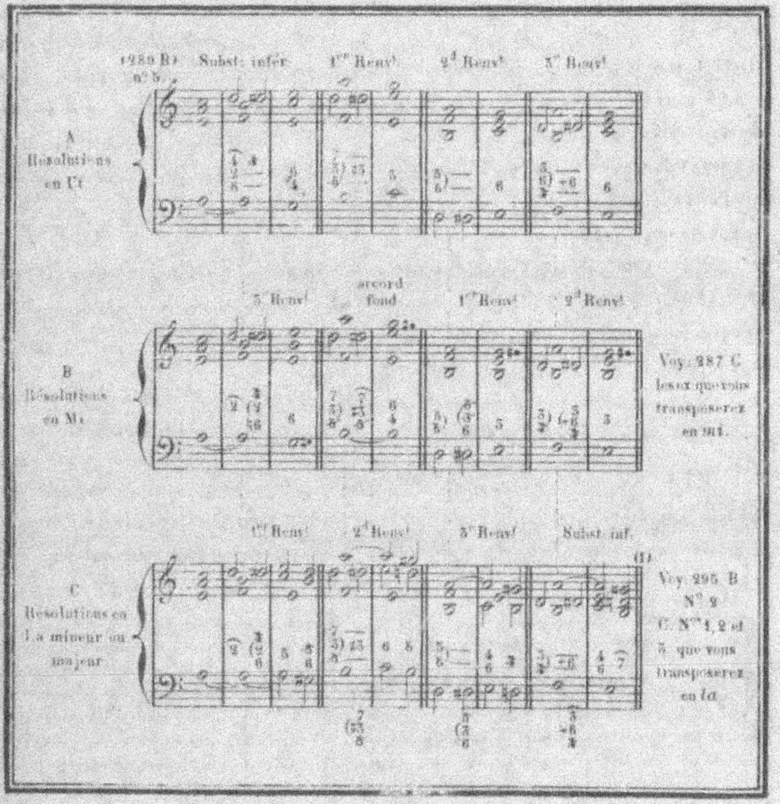

(1) Nous ne donnons pas de tableaux synoptiques pour les homophonies suivantes; les élèves devront eux-mêmes en faire un pour chaque cas particulier, sur le modèle de celui-ci.

C.   Si l'agrégation était celle du N.º 7 (289 *B*) c'est-à-dire si la substitution dans le ton d'*ut* était mineure, la résolution pourrait encore se faire en *mi* mineur.

DÉMONSTRATION.

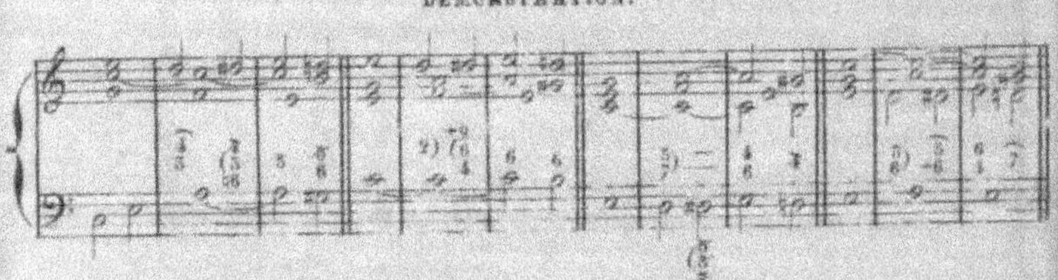

(Voyez 291 B les N.ºˢ 1, 2, 3, 4 et 5 que vous transposerez en *mi* mineur.)

514   *A.*   L'agrégation 294 A, N.º 5, est homophone au troisième renversement de l'accord de dominante du ton de *ut*, modifié par la substitution mineure et l'altération descendante de la quinte:

DÉMONSTRATION.

(Voyez 290 les mêmes harmonies en *ut* que vous transposerez en *mi*.)

B   Ces mêmes harmonies peuvent aussi conduire en *la* mineur: elles proviennent alors de la septième de dominante de ce ton modifiée par la substitution mineure, le double retard de la sensible et de la quinte, et l'altération ascendante du quatrième degré:

DÉMONSTRATION.

(Voyez 288 B les mêmes agrégations en *ut* mineur, que vous transposerez en *la* mineur.)

(1) Faites un tableau semblable au précédent, et de même pour les autres agrégations.

(2) Remarquez bien que dans le plus grand nombre de cas c'est toujours la note substituée, par conséquent le retranchement du son fondamental, qui donne lieu aux homophonies, et qui permet le changement idéal de la fondamentale.

315   *A.*   L'agrégation 295 *B*, N.° 1, est homophone au second renverse-ment de la dominante de sol.

DÉMONSTRATION.

Ne cas est tellement simple qu'il est inutile de donner les autres combinaisons.

B.   Quand la substitution est mineure, comme au N.° 2, (295 *B*), la transforma-tion est la même, mais la septième du ton de sol est modifiée par l'altération des-cen-dante de sa quinte.

(Voyez 287 *C* les exemples que vous transposerez en *sol*.)

C.   Mais cette agrégation est également homophone à la septième de dominan-te du ton de *mi bémol*, modifiée par la substitution majeure et l'altération ascendante de sa quinte, on peut donc résoudre en *mi bémol*:

DÉMONSTRATION.

(Voyez 289 les N.° 1, 2, 5, 6, 9, 11 et 13 que vous transposerez en *mi bémol*.)

D.   Si l'altération n'existait pas, on pourrait de même moduler en mi bémol; car tout accord dissonnant d'un ton mineur modifié par la substitution inférieure et le retard de la sensible, est homophone au troisième renversement de l'accord dissonnant du ton relatif majeur, modifié par la substitution majeure.

316   *A.*   L'agrégation 296 *A* N.° 2, est homophone au troisième renverse-ment avec substitution mineure de la dominante de *mi*, et peut se résoudre naturellement dans ce ton:

DÉMONSTRATION.

De même dans les autres combinaisons.

B   Si l'agrégation était celle des N.os 3, 4 et 5 (296 C), la transformation serait la même que ci-dessus, mais avec l'altération descendante du quatrième degré du ton de mi mineur:

DÉMONSTRATION

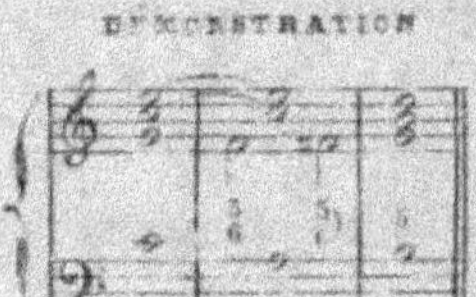

(Voyez 235 A les N.os 1 et 2 que vous transposerez en mi, ainsi que les renversements.)

517   *A.*   L'agrégation 297 *B*, produit une homophonie avec le second renversement de la dominante de sol, modifié par la substitution majeure.

DÉMONSTRATION

De même avec les autres combinaisons

B   Elle est aussi homophone au troisième renversement de la dominante de mi, modifiée par la substitution mineure et le retard de la sensible:

DÉMONSTRATION.

C   La même agrégation prise dans le mode mineur, 298 *B*, N.o 2, est encore homophone au second renversement de la dominante de sol; mais l'harmonie de celle-ci est modifiée par la substitution mineure et l'altération descendante de la quinte. Or cette altération devant, par sa nature, descendre d'un degré, il faut, dans ce second renversement, résoudre la substitution dans l'accord même, sans quoi il se produirait deux quintes par les mouvements de résolution de la note substituée et de la note altérée. Quant aux autres combinaisons, elles ne présentent aucun embarras.

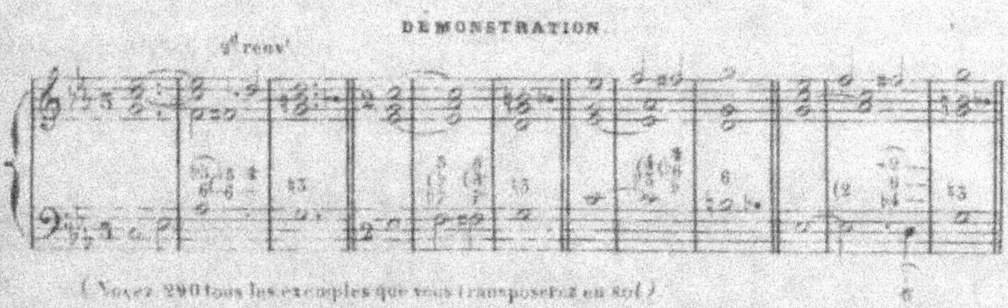

(Voyez 290 tous les exemples que vous transposerez en *sol*.)

D   On peut encore considérer l'agrégation 298 *B*, N.° 4, comme le troisième renversement de la dominante de *mi* bémol modifiée par la substitution majeure, le retard de la sensible, et l'altération ascendante de la quinte:

(Voyez 294 *A* les N.°° 1, 3, 5, 7, 9, 11 et 13 que vous transposerez en *mi* bémol.)

Homophonies produites par les altérations descendantes.

318.   *A.*   La septième de dominante du ton d'*ut*, et ses renversements, avec altération descendante de la quinte (287 *C*), donnent des agrégations homophones à celles produites par la septième de dominante du ton de *la* bémol, modifiée par la substitution majeure et l'altération ascendante de sa quinte:

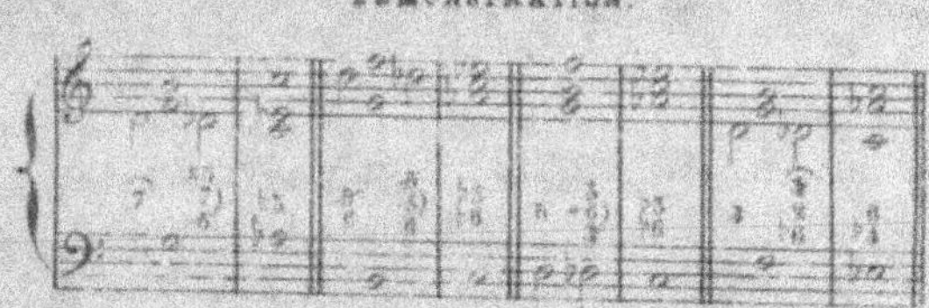

(Voyez 289 *B* les N.°° 1, 2, 5, 6, 9, 11 et 13 que vous transposerez en *la* bémol.)

B   On peut aussi considérer les agrégations ci-dessus comme provenant de la septième du ton de *fa*, modifiée par la substitution mineure, le retard de la sensible, et l'altération ascendante du quatrième degré

(Voyez 295 B. le N.º 9. et même parag. C. les Nᵒˢ 1, 2 et 3 que l'on peut résoudre en majeur aussi bien qu'en mineur. Vous les transposerez en *fa*, et vous les comparerez avec les exemples ci-dessus.)

C.   L'agrégation 290 C. Nᵒˢ 3 et 4, est, comme ci-dessus A, homophone à la septième du ton de *la* bémol, mais on a de plus le retard de la sensible :

DÉMONSTRATION.

Faites les autres combinaisons.

(Voyez 294 A. les Nᵒˢ 1, 3, 5, 7, 9, 11 et 13 que vous transposerez en *la* bémol.)

D.   La résolution peut encore se faire dans le ton de fa mineur :

DÉMONSTRATION.

Faites les autres combinaisons.

(Voyez 295, le N.º 2 que vous transposerez en *fa* mineur.)

319   *A.*   L'agrégation 291 A, N.º 2, est homophone au premier renversement de la septième du ton de *la* bémol, modifiée par la substitution mineure, le retard de la sensible, et la double altération du second et du quatrième degré.

DÉMONSTRATION.

Faites les autres combinaisons

(Voyez 296 C. les Nᵒˢ 3, 4, 5, 6, 7 et 8 que vous transposerez en *la* bémol.)

______

(1) Nous ne donnerons plus qu'un seul exemple, on doit être maintenant assez familiarisé avec ces transformations pour qu'il suffise de les indiquer.

B   Si l'on prend les agrégations 291 *B*, N.ᵒˢ 2, 3, 4 et 5, on aura le même résultat que 318 *A*, mais avec la substitution mineure dans les combinaisons de la dominante de *la* bémol

(Voyez 288 *B* les N.ᵒˢ 3, 4, 7, 8, 10, 12 et 14 que vous transposerez en *la* bémol.)

C.   Enfin, si l'on considère sous un autre aspect les N.ᵒˢ 7, 8, 9 et 10 même paragraphe 291 *B*, on aura le même résultat que 318 *C*, mais avec la substitution mineure.

DÉMONSTRATION.

(Voyez 234 *A* les N.ᵒˢ 4, 8, 10, 12 et 14 que vous jouerez en *fa* bémol.)

D.   Les exemples que nous venons de donner démontrent suffisamment quel les ressources on peut tirer des agrégations homophones. Il en existe encore d'autres, mais, avec un peu d'attention il sera facile de les découvrir.

Observations sur l'emploi usuel

de quelques-unes des agrégations précédentes.

320   *A*   L'agrégation ci-dessous est souvent employée pour faire un repos à la dominante:

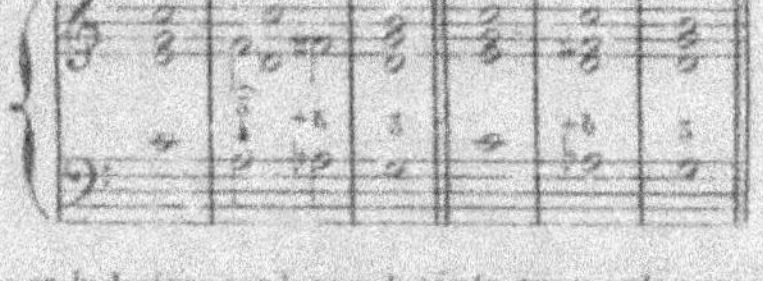

(Dans la pratique on la désigne par le nom de *sixte augmentée avec tierce et quarte*.)

Bien qu'elle puisse servir à passer en *sol*, néanmoins, le *la* bémol, qui appartient au ton d'*ut* mineur, laisse la modulation indéterminée. Pour rester en *sol*, il faudrait que cette tonalité s'établît subséquemment d'une manière plus positive.

B.   On peut encore se servir pour le repos à la dominante de l'agrégation suivante, mais il faut que la dominante porte quarte et sixte avant l'accord parfait; sans cela il y aurait succession de quintes:

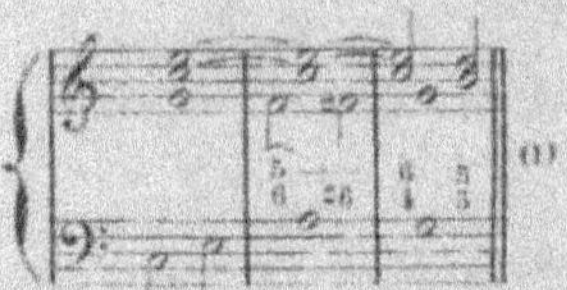

(1)

C   L'agrégation du mode mineur peut remplir la même fonction, mais il est nécessaire, comme ci dessus, que la quarte et sixte précède l'accord parfait.

(1) Dans cet exemple, comme dans celui qui le précède et celui qui le suit, on peut retarder la note altérée par la septième:

dém:

(2) Aujourd'hui beaucoup de compositeurs font la résolution sur l'accord parfait, et conséquemment tolèrent les quintes qui en résultent, comme on le voit ci dessous:

Mais il est toujours plus pur de les éviter. D'ailleurs, la véritable manière d'amener le repos à la dominante, lorsque le sixième degré est à la basse, est d'employer la sixte simple ou son altération, en doublant la tierce, comme dans les exemples ci après:

Mode majeur.

Mode mineur.

DÉMONSTRATION.

(Cette agrégation porte, dans la pratique, le nom de quarte-et-sixte augmentée.)

B.   Le repos à la dominante se fait encore avec les agrégations suivantes:

CHAPITRE XXXV.

ENHARMONIES.

521   *A.*   L'enharmonie est, comme on le sait, le changement d'une note en sa synonyme.

B.   Dans un accord, l'enharmonie est simple s'il n'y a qu'un changement, et multiple s'il y en a plusieurs.

C.   L'enharmonie peut avoir lieu dans les accords consonnants et dans les accords dissonnants.

D.   Elle transforme les accords en d'autres accords.

E.   Elle change les accords consonnants en d'autres accords consonnants, quelquefois elle les transforme en agrégations dissonnantes, *et vice versâ.*

DÉMONSTRATION.

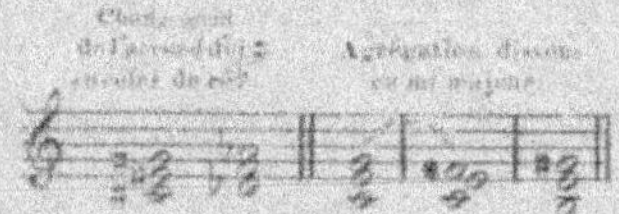

F.   Les accords dissonnants sont changés par l'enharmonie en d'autres accords dissonnants, et, par conséquent, ils prennent d'autres tendances résolutives. Ils font alors leur résolution dans des tonalités souvent fort éloignées de celle à laquelle ils appartenaient avant leur transformation.

DÉMONSTRATION.

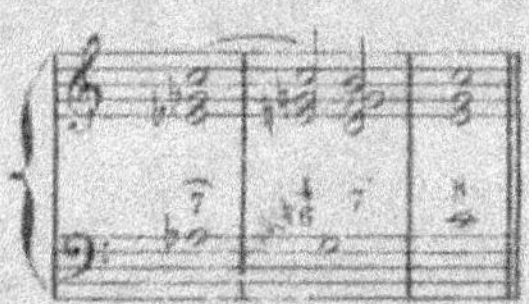

322   *A.*   Les transformations enharmoniques apparaissent quelquefois (comme dans l'exemple ci-dessus) par le changement des signes graphiques des sons. Mais il peut se faire que les signes de transformation n'apparaissent pas; l'enharmonie est alors sous-entendue, et on ne la comprend que par la résolution: ainsi, par exemple, la septième de dominante *fa♭, ut, mi♭, sol♭*, au lieu de se résoudre sur sa tonique *ré♭* peut recevoir, enharmoniquement, la résolution suivante:

parce que le *mi♭* et le *sol♭* peuvent être considérés comme *ré♯* et *fa♯*.[1]   

B.   En général, lorsque la note sur laquelle porte l'enharmonie n'est point séparée de sa synonyme par une autre note, comme ci-dessus, on sous-entend l'enharmonie: parce qu'on évite, autant que possible, la transformation immédiate des signes graphiques, laquelle présente toujours dans le style vocal une difficulté d'exécution.

C.   Mais lorsque l'enharmonie n'est pas immédiate, comme dans les exemples ci-après, la transformation doit toujours s'écrire.

DÉMONSTRATION.

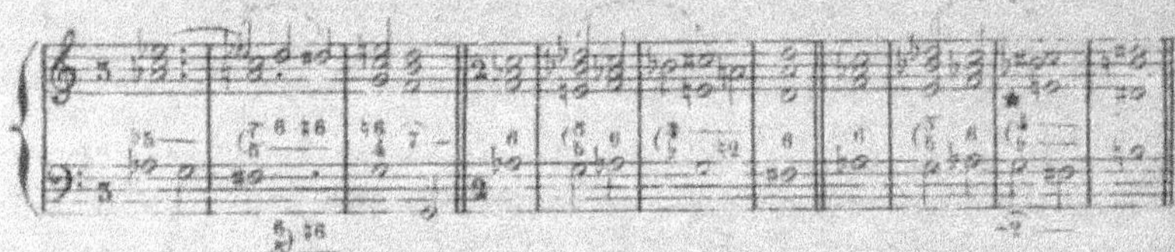

★ Le *si♭* tient ici la place du *la♯*, ainsi que le fait voir le chiffre placé sous la basse.

D.   Quelquefois, pour rendre plus facile l'exécution d'un passage enharmonique, on écrit dans l'accord qui précède ce passage, la synonyme d'une des notes qui doivent se transformer, sans pour cela que la tonalité soit changée.   En voici un

[1] Voyez 296 C. N.° 5.

exemple pris dans une leçon de solfège de Cherubini.

Le si naturel de la seconde mesure remplace l'ut bémol, et l'on esquive ainsi, par ce changement, l'on harmonie immédiate qui aurait lieu entre cet ut bémol et le si naturel de la troisième mesure.

E   C'est encore pour la même raison, c'est-à-dire pour faciliter l'exécution, et surtout aussi pour donner a la mélodie une forme plus naturelle, que dans le passage suivant, et dans tous ceux qui lui sont analogues, on écrit une note bémolisée a la place d'une note diésée.

DEMONSTRATION.

F.   D'après la tonalité et la résolution, on devrait écrire comme ci-dessous:

mais on sent combien serait bizarre, et difficile à chanter une pareille mélodie.

Dans le premier de ces exemples, la modulation semble s'annoncer en sol mineur, mais elle se perd dans l'enharmonie et retourne en ut majeur.

525   A.   L'accord qui se prête le plus aux transformations enharmoniques est la septième de dominante modifiée dans sa basse par la substitution mineure. Quelle que soit la face sous laquelle on considère cet accord, les sons dont il se compose forment toujours *une seconde augmentée et deux tierces mineures*, qui peuvent être différemment placées, ou bien *trois tierces mineures de suite*. Or, la tierce mineure et la seconde augmentée produisent à l'oreille a peu près le même effet, d'où il suit, que l'on peut, par enharmonie, prendre l'une pour l'autre, ou changer ces deux intervalles en des intervalles semblables, comme par exemple,

Ces changements transforment l'accord dans lequel ils ont lieu en un autre accord de même genre, mais appartenant à une autre tonalité.

DÉMONSTRATION.

Des diverses transformations que peut subir
l'accord dissonnant avec substitution mineure

B .   On voit que l'agrégation *la* ♭, *si, ré, fa*, subit six transformations, et qu'elle peut avoir douze résolutions, puisqu'on peut résoudre en majeur ou en mineur .

On pourrait même lui en donner davantage en prenant des tons inusités, comme *si* ♯, *si* ♭

C.   Les altérations se prêtent également aux transformations enharmoniques; on peut donc, avec leur secours, donner encore à l'agrégation ci-dessus les trois résolutions suivantes:

Autre exemple présentant les transformations enharmoniques
démontrées ci-dessus A C (présent parag 1, avec les fondamentales
dans l'ordre successif de tierces mineures descendantes

D.   Nous avons dit dans le *nota* paragraphe 198 *I* (voyez ce nota) que l'on pouvait toujours ramener la progression de tierces majeures descendantes à celle de quintes descendantes : en effet, prenons la progression suivante :

Par tierces.

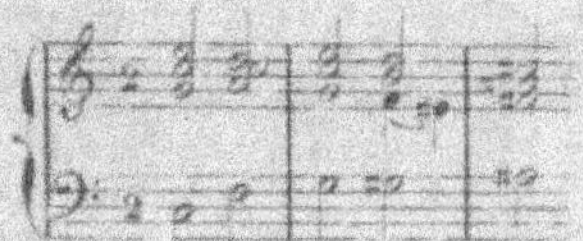

Nous pourrons par les changements enharmoniques obtenir cette autre progression qui conduit au même résultat, et qui est beaucoup plus régulière :

Par quintes.

E.   Les modulations enharmoniques ne doivent s'employer qu'avec beaucoup de réserve. Il est des cas où elles produisent un effet si brusque, que, sans certaines précautions, notre sens musical serait plutôt affecté d'un sentiment pénible que d'une surprise agréable. Par exemple, si pour passer d'*ut* majeur en *fa* dièse majeur on s'y prenait comme ci-dessous :

la modulation serait étranglée, dure et détestable, parce que l'esprit ne saurait saisir assez rapidement les nouveaux rapports qui s'établissent entre les sons par la transformation enharmonique. Mais on rendra cette modulation douce et naturelle, ainsi que la plupart de toutes celles amenées par l'enharmonie, en restant quelques instants sur l'accord qui se transforme, afin de laisser affaiblir l'impression de la première tonalité. Il sera même bien encore, si l'harmonie est modifiée par la substitution, et c'est le cas le plus ordinaire, de faire descendre la note substituée

sur la dominante avant que l'accord dissonnant ne se résolve dans l'harmonie de la
nouvelle tonique, car la dominante fait cesser toute incertitude tonale.

DÉMONSTRATION.

D'ut majeur en fa dièse majeur

★   Résolution de la note substituée sur la dominante du nouveau ton

324   *A*   Lorsque nous avons démontré les différentes cadences interrompues (179 et 198), il en est une que nous avons omise, parce qu'elle nécessite la
transformation enharmonique d'une des notes de la première septième. Elle se fait
sur un mouvement de basse descendant de quinte mineure :

DÉMONSTRATION.

B   Si la première septième était modifiée par la substitution mineure, il
y aurait deux transformations :

DÉMONSTRATION.

De même avec les autres combinaisons

C   La double altération ascendante et descendante du second degré, donnée au paragraphe 292 *A*, peut servir, par une transformation enharmonique, à moduler dans un ton fort éloigné de celui où l'on est. Supposons que nous soyons en
sol bémol majeur, et que nous fassions entendre le second renversement de la septième modifié par la substitution, il suffira de changer le *mi* bémol en *re* dièse et l'*ut*

bemol en *si* naturel, pour passer instantanément de *sol* bemol en *ut* naturel majeur
Toutefois, les parties devront être disposées comme ci-dessous:

DÉMONSTRATION.

C. Il est curieux de remarquer qu'en partant du ton d'*ut* majeur, les mêmes harmonies nous conduisent en *sol* bemol ou en *fa* diese, suivant la manière d'operer les changements enharmoniques:

DÉMONSTRATION.

E. On rencontre quelquefois le troisième renversement de la septième de dominante se résolvant en montant d'un demi-ton dans l'harmonie de quarte et sixte; cette résolution est due à des enharmonies sous-entendues dont la possibilité se trouve dans une triple altération. En voici un exemple pris dans la 4.ᵉ messe de Cherubini:

Si les enharmonies etaient écrites, la transformation serait comme ci-dessous

Voyez 236 C. N.º 8

Ces mêmes enharmonies peuvent avoir lieu dans les autres combinaisons de l'accord

(1) Voyez la demonstration du parag. 292. A

F   On pratique encore les successions suivantes.

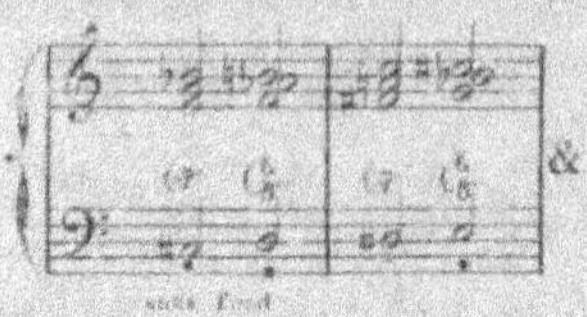

que l'on peut écrire indifféremment comme ci-après:

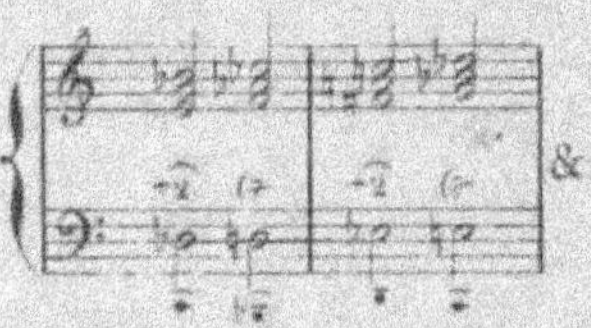

ou bien:

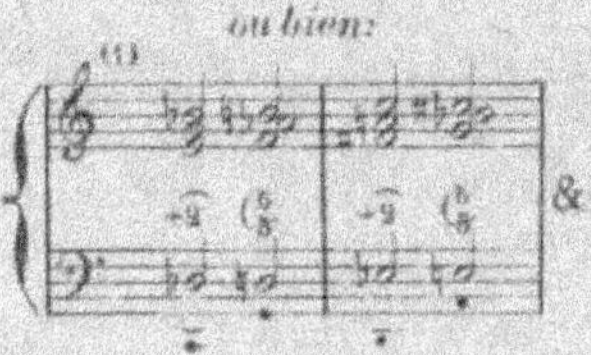

G   Ces successions, où toutes les dissonances se résolvent en montant d'un demi-ton dans une autre harmonie dissonnante, ne peuvent s'expliquer que par une amphibologie harmonique résultant de l'absence des fondamentales. Car l'absence des fondamentales est cause que l'oreille ne saisissant pas avec netteté quelle est la nature des éléments dont se composent les différents groupes, ne sait ni à quelle tonalité chaque groupe en particulier peut appartenir, ni quelles sont les notes dissonnantes dans chacun d'eux. En effet, dans les exemples ci-dessus, qu'on écrirait encore sous d'autres formes, l'ouïe ne distingue pas précisément si le premier accord est

formé de   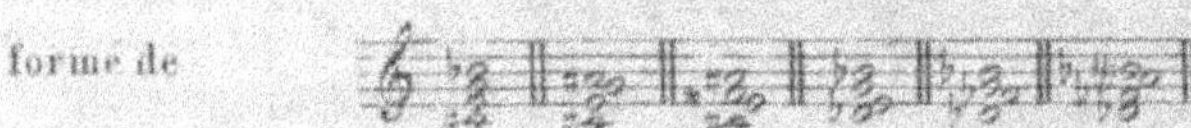

La même amphibologie se présente dans les autres groupes. Voilà pourquoi le sentiment harmonique n'est point blessé de la marche ascendante de toutes les parties, bien que les harmonies contiennent des dissonnances.

(1) Ces harmonies sont impraticables à l'état naturel. Voyez 179 C. 7° et 10°.

B   Mais il ne faudrait pas que de semblables successions se prolongeas-sent longtemps; l'incertitude tonale qui en résulterait deviendrait insupportable.[1]

325   *A.*   Les enharmonies, ainsi que nous venons de le démontrer, ouvrent aux modulations une voie plus large encore que les homophonies. Si, maintenant, nous mettons en œuvre les connaissances que nous avons acquises sur les diverses propriétés des altérations, des homophonies et des enharmonies, nous aurons à notre disposition les plus puissants éléments de transition d'un ton à un autre; car, avec leur secours, il n'est point de modulation, quelqu'éloignée qu'elle soit d'un ton précédemment établi, qu'on ne puisse accomplir par l'entremise d'un seul accord.

(1) Nous avons annoncé, chap. XXXII note du parag. 291 A (page 258) que nous expliquerions un passage harmonique de l'Ouverture de Mozart. Dans ce passage, fort remarquable, le célèbre compositeur amène à la septième de dominante une résolution qui paraît d'abord très singulière. Voici cette harmonie:

En effet, rien n'est plus extraordinaire que ces accords de septième se résolvant dans une harmonie consonnante dont la fondamentale se trouve à la tierce majeure inférieure de la note portant septième; aussi cette harmonie est-elle reste comme une énigme pour le plus grand nombre des harmonistes. Mais si, dans la première septième, nous remplaçons le fa et le la par leurs synonymes sol# et si#, nous ramènerons l'accord à sa véritable forme. Nous aurons alors le troisième renversement de la septième de dominante du ton de ré modifié par la substitution mineure et l'altération descendante du quatrième degré, et la résolution en mineur sera parfaitement régulière. Une transformation analogue pour les autres septièmes les ramènera également à leur forme véritable; c'est ce que démontre l'exemple suivant:

Ici, comme en mille autres circonstances, le génie de Mozart devançait son siècle et lui faisait découvrir des successions harmoniques qu'aucun autre que lui, peut-être, n'eût osé employer, mais dont la légitimité lui était assurée et par son oreille et par son sentiment exquis de l'harmonie.

Toutefois, sans vouloir porter atteinte au savoir de Mozart, il est à supposer qu'il n'avait pas une idée bien nette de ce qu'il écrivait, et qu'il ne se doutait pas que cette septième de dominante concourant un autre ton, celui-ci se taisent, représente, par enharmonie, la septième de ce dernier ton doublement modifiée dans son troisième renversement. S'il avait bien compris ce qu'il pratiquait, et la transformation enharmonique nécessaire pour donner à l'harmonie sa résolution normale, il est probable qu'il eût écrit tout autrement.

Mais, quoiqu'il en soit, il n'en est pas moins vrai que cette harmonie altérée est encore une des richesses que la science doit au génie de Mozart.

Dans l'exemple tiré du Requiem de Cherubini que nous avons donné page 258, on retrouve cette même harmonie, mais Cherubini en a bien compris l'origine, et il l'a écrite sous sa véritable forme.

B.   Nous allons terminer ce chapitre par des formules de modulations dans tous les tons de l'échelle chromatique. Mais auparavant quelques explications sur la marche que nous avons suivie nous paraissent nécessaires.

526   *A.*   La gamme chromatique contenant douze notes, et chacune de ces notes pouvant être prise pour tonique, soit en mode majeur, soit en mode mineur, il y a évidemment vingt-quatre tonalités ou modulations possibles. On peut même ajouter à ce nombre six autres tonalités synonymes de quelques-unes des premières, trois en majeur, et trois en mineur; ce qui porte à quinze le nombre des toniques dans l'un et l'autre mode.

Ces toniques sont:

Dans le mode majeur,	*Dans le mode mineur,*
Ut	Ut
Ré ♭ ou Ut ♯	Ut ♯
Ré ♮	Ré
Mi ♭	Ré ♯ ou Mi ♭
Mi ♮	Mi ♮
Fa	Fa
Fa ♯ ou Sol ♭	Fa ♯
Sol ♮	Sol
La ♭	Sol ♯ ou La ♭
La ♮	La ♮
Si ♭	Si ♭ ou La ♯
Si ♮ ou Ut ♭	Si ♮
12 et 3 font 15	12 et 3 font 15

Cependant, comme dans le plus grand nombre de cas les mêmes moyens peuvent servir à moduler dans l'un ou l'autre mode, et qu'il ne s'agit pour le ton synonyme, lorsqu'il est usité, que de changer simplement les signes de notation, nous nous renfermons dans le cercle de douze modulations.

Sur ces douze modulations, nous en retranchons même encore une, car le ton où l'on est établi ne doit pas compter; nous n'avons donc, en réalité, que onze tonalités à parcourir.

À l'égard du moyen propre à revenir au ton de départ, après avoir modulé, il est clair que nous devons le trouver nécessairement dans la série des onze modulations, puisque nous passons successivement, en partant du ton d'ut, à tous les degrés de l'échelle chromatique. Par exemple, si nous modulons d'*ut* en *mi* naturel, cette tonique sera, par rapport à *ut*, à la tierce majeure supérieure; et *ut* sera, par rapport à *mi*, à la sixte mineure supérieure: la formule qui conduira d'*ut* en *la♭* (sixte mineure supérieure d'*ut*) sera donc, de toute évidence, la même qui pourra ramener de *mi* en *ut*, en la transposant dans ce ton.

Pour trouver facilement la formule de retour au ton principal, nous représentons les onze modulations par une série de chiffres équivalente, 1, 2, 3, 4, etc., en comprenant sous le même numéro le ton synonyme s'il y a lieu. Quant au ton de départ, qui ne compte pas, nous l'indiquons par 0.

Ainsi la modulation au demi-ton supérieur, diatonique ou chromatique, est représentée par 1; la modulation à la seconde majeure, par 2, etc. Puis nous opposons à la série ci-dessus une autre série semblable, mais disposée dans l'ordre inverse, de telle sorte que 1 corresponde à 11, 2 à 10, 3 à 9, et ainsi de suite, de la manière suivante:

```
     1     2     3     4     5     6     7     8     9    10    11
  0     0     0     0     0     0     0     0     0     0     0     0
    11    10     9     8     7     6     5     4     3     2     1
```

On voit donc qu'en modulant de 0 à 1 on revient à 0 par la formule 11, qu'en passant de 0 à 2 on est ramené à 0 par 10, etc. c'est au surplus ce dont les quatre tableaux suivants vont nous donner la preuve.

(1) En faisant la somme des deux nombres représentant, l'un la première formule de modulation, l'autre celle qui ramène au ton, on obtient toujours le nombre douze.

PREMIER TABLEAU.

DES MODULATIONS PAR L'ENTREMISE D'UN SEUL ACCORD.

D'ut majeur dans tous les tons majeurs,
et retour en ut majeur.

(1) Voyez le parag. 549.   (2) Autre formule.

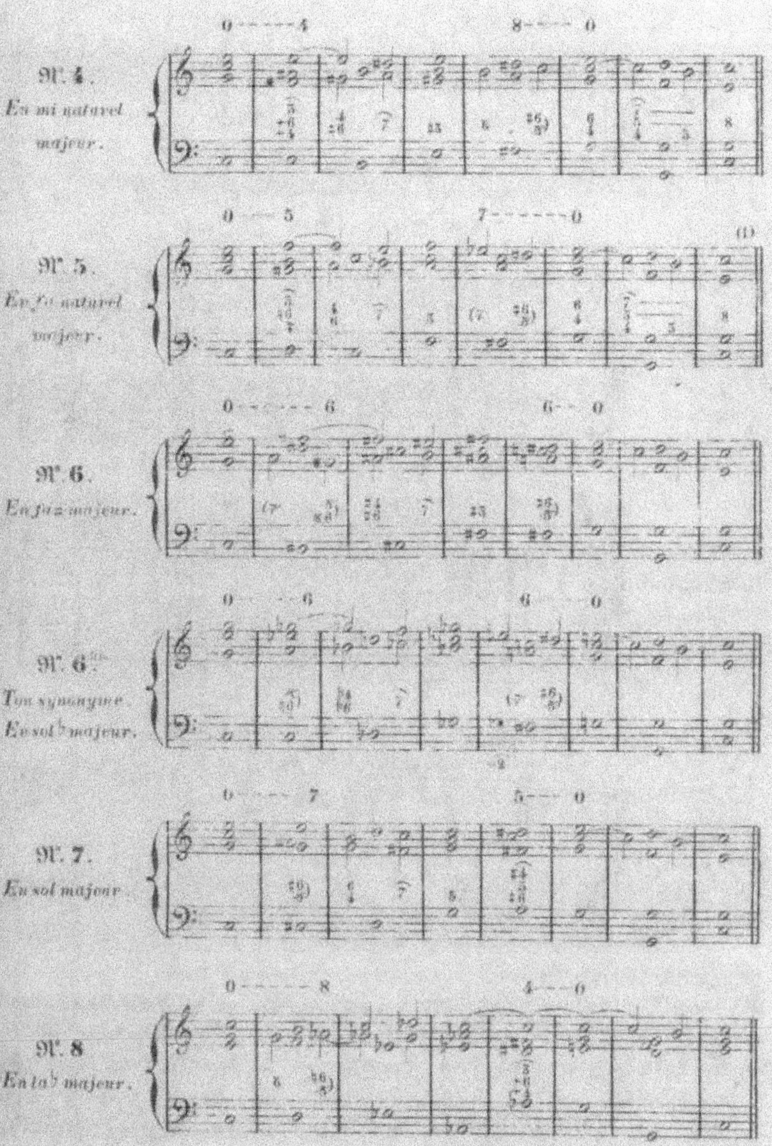

(1) Tous ces exemples ne donnent simplement que les deux formules de modulation, mais en les jouant sur le piano il faudra affermir la tonalité par une cadence parfaite quelconque, comme au N° 11 de ce tableau. On fera de même toutes les fois que la formule de retour n'amènera pas la cadence parfaite.

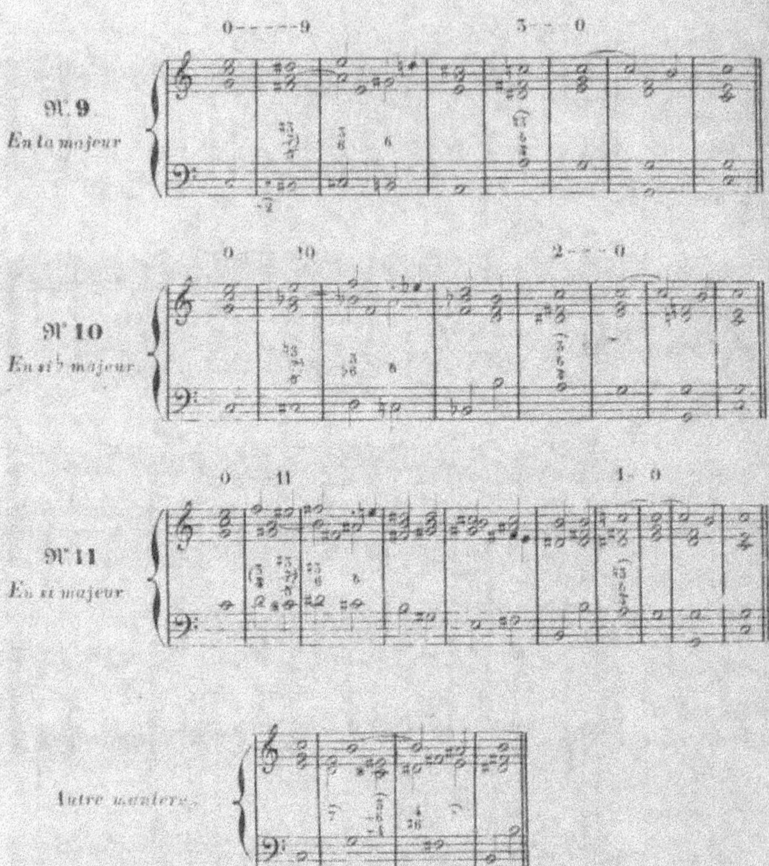

B.   Le tableau suivant donne des formules pour passer d'un ton majeur dans tous les tons mineurs. Mais il faut remarquer ici que la modulation se faisant en mode mineur, le retour se fait du mineur en majeur; or, bien que les formules qui conduisent en mineur puissent ordinairement ramener en majeur, cependant il est des cas où elles ne s'y prêtent pas bien, et où il faut en chercher d'autres. Pour éviter cette irrégularité, et suivre une marche uniforme, nous nous sommes servi des formules de retour du premier tableau, et, pour sauver toute méprise, nous avons marqué d'une petite barre les chiffres qui les désignent.

SECOND TABLEAU

Ut majeur dans tous les tons mineurs,

et retour en ut majeur.

(1) Dans la pratique on chiffrerait de cette manière. Les chiffres supérieurs font voir la transformation

N° 3 bis.
Ton synonyme.
En ré♯ mineur.
N° 4.
En mi mineur.
N° 5.
En fa mineur.
N° 6.
En fa♯ mineur.
N° 7.
En sol mineur.
N° 8.
En la♭ mineur.

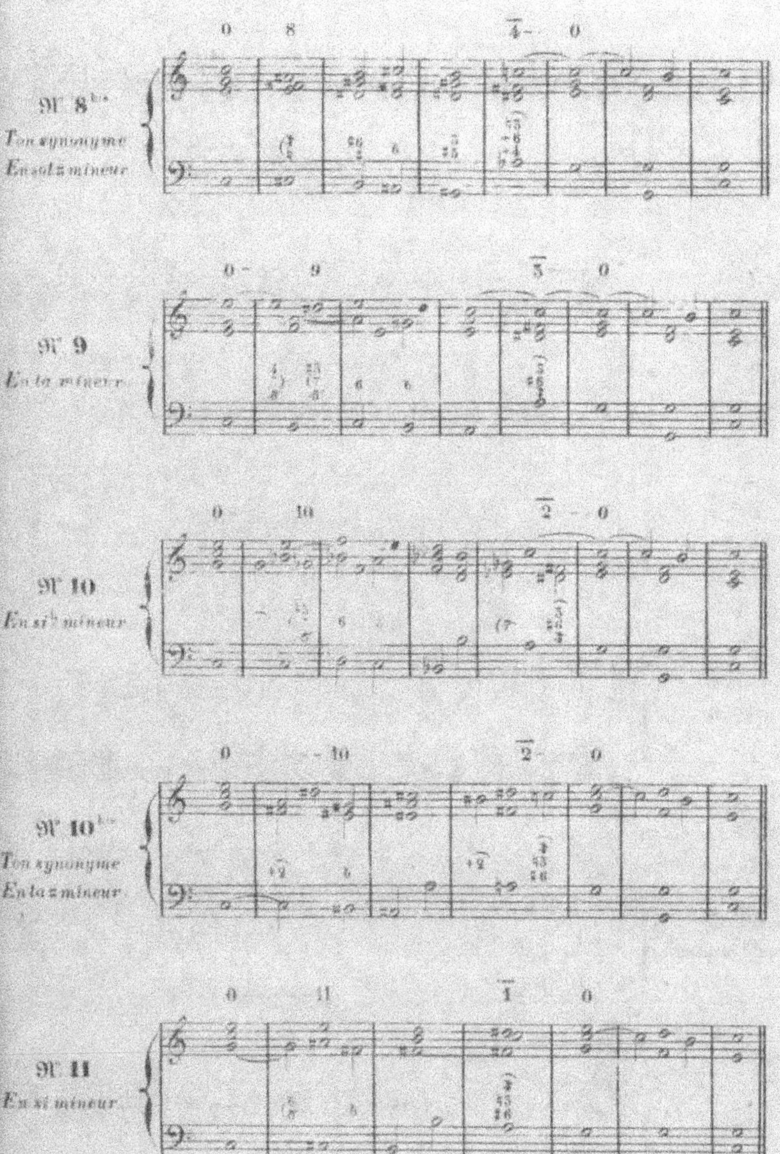
N.º 8 bis
Ton synonyme
En sol♯ mineur
N.º 9
En la mineur
N.º 10
En si♭ mineur
N.º 10 bis
Ton synonyme
En la♯ mineur
N.º 11
En si mineur

TROISIÈME TABLEAU.

D'ut mineur dans tous les tons mineurs,
et retour en ut mineur.[1]

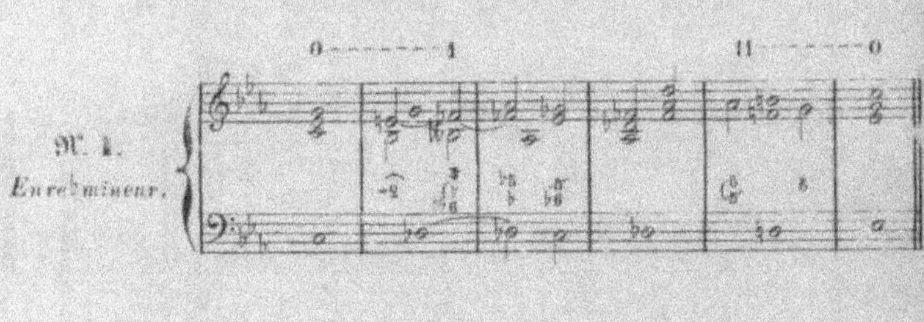

(1) Ici les formules de retour sont prises dans le tableau.
(2) Formule des deux premiers tableaux.

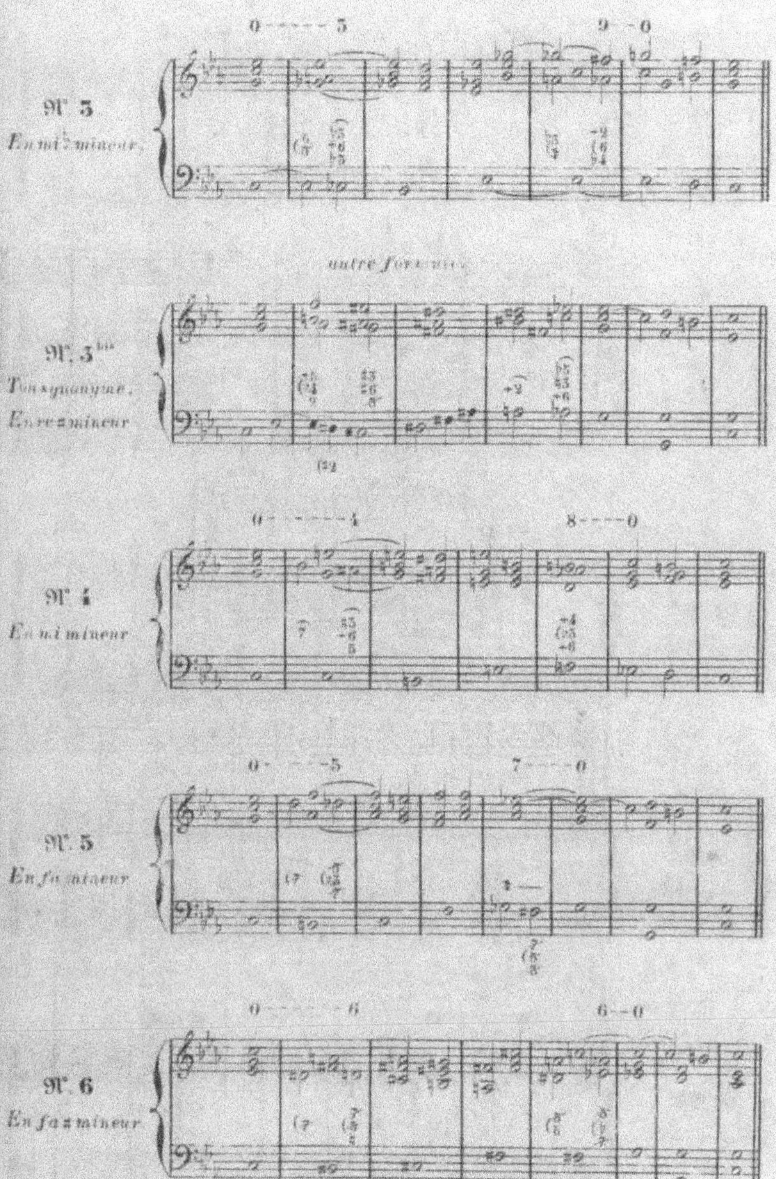
N° 3
En mi♭ mineur.
autre forme.
N° 3 bis
Ton synonyme.
En ré♯ mineur
N° 4
En mi mineur
N° 5
En fa mineur
N° 6
En fa♯ mineur

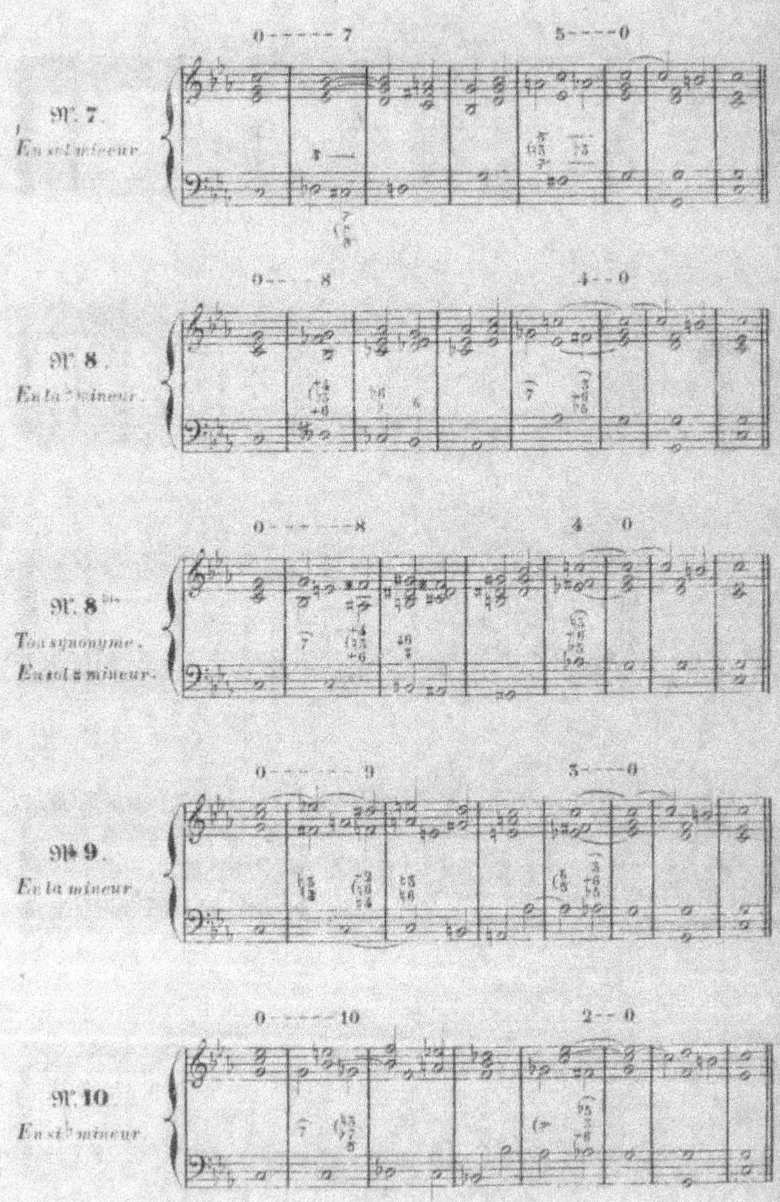
0 - - - - 7
5 - - - 0
Nº 7.
En sol mineur.
0 - - - 8
4 - - 0
Nº 8.
En la♯ mineur.
0 - - - - 8
4   0
Nº 8bis
Ton synonyme.
En sol♯ mineur.
0 - - - - 9
3 - - - 0
Nº 9.
En la mineur.
0 - - - - 10
2 - 0
Nº 10
En si♭ mineur

C. Dans le tableau suivant, où l'on passe d'ut mineur dans tous les tons majeurs, les formules de retour sont les formules de modulation du deuxieme tableau (et nous avons marqué les chiffres d'une barre). On pourrait également se servir des formules de retour du troisieme tableau. Quant aux formules de la première modulation ce sont celles du premier tableau.

(1) N'oublions pas la note du N.° 5, premier tableau.

QUATRIÈME TABLEAU.

D'ut mineur dans tous les tons majeurs
et retour en ut mineur.

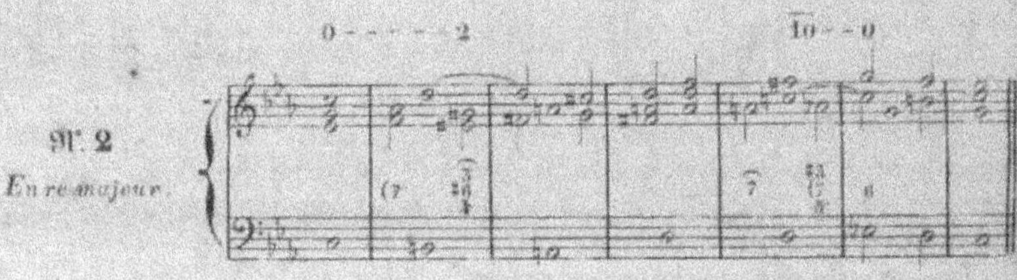

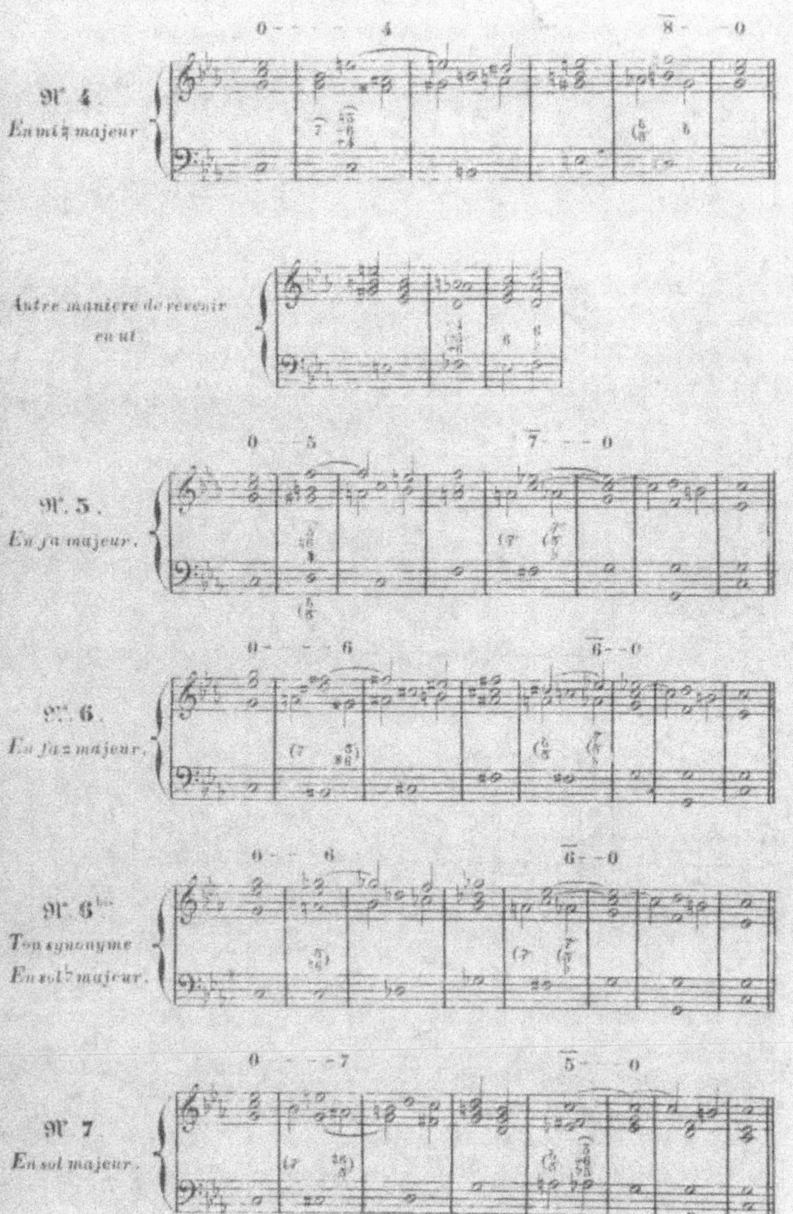
N.° 4.
En mi♭ majeur
Autre manière de revenir en ut
N.° 5.
En fa majeur.
N.° 6.
En fa♯ majeur.
N.° 6.bis
Ton synonyme
En sol♭ majeur.
N.° 7
En sol majeur.

    D   Les quatre tableaux précédents offrent toutes les modulations possibles en partant du ton d'ut. Les élèves devront étudier au piano, et avec la plus grande réflexion, tous les exemples qu'ils contiennent, les apprendre par cœur, et même les transposer dans plusieurs tons.

    E   Nous allons maintenant démontrer, dans un cinquième tableau, qu'une septième de dominante peut, soit naturellement, soit par l'enharmonie, soit enfin en se résolvant sur un accord déterminant un autre ton, conduire dans presque toutes les tonalités [1]

----

(1) On retrouvera nécessairement dans ce tableau quelques-unes des formules précédentes

CINQUIÈME TABLEAU

Diverses manières de resoudre la septième
de dominante

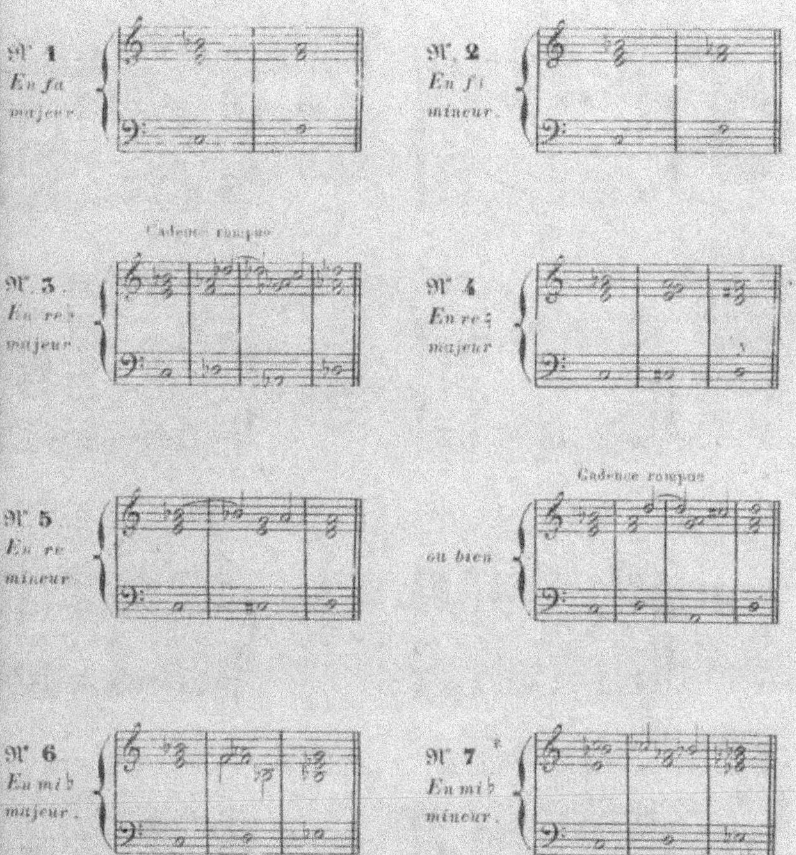

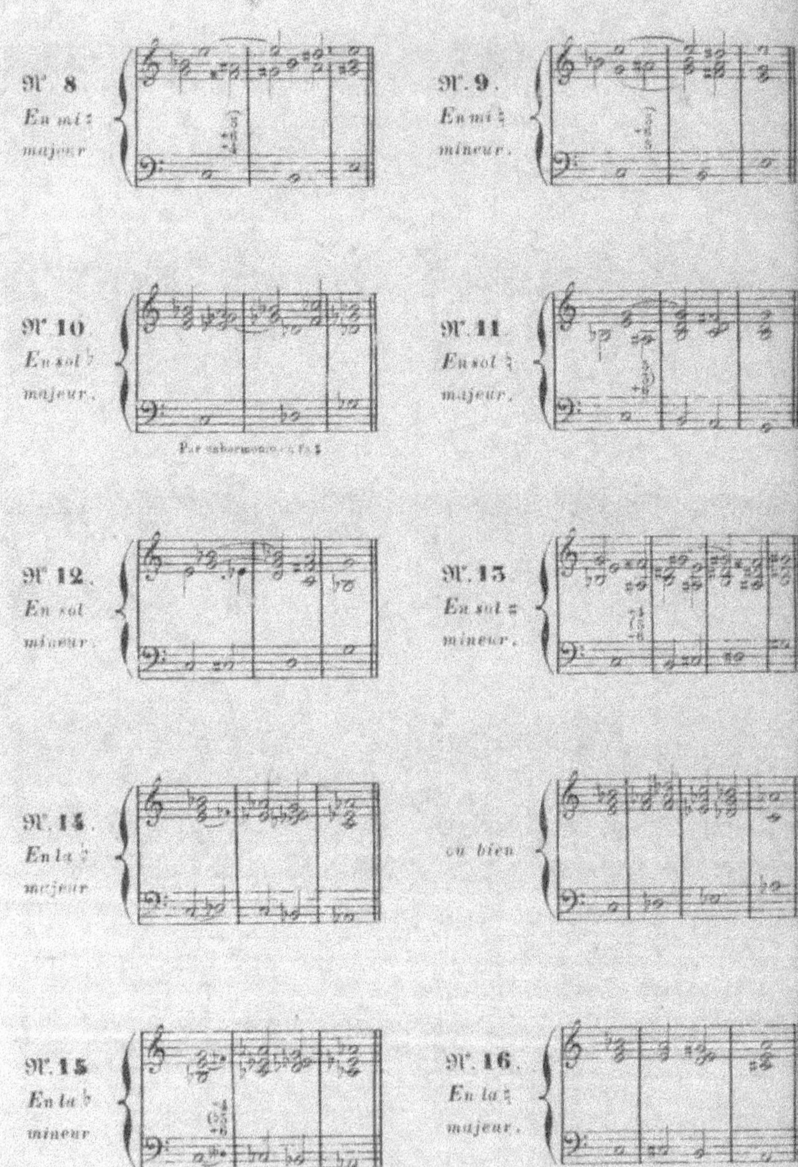
N° 8.
En mi♯
majeur
N° 9.
En mi♯
mineur.
N° 10.
En sol♭
majeur.
N° 11.
En sol♯
majeur.
Par enharmonie en fa♯
N° 12.
En sol♯
mineur.
N° 13.
En sol♯
mineur.
N° 14.
En la♭
majeur
ou bien
N° 15.
En la♭
mineur
N° 16.
En la♮
majeur.

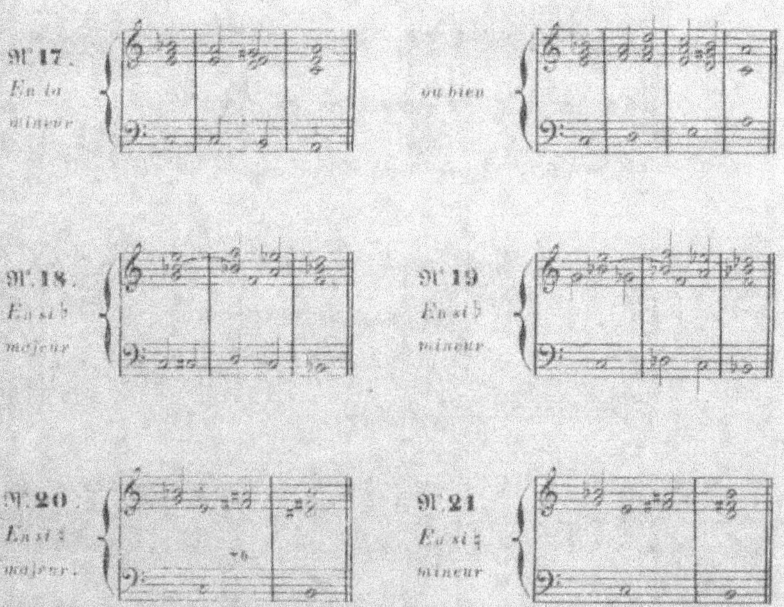

327   A   La plupart de ces formules effectuent la modulation très-brusquement, et on ne doit s'en servir qu'avec précaution. Pour moduler dans des tons éloignés on prend, comme nous l'avons dit ailleurs, une route plus détournée; on effleure souvent plusieurs tonalités avant d'arriver au ton dans lequel on veut réellement passer, et, généralement, on suit la voie que nous avons tracée au chapitre VII. Mais, en plusieurs circonstances, les formules des tableaux précédents peuvent être d'un grand secours, et notamment aux organistes, lorsqu'entraînés par l'improvisation, ils se sont éloignés du ton principal, et qu'ils sont dans la nécessité d'y rentrer promptement pour terminer leur morceau.

Au surplus, ce sont des matériaux que nous mettons à la disposition du compositeur, c'est à son génie à les mettre en œuvre, et à les employer convenablement

(Écrivez les leçons N°⁵ 88 et 89.)

SIXIÈME SECTION.

ARTIFICES MÉLODIQUES, PÉDALES.

Notes d'appoggiature et d'anticipation. — Pédales

CHAPITRE XXXVI.

NOTES D'APPOGGIATURE ET D'ANTICIPATION.

Appoggiatures

528   *A*.   La note d'appoggiature est, comme la note de passage, un ornement purement mélodique. Étrangère à l'harmonie, ce qui la caractérise c'est d'être entendue *avant la note réelle*, et le plus souvent au temps fort de la mesure ou à la partie forte du temps.

B.   La note d'appoggiature est donc l'inverse de la note de passage, car celle-ci suit la note réelle, et celle-là la précède.

C.   L'appoggiature est supérieure ou inférieure: si elle est supérieure, la note qui la produit est presque toujours conforme à la tonalité, et peut être à une seconde majeure ou mineure de la note réelle, suivant la place que celle-ci occupe dans la gamme; si elle est inférieure, elle se trouve le plus ordinairement à une seconde mineure de la note réelle, et, par conséquent, elle est souvent étrangère à la tonalité.

D.   La note d'appoggiature peut se prendre diatoniquement, chromatiquement, ou en franchissant un intervalle quelconque. Elle emprunte sa valeur à la note réelle dont elle tient la place; mais cette valeur n'est point déterminée: elle peut être plus petite ou plus grande que celle qu'elle laisse à la note réelle; souvent aussi les deux notes sont d'égale valeur.

(1) Du verbe italien *appoggiare*, appuyer, parce que dans l'exécution elle est plus accentuée que la note réelle.

DÉMONSTRATION.

E.   L'appoggiature, comme on le voit, est une sorte de retard sans préparation.

F.   Bien que l'appoggiature soit plus fréquemment placée a la partie forte des temps, on la rencontre quelquefois a la partie faible.

DÉMONSTRATION.

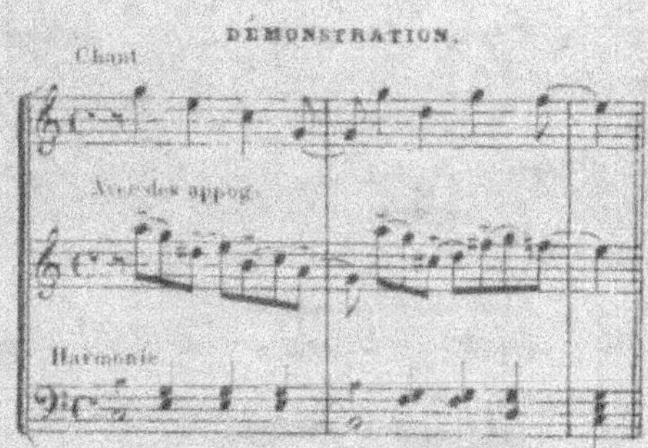

Nota. On voit, par cet exemple et le précédent, que l'appoggiature prend sa valeur sur la note qui
la suit.

(1) Remarquez dans cet exemple les différentes valeurs des appoggiatures.

(2) Ici l'appoggiature inférieure est a une seconde majeure de la note réelle.

G.   L'appoggiature peut aussi se présenter en notes syncopées

DÉMONSTRATION.

H   Dans les deux derniers exemples, aux mesures marquées A, l'appoggiature prend, par exception, sa valeur sur la note qui la precede. Ce cas ne se rencontre guere que dans les passages qui contiennent des notes pointées[1]

329   A   Quelquefois une note de passage est precedée d'une autre note etrangere, laquelle, par rapport a cette note de passage, joue le rôle d'appoggiature. Supposons le trait suivant:

si au premier temps nous plaçons une appoggiature supérieure  et que, pour obtenir la similitude de forme, nous fassions de même aux autres temps, nous aurons le dessin ci-apres, or, au second temps les deux notes sont etrangeres a l'harmonie, et la premiere est en quelque sorte, et par analogie avec celle du premier temps, une appoggiature du *la* note de passage. Quant a l'*ut* du troisieme temps il est note reelle, et le *si*, dont il est suivi, devient note de passage par elision. Dans tous les traits de ce genre, ascendants ou descendants (excepté le cas ci-dessus), la premiere note de chaque temps est note d'appoggiature ou note reelle; et la seconde, est note reelle si la premiere est d'appoggiature, ou note de passage par elision, si la premiere est reelle.

DÉMONSTRATION.

Nous avons marqué l'appoggiature par a, la note reelle par r
et la note de passage par elision par p.

330   A   L'appoggiature se represente quelquefois par une petite note, mais aujourd'hui l'usage le plus general est de l'ecrire avec la grosse note mesurée, parce que la petite note, dans certains cas, est insuffisante pour indiquer la valeur precise que peut prendre l'appoggiature.

---

(1) Cette manière d'employer l'appoggiature, commençant a la partie faible du temps et se prolongeant sur la partie forte du temps suivant, est en quelque sorte une *anticipation d'appoggiature*. Ceci sera mieux compris lorsqu'on aura etudié le paragraphe des anticipations ci-apres 333.

DÉMONSTRATION.

Appoggiatures
en petites notes

en notes mesurées

fa

Note. Dans les N.º 4, 15 (2.º parties), et dans les suivantes (troisième partie), la petite note, quelque figure qu'on lui donne, ne peut indiquer si l'appoggiature doit avoir une valeur plus longue que celle de la note réelle.

B. Bien que l'appoggiature soit un ornement purement mélodique, on l'admet aussi dans la basse, mais moins fréquemment que dans les parties supérieures. Elle est ordinairement écrite en note mesurée.

Voici un exemple avec des appoggiatures dans toutes les parties:

551 *A.* L'appoggiature peut être double, c'est-à-dire inférieure et supérieure (*et vice versâ*) avant de se résoudre sur la note réelle.

DÉMONSTRATION.

B L'appoggiature double s'écrit en petites notes ou en notes ordinaires, cela dépend de la contexture de la mélodie, mais elle a toujours une courte valeur

DÉMONSTRATION.

C Dans l'appoggiature double, la première note peut se trouver placée à la fin d'un temps et la seconde à la partie forte du temps suivant, ainsi qu'on le voit du premier au second temps de la pénultième mesure de l'exemple ci-dessus

D Ce genre d'appoggiature se présente aussi sous la forme suivante:

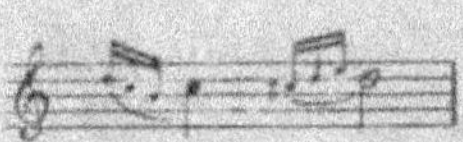

E Cette dernière forme de l'appoggiature double se rencontre souvent en valeurs égales.

DÉMONSTRATION.

552 Les appoggiatures sont encore doubles ou triples harmoniquement, c'est à dire qu'elles peuvent avoir lieu simultanément dans plusieurs parties. Dans ce cas elles marchent ensemble en tierces ou en sixtes, ou par mouvement contraire

DÉMONSTRATION.

Anticipations

335 *A* Toute note entendue dans l'harmonie qui précède celle à laquelle elle appartient s'appelle *anticipation*, parce que la note mélodique anticipe sur l'harmonie: c'est l'inverse du retard.

B Elle se place nécessairement aux temps faibles ou à la partie faible des temps, elle prend sa valeur, qui est toujours de courte durée, sur la note qui la précède.

C On l'écrit quelquefois par une petite note, mais souvent avec la note mesurée.

DÉMONSTRATION.

(1) Voici une appogiature supérieure produite par une note étrangère à la tonalité, comme il est dit (1) au §. 333 c)

D.   L'anticipation peut aussi se produire par la syncope, dans ce cas elle a
une valeur égale à celle de la note qui appartient à l'harmonie suivante :

DÉMONSTRATION.

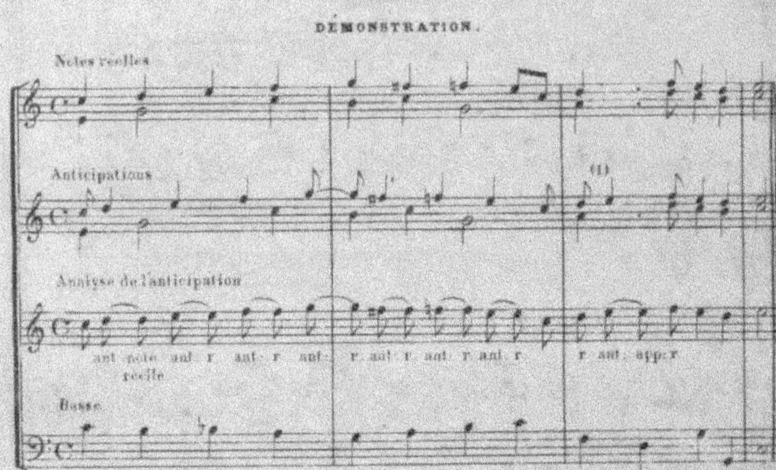

E.   Bien que la note de passage ne change point l'harmonie, néanmoins
cette note peut aussi servir à produire une sorte d'anticipation :

DÉMONSTRATION.

(1) Le cas d'appoggiature qui a donné lieu à la note de l'alinéa H parag. 528, se représente ici on
doit maintenant comprendre ce que nous avons voulu dire par *anticipation d'appoggiature*.   En
effet, l'appoggiature ne devrait se faire entendre qu'à la partie forte du second temps,
et elle commence à la fin du premier ; il y a donc là une espèce d'anticipation. Mais l'appoggiature n'ayant
pas une valeur déterminée, et pour simplifier, on range celle-ci dans la catégorie des appoggiatures commençant à la partie faible du temps.

F.   Cette espèce d'anticipation peut également se présenter sous la forme syncopée :

DÉMONSTRATION.

Dans ces deux exemples, il n'y a pas, à proprement parler, de véritable anticipation, puisque l'harmonie ne change pas (333 *A*); mais il y a anticipation d'appoggiature, car l'émission de la note réelle à la fin de la deuxième et de la troisième mesure, et à la fin du second temps de la quatrième, transforme la note de passage en appoggiature. (Voyez 528 *G*, ex 2°. et la note précédente.)

G.   L'anticipation peut aussi s'effectuer dans la basse :

DÉMONSTRATION.

334   *A.*   L'anticipation peut encore s'opérer par des accords entiers.

DÉMONSTRATION.

Voici deux autres exemples qui sont d'Albrechtsberger. Dans le premier, les anticipations sont produites par les parties supérieures; dans le second, c'est la basse qui anticipe.

____

(1) Les anticipations d'accords entiers dans les parties supérieures se chiffrent par la barre oblique précédant le chiffre

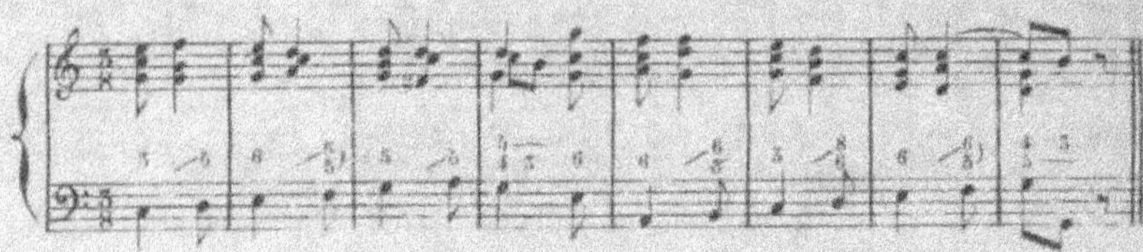

B. — Ce genre d'anticipation peut se produire dans la mesure à deux et à quatre temps par la syncope.

DÉMONSTRATION.

C. — On désigne ces dernières anticipations par le nom général de syncopes. L'exemple suivant, par lequel nous terminons, est tiré de la sonate pathétique de Beethoven. L'auteur fait d'abord entendre son motif sans anticipations, et par là rend plus sensible à l'esprit le genre d'artifice qui va suivre. Puis, par la syncope placée alternativement à la partie haute et aux parties graves, il produit des anticipations d'harmonie qui sont d'un heureux et piquant effet.

(1) L'effet produit par l'anticipation de la basse peut être considéré comme une prolongation de l'harmonie dans les parties supérieures.

(2) L'anticipation est bien le résultat de la syncope, mais c'est la basse qui anticipe. Voyez le motif.

Néanmoins, ce genre de syncopes ou d'anticipations est d'un usage peu fréquent, parce qu'il donne lieu, comme on peut le remarquer aux mesures 6, 7, 8, 14 et 15, à des dissonnances dont les résolutions sont fort irrégulières. D'ailleurs, cet artifice appartient au style instrumental bien plus qu'au style vocal.

D.   Il est évident que, dans les mesures 6, 7 et 8, on ramènerait l'harmonie à son état régulier en supprimant la syncope, ou en faisant syncoper la basse en même temps que la partie supérieure. Il en serait de même pour les autres passages.

(*Écrivez la leçon N° 90.*)

CHAPITRE XXXVII

DES PÉDALES

555   *A.*   Un son soutenu dans une partie quelconque, durant la succession de plusieurs harmonies, et à quelques-unes desquelles il peut être momentanément étranger, se nomme *l'édale*.

B.   En commençant et en finissant, la pédale doit toujours faire partie intégrante de l'harmonie.

C.   On reconnaît trois sortes de pédales:

La pédale supérieure,

La pédale intermédiaire,

La pédale inférieure.

D.   La pédale[2] inférieure, et c'est là la véritable pédale, est celle qui est le plus en usage. Ce n'est que par analogie, et fort improprement, qu'on a donné le nom de pédale aux *notes tenues* dans les parties supérieures.

---

(1) Ici c'est le chant qui anticipe sur l'harmonie de la basse.
(2) Du mot latin **pedes** les pieds, parce qu'à l'orgue on se sert du clavier des pieds, dit clavier de pédales, pour produire cette tenue.

Pédale inférieure

536 **A** La tonique et la dominante sont les notes sur lesquelles se pratique la pédale inférieure

B On peut faire entendre sur ces deux notes toutes les harmonies consonnantes ou dissonnantes naturelles, ou modifiées par les retards, les altérations, la substitution etc

C On peut y pratiquer quelques *modulations passagères*, si, toutefois, elles n'ont pas lieu dans des tons trop éloignés de celui dont la pédale est une des cordes principales.

D Les pédales inférieures reçoivent encore toutes les progressions non modulantes, et même quelques-unes sortant du ton, pourvu que les modulations se renferment dans les conditions prescrites ci-dessus

E Bien que la pédale puisse être quelquefois étrangère à l'harmonie qu'elle supporte, il ne faut pas que cela soit de longue durée; et elle doit souvent rentrer dans cette harmonie comme note constitutive. Si la pédale était constamment ou trop longtemps étrangère aux accords qu'elle accompagne, elle deviendrait une absurdité harmonique, et serait insupportable.

F. Lorsque la pédale n'appartient pas à l'harmonie, il est évident qu'elle n'en est point la véritable basse. La basse réelle se trouve alors dans la partie la plus grave des accords, laquelle, dans ses mouvements, doit marcher avec autant de régularité que si la pédale n'existait pas

G Si la pédale est la dominante, il faut pour qu'elle soit basse réelle, que l'harmonie ne sorte pas des accords de tonique et de dominante, naturels ou modifiés.

DEMONSTRATION.

Pédale de dominante faisant basse réelle.

H Si la pédale est la tonique, cette note, pour être basse réelle, ne doit porter que les accords de tonique, de quarte-et-sixte et de septième de dominante, ou les modifications de ces accords

DÉMONSTRATION.

Pédale de tonique faisant basse réelle.

557 A   La pédale de dominante est plus souvent étrangère aux accords que la pédale de tonique, et elle admet mieux que cette dernière les modulations accidentelles: aussi est-elle la plus riche et la plus variée d'harmonie.

B   Lorsque la pédale (tonique ou dominante) n'est pas la basse réelle, on ne la chiffre point. C'est ainsi que nous venons de le dire, la partie la plus grave des accords qui est la véritable basse, et c'est elle qui porte les chiffres.

C   Ce n'est pas que l'on ne puisse chiffrer la pédale elle-même, mais il faut pour cela un grand nombre de chiffres, et ces chiffres ne représentent plus alors que des intervalles: la première manière est plus claire et plus simple.

Voici plusieurs exemples de pédales sur la tonique et sur la dominante, où l'on rencontrera les diverses circonstances harmoniques énoncées ci-dessus.

Pédales sur la tonique.

La troisième partie qui est la basse réelle porte les chiffres.

Pédales sur le dominante.

Progression de septièmes.

Ex:1.

Progression de neuvièmes.

Ex:2

★ Mieux à l'octave inférieure, parce que la note pédale est plus éloignée de l'harmonie.

D.   Quelquefois la pédale n'a qu'une très-courte durée: un seul accord suffit pour rendre une note pédale:

538 1.   La pédale peut se placer au commencement, au milieu, ou à la fin d'un morceau. Cependant son emploi est plus fréquent à la fin. Dans ce dernier cas, si elle est sur la dominante, elle précède ordinairement la cadence parfaite; si elle a lieu sur la tonique, elle commence après cette cadence et termine le morceau

Tous les exemples ci-dessus sont supposés des pédales de conclusion. Voici un exemple de pédale sur la tonique au commencement d'un morceau.

B. Lorsqu'une phrase principale se reproduit deux fois de suite, on peut l'une des deux fois lui donner une basse réelle, et l'autre l'accompagner par la pédale.[1] Si la phrase précédente, que nous avons accompagnée de la pédale, était répétée, on pourrait lui donner aussi la basse réelle ci-après:

[1] Si toutefois elle s'y prête.

339   *A.*   Il n'est pas possible de donner de règles précises sur la facture de la pédale, car elle dépend entièrement de l'imagination du compositeur. Néanmoins, nous allons indiquer ce qui se fait le plus ordinairement.

B.   Quand la pédale est placée au milieu ou à la fin du morceau, on rappelle presque toujours sur cette pédale ou le thème principal du morceau, ou l'un des motifs accessoires. Quelquefois même on ne prend qu'un fragment de ces motifs, que l'on traite en imitation, ou de toute autre manière. Mais ce n'est point une règle que nous donnons, car on peut suivre une marche toute différente. Cependant il ne faut pas, pour bien faire, que le motif placé sur la pédale soit entièrement étranger à ce qui est entendu dans tout le cours du morceau.

C.   Supposons, par exemple, qu'une des phrases principales d'un morceau soit la suivante:

On pourrait établir la pédale comme ci après:

D.   Supposons encore cette autre phrase:

Nous pourrons en transformer le commencement en progression, traiter cette progression en imitation, et la placer sur la pédale.

DÉMONSTRATION.

540   *A*   La note de pédale n'est pas toujours un son soutenu, elle est quelquefois entourée de notes de passage et d'appoggiature.

DÉMONSTRATION.

B   Quelquefois aussi la note de pédale et l'harmonie qu'elle supporte forment des arpéges.

DÉMONSTRATION.

C   Mais toutes ces formes appartiennent au style instrumental.

Pédales supérieures et intermédiaires.

341 **A.** Les notes tenues en pédales supérieures et intermédiaires (le plus souvent la tonique et la dominante) font presque toujours partie de l'harmonie. Si parfois elles deviennent dissonnantes elles peuvent bien se prolonger encore, mais elles doivent finir par se résoudre en descendant d'un degré.[1]

DÉMONSTRATION.

Pédale supérieure de tonique.

Pédale supérieure de dominante.

(1) On a cependant des exemples du contraire: cela peut se faire quand la note de pédale, après avoir été dissonnante, se prolonge à l'état de consonnance assez longtemps pour que la sensation de la dissonnance soit effacée.

B.   Dans ces deux exemples, on doit remarquer que la note soutenue devient dissonnante aux endroits marqués d'une +. Elle est donc tantôt dissonnance, tantôt consonnance, mais elle finit par se résoudre en descendant sur sa note inférieure. C'est ce passage alternatif de l'état consonnant à l'état dissonnant, sans résolution immédiate, qui caractérise la pédale dans les parties supérieures. Si elle était toujours consonnante elle ne serait qu'une simple tenue. Cependant beaucoup de pédales sont dans cette dernière condition, et notamment les pédales intermédiaires.

DÉMONSTRATION.

Pédale intermédiaire (Requiem de Jomelli)

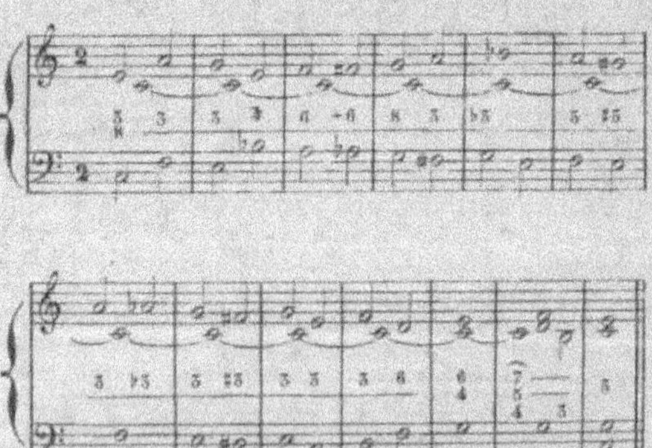

Ici la pédale est toujours consonnante, aussi n'a-t-elle pas besoin de résolution

Autre exemple.

La note de pédale a été plusieurs fois dissonnante, elle se résout en descendant

342.   Lorsque la basse monte diatoniquement de la tonique au quatrième degré, ou pour mieux dire de la dominante à la tonique, en portant l'harmonie ci-après:

la septième peut se doubler. Elle se résout alors dans une partie, tandis qu'elle fait pédale dans l'autre partie en se prolongeant comme consonnance dans l'harmonie suivante.

DÉMONSTRATION.

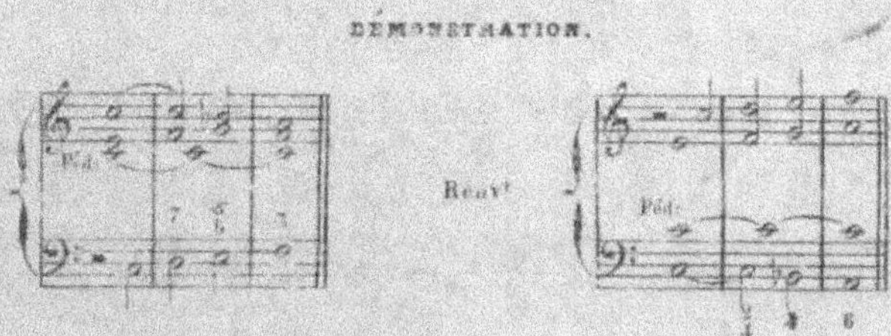

343   4   Les pédales supérieures et intermédiaires sont aussi quelquefois étrangères à l'harmonie, mais les cas sont rares et restreints.

En voici des exemples:

B.   La note sensible entendue au-dessous de la tonique, et se résolvant sur cette note, comme à la seconde mesure du premier exemple et à la dernière mesure du second (car à ce moment la pédale est considérée comme tonique), doit toujours passer rapidement. Il en est de même, au surplus, de toute harmonie à laquelle la pédale est étrangère.

C.   Mais lorsqu'il y a cadence interrompue, si la note sensible descend chromatiquement, comme a la fin de la première mesure du deuxième exemple, elle peut avoir une plus longue durée et se placer dans toutes les parties, soit au-dessus ou au-dessous de la tonique et à quelque distance que ce soit de cette note, même à la distance d'un demi-ton.

DÉMONSTRATION.

344.   La tonique et la dominante ne sont point les seules notes propres aux pédales supérieures et intermédiaires, les autres notes de la gamme se prêtent également à ces sortes de prolongations; mais il est rare qu'elles n'appartiennent pas à l'harmonie:

DÉMONSTRATION.

De la double pédale.

345 **A.** La pédale peut être double: c'est l'emploi simultané des deux pédales de tonique et de dominante; mais il faut toujours que la tonique soit placée à la partie grave [1]

B. La dominante peut occuper l'une ou l'autre des parties supérieures, mais le plus souvent elle est placée immédiatement au-dessus de la tonique [2]

DÉMONSTRATION.

La dominante à la partie supérieure

C. La quatrième et la cinquième note peuvent aussi servir à des prolongations simultanées. En voici un exemple d'Haydn.

HAYDN.
Andante de
la symphonie 53.

D. On donne encore, mais très-improprement, le nom de pédales aux tenues suivantes produites par la première et la seconde note:

(1) Nous ne connaissons qu'un seul exemple du contraire, c'est la double pédale qui précède la marche triomphale de la symphonie en ut mineur de Beethoven.
(2) La pédale, inférieure ou supérieure, est quelquefois doublée à l'octave, mais ce doublement de la même note n'est pas considéré comme double pédale.

Idem

DÉMONSTRATION

Ce ne sont véritablement que des tenues, puisque l'harmonie ne change pas, et que les mouvements de la basse et de la seconde partie se réduisent à des échanges et à des altérations.

E   Ces exemples, assez nombreux, suffisent pour faire comprendre comment les sons soutenus en pédale doivent se traiter; d'ailleurs les leçons pratiques vont nous offrir de nombreux cas d'application. Mais nous engageons les élèves à lire avec attention les pédales qu'ils rencontreront dans les œuvres des Haydn, des Mozart, des Cimarosa, des Beethoven, des Cherubini, des Méhul, des Berton, etc, et à se rendre compte des harmonies qu'elles supportent. Nous leur signalons même particulièrement deux admirables pédales de Cherubini: l'une se trouve au *Crucifixus* de sa deuxième messe solennelle en *ré mineur*; l'autre, dans son opéra d'*Elisa ou le Mont Saint - Bernard*.[1] Ces deux pédales sont les plus belles que nous connaissions, et sont considérées comme des modèles à étudier.

(Écrivez les leçons N° 91, 92 et 93.)

346   *A*   Parvenus au point où nous sommes, nous avons épuisé toutes les combinaisons possibles des sons. Nous avons vu comment, des deux accords primitifs ou fondamentaux, naissaient toutes les autres agrégations harmoniques; soit par les modifications simples de ces accords, soit par les diverses combinaisons de ces modifications, et en dernier lieu par l'effet des différentes pédales que nous venons de traiter, lesquelles introduisent aussi dans l'harmonie un autre genre de modification. Or, au-delà de toutes ces combinaisons il n'y a plus rien de régulier: la science est donc complète, et se termine réellement ici.

B   Néanmoins, nous croyons devoir dire un mot d'un certain artifice harmonique qui, bien qu'appartenant spécialement à la science du Contre-point, est quelquefois employé dans de simples leçons d'harmonie. Il consiste à établir l'harmonie de telle sorte que chacune des parties puisse devenir tour-à-tour, basse, chant, ou partie intermédiaire, sans qu'il en résulte d'inconvénient pour la pureté et la correction de l'harmonie.

C   Nous terminons donc ce traité par un *Appendice* divisé en deux articles: dans le premier, nous exposons succinctement par quel procédé on obtient le résultat dont il est question; dans le second, nous donnons quelques règles générales sur la conduite de la modulation dans la composition musicale.

[1] Elle commence à la page 178.

FIN DU LIVRE SECOND.

APPENDICE.

ARTICLE PREMIER

DU CONTRE-POINT[1] RENVERSABLE A DEUX, A TROIS ET A QUATRE PARTIES,
APPELÉ CONTRE-POINT DOUBLE, TRIPLE ET QUADRUPLE

547 A. Le contre-point double, triple et quadruple est une composition dans laquelle l'harmonie est soumise à de certaines conditions qui permettent, ainsi que nous l'avons dit, de renverser les parties du grave à l'aigu et de l'aigu au grave sans inconvénient, et, par conséquent, de pouvoir prendre successivement chacune d'elles pour basse, pour chant, ou pour partie intermédiaire.

B. Les renversements peuvent se faire de sept manières, savoir:

à la 2ᵉ ou 9ᵉ
à la 3ᵉ ou 10ᵉ
à la 4ᵉ ou 11ᵉ
à la 5ᵉ ou 12ᵉ
à la 6ᵉ ou 13ᵉ
à la 7ᵉ ou 14ᵉ
à la 8ᵉ ou 15ᵉ

C. Mais de tous ces renversements ou différents contre-points, celui à l'octave ou à la quinzième est le plus usité, et d'ailleurs, le seul qu'on puisse quelquefois employer dans une leçon d'harmonie. Celui-là, seulement, va donc nous occuper.

Du contre-point double à l'octave

548 A. La quarte, étant une consonnance faible et qui manque d'aplomb, n'est praticable dans le contre-point double que suivant certaines conditions: 1° en la préparant, à la manière des dissonnances, et en la faisant descendre d'un degré, sur la tierce, si la basse conserve la même note, ou sur la sixte, si la basse fait

---

[1] Ce mot signifie composition à plusieurs voix. Son origine vient de ce qu'à une certaine époque (vers le douzième siècle), les signes représentatifs des sons étaient, dans quelques notations particulières, de simples points: contre-point ne veut donc dire autre chose que, point sur point, partie sur partie, ou composition à plusieurs parties.

un mouvement ascendant de quinte ou un mouvement descendant de quarte, 2° comme note de passage; 3° comme note de mouvement à la partie faible d'un temps. Mais la quarte majeure peut s'employer sans être préparée, et dans toutes les circonstances où on la pratique habituellement.

B   La quinte, devenant quarte au renversement, ne peut donc trouver son emploi dans le contre-point double que comme note de passage, ou préparée dans la partie grave et résolue sur la sixte; parce que renversée, elle produit la quarte retardant la tierce. Elle peut aussi se résoudre sur la tierce, si la voix aiguë fait un mouvement ascendant de quinte, ou un mouvement descendant de quarte. Quant à la quinte mineure, elle n'est point, ainsi que la quarte majeure, soumise à la préparation.

DÉMONSTRATION.

C.   Les intervalles de seconde et de septième sont admis dans le contre-point double, en les préparant et les résolvant selon les règles. Mais il est évident que la neuvième ne peut être employée dans cette espèce de contre-point, puisque cet intervalle ne se renverse pas.

D   Pour se rendre facilement compte de ce que deviennent les intervalles renversés, on dispose deux séries de chiffres de la manière suivante.

1 2 3 4 5 6 7 8

8 7 6 5 4 3 2 1

on voit alors au premier coup d'œil que l'unisson devient l'octave, la seconde la 7ᵐᵉ, etc.

349 *A.*   Maintenant, il nous reste à faire quelques observations sur la manière d'établir un contre-point double.

1°. Le contre-point s'établit ordinairement sur un thème ou sujet donné, et il doit avoir un caractère mélodique parfaitement distinct de celui du thème, afin qu'à l'audition et au renversement, on ne les confonde point. De plus, et pour la même raison, la partie qui fait le contre-point ne doit entrer qu'après celle qui fait le thème.

2°. L'octave étant le moins harmonieux des intervalles, on doit, autant que possible, éviter de l'employer. On doit être encore plus sévère à l'égard de l'unisson, à cause de sa nullité harmonique; mais en commençant et en finissant, l'octave et l'unisson sont permis.

3°. Il faut aussi se garder avec le plus grand soin, soit qu'on établisse le contre-point sur le thème ou sous le thème, de faire croiser les parties, car, sans cette précaution, le renversement deviendrait impossible.

DÉMONSTRATION

4°. Ajoutons encore, qu'en général, les intervalles produits par le contre-point sur chaque note du thème ne doivent pas dépasser la limite de l'octave; s'il en était autrement, dans la transposition à l'octave les voix se croiseraient, et, par conséquent, le renversement serait annulé.

DÉMONSTRATION

B.   Mais on obviera à cet inconvénient en renversant à la quinzième:

DÉMONSTRATION.

C. Ou bien encore, en abaissant simplement le contre-point d'une octave, et en transposant le thème à l'octave supérieure, ce qui amène le même résultat que ci-dessus:

DÉMONSTRATION.

D. On voit, par ces démonstrations, que l'obligation de renfermer le contre-point dans les bornes de l'octave n'est pas absolue, mais conditionnelle, et qu'elle dépend de la manière dont le renversement doit se faire: à savoir, à l'octave simple ou à la quinzième.

Voici un exemple de contre-point double à l'octave remplissant les conditions prescrites ci-dessus:

Renversement à la 15.ᵉ

E. Le renversement s'effectue souvent dans un autre ton que celui où le contre-point a été établi, et, ainsi qu'on a dû le remarquer plus haut (B), par des voix autres que celles qui ont fait entendre le contre-point non renversé. Il résulte de ces mutations de voix des variétés dans le renversement.

DÉMONSTRATION.

Transposition a la dominante, renversement à l'octave simple.

Du contre-point triple à l'octave.

350 *A.* Dans ce contre-point, les trois parties peuvent devenir successivement basse, chant, ou partie intermédiaire.

B. Les règles concernant l'emploi de la quarte et de la quinte sont les mêmes qu'à deux parties. En conséquence, on retranche la quinte de l'accord parfait, laquelle deviendrait quarte au renversement, et l'on double la tierce ou la basse, pour la même raison, l'accord de sixte s'écrit sans tierce, en répétant la note de basse ou la sixte. Mais la quinte mineure et la quarte majeure étant admises dans le contre-point double, la sixte majeure du second degré (renversement de la quinte mineure), peut, sans inconvénient, être accompagnée de la tierce dans le contre-point triple.

351 *A.* Cependant la quarte peut s'employer sans préparation sur la basse, quand cette dernière est syncopée et accompagnée de la *seconde*, parce qu'alors il est évident pour l'oreille que la partie grave est dissonnante, que c'est elle qui doit se résoudre en descendant, et non celle des parties supérieures qui sonne la quarte.[1]

DÉMONSTRATION.

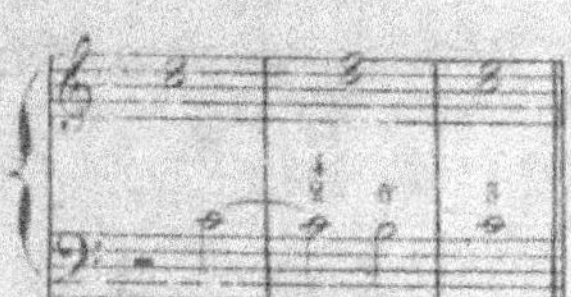

[1] On trouve aussi la *quarte* employée à deux parties de la manière suivante: , mais assurément il est mieux d'employer la *seconde*, comme dans cet ex.

B.   Il suit de cet emploi de la quarte, que la progression de septièmes simples est praticable dans le contre-point triple,[1] bien que la première partie, quand la tierce y est placée, soit en quarte avec la seconde, parce que cette seconde partie dissonne sur la basse, et que c'est elle qui doit descendre.

C.   Quand cette progression est traitée en contre-point triple, on doit donner aux deux parties qui produisent les dissonnances des dessins différents, afin que dans les renversements elles soient distinguées l'une de l'autre.

Exemple.

Renversements de la progression de septièmes.

Transposition à la dominante.

(1) Et dans le contre-point quadruple, mais en supprimant la quinte des septièmes, laquelle, au renversement, donnerait l'harmonie de tierce et quarte, peu usitée.

D.   On peut aussi faire alterner les septièmes avec des accords parfaits, comme ci-après :

552   La septième de dominante et les harmonies qui en dérivent s'emploient dans le contre-point renversable, si, aux renversements, elles n'amènent rien de contraire aux règles du contre-point ou à celles de l'harmonie.

553   Un contre-point triple, fait d'après les règles que nous venons de prescrire, donne par ses renversements six combinaisons. C'est ce que démontrent les tables suivantes.

Première table				*Seconde table*		
Chant	1	3	2	1	2	3
2ᵉ Partie.	2	1	3	3	1	2
Basse	3	2	1	2	3	1

Contre-point triple appliqué dessus un *Thème donné.*

Renversement.

Renversement.

Nous nous bornons à ces trois combinaisons, qui sont les principales; il sera facile d'écrire les trois autres au moyen de la seconde table.

Du contre-point quadruple à l'octave.

554 A Les règles du contre-point quadruple sont exactement les mêmes que celles du contre-point triple; mais on a une note de plus à répéter dans la plupart des harmonies. A l'égard de la septième de dominante, on double la fondamentale et l'on supprime la quinte; car cette quinte, placée à la partie grave, donnerait le second renversement de l'accord, renversement qui n'est pas admis par tous les contrapuntistes, à cause de la quarte qu'il contient. Toutefois, dans la pénultième mesure l'accord peut être complet, parce qu'arrivé à cette mesure, il est permis, dans les renversements du contre-point, d'introduire quelque léger changement dans la mélodie des parties, afin d'obtenir, en finissant, une harmonie plus pleine ou une meilleure basse. Or, par ces changements, on évite, si on le juge convenable, l'emploi du second renversement de la septième.

B. Un contre-point quadruple est susceptible de vingt-quatre renversements; les six tables suivantes en donnent la preuve;

Première table.

Chant.	1	2	3	4
2ᵉ Partie.	2	3	4	1
3ᵉ Partie.	3	4	1	2
Basse.	4	1	2	3

Quatrième table.

1	4	2	3
4	2	3	1
2	3	1	4
3	1	4	2

Seconde table.

1	3	2	4
3	2	4	1
2	4	1	3
4	1	3	2

Cinquième table.

1	3	4	2
3	4	2	1
4	2	1	3
2	1	3	4

Troisième table.

1	2	4	3
2	4	3	1
4	3	1	2
3	1	2	4

Sixième table.

1	4	3	2
4	3	2	1
3	2	1	4
2	1	4	3

Contre-point quadruple à l'octave.

Ces quatre renversements sont les principaux, c'est-à-dire ceux où toutes

(1) Pour éviter que la voix sorte de son diapason, on peut monter ou descendre d'une octave.

(2) Changement pour obtenir une harmonie plus pleine.

(3) Dans les renversements on est quelquefois forcé de faire croiser les voix, mais ce croisement est permis s'il n'est que momentané.

(4) Changements pour obtenir une bonne basse et pour éviter le second renversement de la septième de dominante.

les parties changent de voix. Au moyen des cinq dernières tables, il sera facile d'obtenir les vingt autres.

355   *A.*   Un défaut inhérent au contre-point triple et quadruple est la pauvreté de l'harmonie, puisque la plupart des accords ne sont jamais complets; aussi n'emploie-t-on le contre-point triple que dans une harmonie à quatre parties au moins, afin d'avoir toujours une partie libre (non soumise au renversement) qui complète les accords toutes les fois que cela est nécessaire.

B.   Il en est de même pour le contre-point quadruple; il ne s'emploie que dans une harmonie à plus de quatre voix.

C.   Dans une leçon d'harmonie, on ne fait guère usage que du contre-point double, et il est ordinairement établi entre la basse et la première partie.

356   *A.*   L'imitation d'une phrase entière se fait souvent au moyen du contre-point double, soit en restant dans le ton soit en modulant.

B.   Quand un contre-point double est introduit dans une harmonie à trois ou à quatre parties, on fait quelquefois compter une des voix pendant un certain nombre de mesures, et cette voix *rentre* ou par l'imitation du sujet, ou par celle du contre-point. Traitée de cette manière, l'imitation acquiert plus de relief, et donne plus d'intérêt à l'ensemble harmonique.

Exemple

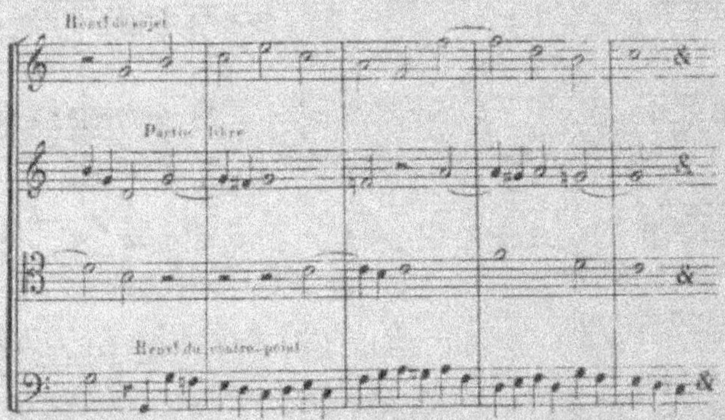

C. Une autre manière de se servir de l'imitation par renversement est celle que nous donnons dans l'exemple suivant. Elle a surtout de l'élégance au commencement d'une leçon, ou au milieu après la cadence principale à la dominante du ton![1] Dans ce dernier cas, on fait taire toutes les parties, et on les fait rentrer successivement en imitations canoniques. Il est évident que la partie donnée (chant ou basse) est conçue de telle sorte que la chose soit possible, et elle donne le motif d'imitation soit au début ou à la fin de la période.

La sagacité de celui qui réalise l'harmonie consiste donc simplement, dans cette circonstance, à découvrir qu'elle a pu être l'intention de l'auteur; et, s'il reconnaît la possibilité de cette imitation, son travail se borne à faire entrer les voix dans l'ordre le plus favorable à leur diapason.

[1] Nous avons déjà donné des exemples de cette espèce d'imitation au chap. XIV, ex. 14 et 15, et parag. 159 B. Revoyez le chap. XIV.

Supposons, par exemple, qu'après la cadence a la dominante une basse continue ainsi:

Il est facile de voir que le trait de la pénultième mesure peut servir d'accompagnement à tous les passages chromatiques; mais il y aura de l'élégance à faire entendre ce trait dans toutes les parties, et, par là, a leur donner un égal intérêt.

Exemple.

Telles sont à peu près les seules circonstances où le contre-point double puisse être employé dans une leçon d'harmonie.

(Réalisez la leçon N° 94).

ARTICLE II ET DERNIER.

DE LA CONDUITE DE LA MODULATION.

357. La conduite de la modulation, dans toute composition musicale, quoique soumise dans l'ensemble de sa marche à des règles à peu près positives, est fort arbitraire dans ses détails: aussi devons-nous, sur ce sujet, nous borner à donner les règles les plus générales.

Voici ces règles pour l'un et l'autre mode:

Mode majeur

358 *A.* Le ton principal du morceau étant parfaitement établi, on peut moduler passagèrement dans un ou plusieurs des tons relatifs; mais la première modulation conclusive, celle qui termine la première période, doit toujours avoir lieu à la dominante, mode majeur, ou au relatif mineur de la dominante[1] (3e degré), ou bien encore au relatif mineur du ton principal.

B. Cependant, avant de conclure la première période, on peut quelquefois être entraîné dans une modulation éloignée, mais on ne s'y arrête pas, et l'on rentre promptement dans l'un des relatifs indiqués[2].

C. Après cette première conclusion, on peut moduler dans tous les tons, relatifs ou éloignés, en ayant soin toutefois de revenir de temps en temps au ton principal.

D. La modulation à la sous-dominante, bien que pouvant se faire dans le cours du morceau, se pratique assez généralement vers la fin. Quelquefois même, si l'on fait une pédale sur la tonique, cette modulation n'a lieu que sur la pédale.

---

[1] Cette modulation est d'un effet charmant. Il nous semble que c'est Paësiello qui le premier en fit usage dans sa *nina pazza per amore*, ou du moins avant lui elle était fort peu usitée. Depuis on en a fait un tel abus, et notamment l'illustre auteur du *barbier*, qu'elle en est devenue banale.

[2] Voyez la leçon 81e du solfège de Cherubini, où après avoir été conduit par une suite de modulations dans un ton fort éloigné, ce célèbre maître rentre subitement, par une modulation enharmonique dans le ton de la dominante pour conclure sa période.

Dans plusieurs de nos leçons la modulation est aussi conduite de cette manière. Remarquez entre autres les Nos 88, 104 et 117.

Mode mineur

359 *A.* Le ton principal du morceau étant établi dans le mode mineur, la première période doit se conclure dans le ton majeur relatif, ou dans celui de la dominante mode mineur. Après l'une ou l'autre de ces modulations, on suit la marche tracée ci-dessus pour le mode majeur.

B. Nous ne parlons pas du nombre de modulations qu'on peut effectuer dans le cours d'un morceau, de leur durée, et de l'ordre dans lequel elles peuvent se succéder, parce que leur nombre dépend du développement de l'œuvre, et leur succession, du sentiment ou de la fantaisie du compositeur, et qu'elle peut avoir lieu de mille manières différentes.

C. Prescrire des règles à cet égard, si la chose était possible, serait pour le moins ridicule; ce serait vouloir enchaîner le génie de l'artiste.

360 Mais ce qui doit initier les élèves, plus encore que nos règles, dans l'art difficile de bien moduler, c'est la lecture des grands maîtres.

Vous donc, qui voulez devenir maîtres à votre tour, lisez et relisez avec attention les chefs-d'œuvre des grands artistes que nous vous avons déjà cités, Haydn, Mozart, Jomelli, Cimarosa, Beethoven, Cherubini, etc, et pénétrez-vous des beautés sublimes qu'ils ont si largement répandues dans leurs immortels ouvrages.

Remarquez comment ces maîtres conduisent leurs idées à travers le réseau des modulations, quelles sont les modulations qu'ils mettent au premier rang, et celles qu'ils ne placent qu'au second ou au troisième; remarquez encore combien de temps ils restent dans les tonalités qu'ils parcourent, eu égard à l'étendue totale du morceau, et aussi en raison de la relation de ces tonalités avec le ton principal. Vous comprendrez alors facilement qu'il ne faut pas que les modulations occupent une place si importante, et notamment les modulations éloignées, que le souvenir du ton principal s'efface entièrement, et que la rentrée dans ce ton paraisse plutôt une nouvelle modulation que la conclusion du morceau. Enfin, dans toute composition, il y a des proportions à garder, des convenances à observer,

> Il faut que chaque chose y soit mise en son lieu,
> Que le début, la fin, répondent au milieu.

La modulation, quand elle est élégante, inattendue, et qu'elle est employée à propos, sauve la monotonie qui résulterait de la persistance d'une même tonalité, et, sans lui nuire, colore la mélodie par la variété des effets harmoniques. Mais si elle est incessante, elle brise à tout instant la mélodie en lui enlevant ses chutes ou cadences de repos tonals, la variété même n'existe plus, car toujours moduler équivaut à la monotonie, et la modulation, au lieu de surprendre et de charmer, ne produit plus que fatigue et satiété.

Gardez-vous donc de cette fièvre désordonnée des changements continuels de tons, véritable épidémie musicale de notre époque. Moduler sans cesse, comme on le pratique généralement aujourd'hui, n'a presque toujours d'autre but que de masquer la nullité de la pensée. Or, si le ciel vous a favorisé, s'il vous a donné en partage quelques idées mélodiques, n'allez pas les étouffer, les annihiler sous un fatras de modulations entassées l'une sur l'autre sans goût et sans nécessité.

Ce n'est point ainsi que procèdent les maîtres qu'on vous propose pour modèles: eux aussi modulent, et même beaucoup quelquefois; mais jamais les modulations ne viennent entraver la mélodie dans sa marche naturelle; loin de là, elles ne servent qu'à l'enrichir, en lui donnant plus de grâce, de force ou d'expression.

Aimez le naturel; aimez la simplicité. Il est parfois plus difficile d'être simple que de paraître savant. Au surplus, la simplicité n'exclut pas la science; mais il faut que la science se cache et qu'elle ne se montre pas avec ostentation.

Faites en sorte qu'en entendant vos productions on ne dise point: *c'est de la musique bien faite, c'est de la musique savante*; mais que votre auditoire, sous l'empire du sentiment qu'il éprouve, applaudisse et ne raisonne pas.

Sachez bien, quoi qu'on en puisse dire, que pour le plus grand nombre, ces deux mots, *savante* et *ennuyeuse*, seront toujours synonymes.

Certes, nous ne rejetons pas la science car on serait en droit de nous demander pourquoi nous avons cherché avec tant de soins à en exposer toutes les ressources dans ce traité: nous en blâmons seulement l'abus et le faux emploi. Par exemple, dans une romance, une simple cantilène, dont tout le mérite et le charme doivent consister dans une mélodie facile, gracieuse et expressive, ne serait-ce pas mal à propos, et peut-être aussi un manque de goût, que de vouloir y montrer une science inutile et pédantesque? Réservez donc la science et ses hautes combinaisons pour les grandes situations dramatiques, et pour les chants consacrés aux louanges de l'Éternel: c'est là sa véritable place.

L'originalité, sans nul doute, est une chose qui doit se rechercher dans les arts, mais il faut prendre garde à la voie que l'on doit suivre pour y parvenir. La vérité souvent n'a pas deux manières de se rendre: les mêmes sentiments à exprimer, les mêmes situations à peindre, font naître chez des auteurs différents, pour ainsi dire les mêmes idées, et amènent des tours mélodiques, des effets d'harmonie sinon semblables, du moins fort analogues. Cependant ces auteurs n'en sont pas pour cela moins originaux, si leurs accents partent du cœur, et s'ils sont l'expression juste de la vérité.

Ne cherchez donc pas l'originalité dans les formes bizarres et les effets extraordinaires, mais soyez toujours naturels, toujours vrais d'expression, et vos œuvres, saisissantes de clarté, paraîtront toujours originales. Enfin, et pour conclure, ne tombez pas dans le travers de certains compositeurs, qui, courant sans cesse après la nouveauté, s'écartent sans cesse du droit chemin et du bon sens, et qui croiraient s'abaisser ou se perdre,

S'ils pensaient ce qu'un autre a pu penser comme eux !

Réglisez maintenant toutes les dernières leçons. Mais en même temps vous vous exercerez à composer des mélodies dans le genre de celles du cours, et vous aurez soin de créer simultanément la basse et le chant; vous les écrirez ensuite à quatre parties. Ou, ce qui serait mieux, vous tâcherez de concevoir ensemble les quatre parties, en cherchant à donner à chacune d'elles le même intérêt. Vous suivrez, pour la modulation, les règles prescrites au commencement de cet article.

(1) Bien que nous ne pensions pas que des réponses spirituelles et d'à-propos puissent être données comme des préceptes rigoureux en fait d'art, néanmoins nous cédons à la tentation de vous conter une petite anecdote qui a quelque trait à notre sujet, et dont la conclusion est loin de manquer de justesse. Nous la tenons de notre maître, l'illustre auteur d'*Aline et de Montaud.*

On vantait un jour devant Grétry les puissants effets que l'on pouvait tirer du trombone, instrument nouvellement importé à cette époque d'Italie en France. Je connais, répondit Grétry, un instrument qui produit encore plus d'effet..... et lequel.... *la merite.*

FIN
